Hildegund Keul

Auferstehung als Lebenskunst

Hildegund Keul

Auferstehung als Lebenskunst

Was das Christentum auszeichnet

HERDER

FREIBURG · BASEL · WIEN

MIX
Papier aus verantwortungsvollen Quellen
FSC www.fsc.org
FSC® C083411

www.herder.de

Umschlaggestaltung: Verlag Herder
Satz: Barbara Herrmann, Freiburg im Breisgau
Herstellung: CPI books GmbH, Leck

Printed in Germany

ISBN 978-3-451-33287-6

Für Hans-Joachim

Die Auferstandenen
Wo sind
die Auferstandenen
die ihren Tod
überwunden haben
das Leben liebkosen
sich anvertrauen
dem Wind

Kein Engel
verrät
ihre Spur
Rose Ausländer

Inhalt

Hinführung

»Alles, was du liebst, wird sterben.« Diese unheilvolle Botschaft verkündete 2012 ein berühmter Buchverlag, um damit in 110 Bahnhöfen Deutschlands einen Kriminalroman zu bewerben.[1] Der Spruch trifft, denn tatsächlich stirbt irgendwann alles Lebendige auf Erden. Trotzdem braucht er eine Ergänzung durch den christlichen Glauben: Alles, was du liebst, wird auferstehen. Die Liebe ist eine Macht, die den Tod überwindet. Dies geschieht manchmal eher mühsam, manchmal aber auch leichtfüßig, und immer ganz und gar überraschend.

Im Glauben an die Auferstehung liegt die größte Stärke des Christentums. Denn Auferstehung bewegt und setzt Tatkraft frei. Sie bringt Menschen dazu, auch unscheinbaren Zeichen der Hoffnung zu folgen und den Aufbruch in unbekanntes Terrain zu wagen. Sie motiviert dazu, sich zusammenzuschließen und gemeinsam etwas zu tun gegen Unrecht und Krieg, Armut und Leid, Verwundung und Not. Auferstehung ist nicht nur eine Lehre, die erst am Lebensende zur Geltung gelangt. Sie will vielmehr täglich neu erprobt und praktiziert werden. Denn mitten in den Brüchen des Lebens geht es dem österlichen Glauben um einen Machtwechsel vom Tod zum Leben.

Allerdings muss man feststellen, dass der christliche Auferstehungsglaube in unserer heutigen Gesellschaft in Argumentationsnot geraten ist. Reinkarnationslehren erfahren wachsenden Zuspruch. Ostern erscheint jedoch zweifelhaft, nicht einmal alle Kirchenmitglieder glauben an die Auferstehung Jesu Christi.[2] Vielleicht liegt dies auch daran, dass sowohl die Theologie als auch die Glaubenspraxis die Auferstehung häufig von Erfahrungen der Armut getrennt haben. Sie stehen unverbunden nebeneinander, als würden sie einander kaum kennen.

Aber wo sonst, wenn nicht mitten in bedrängenden Erfahrungen von Armut, mitten in der Zerbrechlichkeit des Lebens, ist Auferstehung gefragt?

Auferstehung ist eine christliche Lehre, die eine bestimmte Lebenspraxis der Hoffnung eröffnet. Sie ist vom Jenseits her auf das Diesseits bezogen als konkretes Hier und Heute. Auferstehung ist eine Lebenskunst, die auf Erfahrungen von Armut antwortet und sich in ihnen zu bewähren hat. Schon die Evangelien erzählen davon, dass Jesus gekommen ist, »um den Armen Frohe Botschaft zu bringen« (Lk 4,18). Diese Botschaft gipfelt im Glauben an die Auferstehung. Aus diesem Glauben gewinnt das Christentum die Kraft, die es braucht, um all dem Lähmenden zu widerstehen, das Menschen in der Verletzlichkeit ihres Lebens erfahren.

Leider heißt dies jedoch keineswegs, dass sich die Kirchen insgesamt oder gar jederzeit auf die Seite derjenigen gestellt haben, die von Armutsfragen bedrängt werden. Allzu häufig ließen und lassen sie sich nicht von Armut bewegen, sondern bringen sie selbst mutwillig hervor. So werden Armutsfragen zu Streitfällen kirchlicher Debatten. Sie sind quer durch die Geschichte des Christentums hindurch ein umstrittenes Thema. Auch in jüngster Zeit hat die berechtigte Frage nach Armut und Reichtum der katholischen Kirche in Deutschland zu prekären Turbulenzen geführt. Im Folgenden möchte ich daher vor Augen führen, wie das Neue Testament den Auferstehungsglauben mit Armutserfahrungen verbindet und welche Debatten sich hieraus an Kreuzungspunkten der Geschichte entzünden.

Im 1. Teil steht das Neue Testament im Mittelpunkt, das mit seinem Auferstehungsglauben den Grundstein der christlichen Option für die Armen legt. Wer in der Bibel liest, wird unweigerlich mit Freude und Hoffnung, Bedrängnis und Not menschlichen Lebens konfrontiert sowie mit der Frage, was Gott hierzu zu sagen hat. Die Evangelien erzählen, dass Jesus sich gezielt den Armen und Bedrängten zuwendet und ihnen überraschende Lebensperspektiven eröffnet. Und die Predigten Jesu zeigen, dass er auch andere Menschen dazu bewegen will, sich von der Armut berühren zu lassen. Vermag der Glaube an die Auferstehung nicht nur in beglückenden Erfahrungen, sondern auch in der Armut Berge zu versetzen?

Die Bibel eröffnet einen konfliktträchtigen Diskurs zu Armutsfragen, der die Geschichte des Christentums durchzieht. Hierbei nimmt das 13. Jh. einen hervorragenden Platz ein. Als damals die Geldwirtschaft die Tauschwirtschaft verdrängt, entsteht als Alternative das, was die Forschung »die Armutsbewegung« nennt. Sie ist von besonderem Interesse, weil hier die klassische Mystik entsteht. Sie begreift Armut und Spiritualität, Gottes- und Nächstenliebe in einer inneren, wechselseitigen Beziehung. Wenn man in heutigen Armutsfragen Impulse aus der christlichen Tradition sucht, so kann man hier fündig werden. Aus diesem Grund beleuchtet der 2. Teil die damalige Armutsbewegung.

Der 3. Teil rückt das 2. Vatikanische Konzil in den Mittelpunkt, weil es einen theologischen Meilenstein in Armutsfragen setzt. Es ist mit seiner Pastoralkonstitution von der Option für die Armen geprägt, der die Befreiungstheologie öffentliche Aufmerksamkeit verliehen hat. Eine Schlüsselerkenntnis des 2. Vatikanischen Konzils besagt, dass Dogma und Pastoral, Leben und Lehre unzertrennlich sind. Ohne einander werden sie leer und bedeutungslos: die Lehre bewegt sich dann in vergangenen Diskursen, ohne im Heute Wirkung zu gewinnen; und die Pastoral bewegt sich in aktuellen Diskursen, ohne die spezifische Lebensmacht des christlichen Glaubens entfalten zu können. Theologisch gehört es zu den größten Herausforderungen des 2. Vatikanischen Konzils, Armutsfragen neu in der Theologie zu verorten. Das Konzil ist ein theologischer Meilenstein in Armutsfragen der Gegenwart, an dem sich das vorliegende Buch orientiert.

Im 4. Teil kommt die Theologie mit der pastoralen Praxis ins Gespräch. Wo sind in der Armut, die Menschen *heute* bedrängt, verschwiegene Spuren Gottes erkennbar? Diese Frage lässt sich nicht im luftleeren Raum behandeln. Sie braucht einen konkreten Ort. Einen solchen Ort habe ich in Marzahn-Hellersdorf gefunden, mitten in der größten Plattenbausiedlung Ostberlins, wo die Missionsärztlichen Schwestern leben und arbeiten. Seit

1993 kooperiere ich in verschiedenen Projekten mit ihnen – im Ostberliner Stadtkloster der Schwestern, in Bonn und Steyl, Magdeburg und Madrid. Einen Grundstein für den 4. Teil des Buchs bilden Interviews, die wir für den Deutschlandfunk geführt haben. Hieraus ist die Sendung »Am Sonntagmorgen« entstanden, die am 11. Oktober 2009 unter dem Titel »Gott in Marzahn: Armut bewegt« ausgestrahlt wurde.

In bedrängenden Erfahrungen, die Menschen in vielfältiger Armut machen, halten die Missionsärztlichen Schwestern Ausschau nach den verschwiegenen Spuren Gottes. Sie hoffen darauf, dass die Zeichen der Auferstehung, die Gott in der Armut setzt, Bedrängnis zu lösen vermag. Diese Herausforderung stellt sich jedoch auch andernorts in einer Gesellschaft, wo Armut wächst. Marzahn ist ein signifikanter Ort. Die Bruchlinien *hier* machen Aussagen über Störungsgebiete *andernorts*. Sie machen Bewegungen sichtbar, die in viel größeren Gebieten für Veränderung sorgen. In diesem Sinn ist Marzahn überall.

Im 5. Teil kommt der christliche Glaube an die Auferstehung als Lebenskunst nochmals fokussiert ins Wort. Dieser Glaube entsteht im Widerstand zu dem, was Menschen verletzt und arm macht, was sie in Ohnmacht treibt und verstummen lässt: das Leben steht auf aus dem Tod. Auch die heutigen Kirchen können den Armutserfahrungen der Menschen nicht ausweichen, wenn sie ihren Auftrag erfüllen wollen. Sie brauchen »Arrival Cities«, Orte der Ankunft, die Aufbruch eröffnen, indem sie eine Kultur des Teilens etablieren. Kirche wird zukunftsfähig, wenn sie sich Armutsfragen stellt, weil sie an die Auferstehung glaubt.

Anmerkungen

1 Die Kampagne des Rowohlt-Verlags bestand aus einer bundesweiten Großflächenplakatierung in Regional- und Fernbahnhöfen, die von Anzeigen in überregionalen Zeitungen unterstützt wurden.

2 Eine Umfrage aus dem Jahr 2012 besagt, dass in Deutschland 22,1 % der Befragten an die Reinkarnation glauben und 34 % an die Auferstehung Jesu Christi (http://de.statista.com/).

1. Teil: Das Evangelium Jesu Christi – Leben aus der Geistkraft der Auferstehung

Bereits im Alten Testament nehmen Armutsfragen breiten Raum ein. Dafür stehen die prophetischen Schriften, die unermüdlich Gerechtigkeit einklagen. Gottes- und Nächstenliebe sind nicht voneinander zu trennen. Diese Tradition führt das Neue Testament fort, wenn es die Armen selig preist und ihnen die Frohe Botschaft in besonderer Weise zuspricht. Zugleich gibt das Neue Testament diesem Anliegen eine neue Ausrichtung, indem es Armutsfragen im Licht der Auferstehung beleuchtet. Dabei geht es keinesfalls um eine Vertröstung ins Jenseits. Vielmehr wollen die Evangelien die Kraft der Auferstehung Jesu Christi im Alltag der Gläubigen zur Wirkung bringen.[1]

Auf die Bedeutung des Glaubens an die Auferstehung in konkreten Lebenskontexten hat 2002 das Buch »Sich dem Leben in die Arme werfen. Auferstehungserfahrungen« hingewiesen, das von Luzia Sutter Rehmann, Sabine Bieberstein und Ulrike Metternich herausgegeben wurde. Später bringt die Schweizer Theologin Sutter Rehmann den dortigen Ansatz nochmals auf den Punkt: »Auferstehung ist ein theologisches Kunstwort. Zwei Buchstaben, die Silbe ER macht aus einem ganz alltäglichen Wort ein höchst theologisches Gebilde. In der Bibel ist aufstehen und auferstehen aber dasselbe Wort. Wenn es heißt: ›Er ist auferstanden!‹ und wenn die Schwiegermutter des Petrus, die Tochter des Jairus, der Gelähmte oder Maria aufstehen, dann ist es dasselbe Wort.«[2]

Wenn dasselbe Wort verwendet wird, so heißt dies nicht automatisch, dass genau Dasselbe gemeint ist. Was Sutter Rehmann beschreibt, das ist vielmehr ein metaphorischer Prozess. Man greift auf ein säkulares Wort zurück, um etwas Theologisches zu beschreiben, für das es noch keinen Fachbegriff gibt.

Die Theologie erschafft eine Metapher, die von der alltäglichen Erfahrung des Aufstehens ausgeht, um das zu beschreiben, was sich so schwer sagen lässt: das Unfassbare, worum Maria Magdalena am Leeren Grab ringt, als ihr der Auferstandene völlig überraschend erscheint. Mit einer Metapher entsteht ein neues Wort, Auferstehung. Dieses darf mit dem Herkunftswort »Aufstehen« nicht einfach identisch gesetzt werden. Aber es ist auch nicht von seiner Herkunft zu trennen.[3] Hier ist kein *beliebiges* Aufstehen gemeint, sondern jenes Aufstehen, das aus der Geistkraft der Auferstehung Jesu Christi geschieht.

In diesem Sinn ist der Zusammenhang von Armut und Auferstehung für das Neue Testament grundlegend. Dieser Zusammenhang schärft das Profil dessen, was Jesus »das Reich Gottes« nennt und wofür er in der Öffentlichkeit eintritt. Dieses Reich bricht an, wo den unsäglichen Machtzugriffen der Armut Einhalt geboten wird, so dass Menschen den Blick wieder heben und aufstehen können. Aus der Geistkraft Jesu Christi ereignet sich Auferstehung im Alltag. Der Glaube an das Reich Gottes, den Jesus von Nazareth öffentlich bezeugt, kulminiert in der Auferstehung Jesu Christi, der sich seinen Jüngerinnen und Jüngern in völlig überraschender Weise zeigt. In der Auferstehung wird die vorherrschende Macht des Todes entmachtet, und das Leben kommt endgültig zum Durchbruch.

Das Neue Testament ist von diesem Ereignis her geschrieben. Ausgangspunkt seiner Schriften ist die Auferstehung Jesu Christi und die Frage, was sie für die Einzelnen und die Kirche, für Politik und Gesellschaft bedeutet. Vom Leeren Grab ausgehend, wird die Geschichte Jesu Christi erzählt – angefangen bei der geheimnisvollen Geburt über sein öffentliches Wirken bis in seinen schrecklichen Tod hinein. Schauen wir also von der Auferstehung Jesu her zurück auf den Anfang, seine Geburt, die das Christentum an Weihnachten feiert.

1.1 Die Geburt Jesu – Gott bückt sich[4]

Der zentrale Glaubenssatz des Christentums besagt, dass Jesus Christus zugleich wahrhaft Gott und wahrhaft Mensch ist. In Jesus Christus nimmt Gott selbst Fleisch und Blut an. Die Theologie hat hierfür später ein Fachwort entwickelt, »Inkarnation«, was wörtlich übersetzt »In-Fleisch-Werdung« heißt. Gott wird Mensch. Und wie jeder Mensch wird er geboren von einer Frau. Gott gibt sich der menschlichen Armut preis, indem er als verletzliches Kind zur Welt kommt. Diese Bewegung versteht das Christentum als eine Abwärtsbewegung, denn Gott wird metaphorisch »hoch im Himmel« verortet. Sprachprägend war hierbei der Philipper-Hymnus, der über Christus Jesus sagt: »Er war Gott gleich, hielt aber nicht daran fest, wie Gott zu sein, sondern er entäußerte sich und wurde wie ein Sklave und den Menschen gleich. Sein Leben war das eines Menschen; er erniedrigte sich und war gehorsam bis zum Tod, bis zum Tod am Kreuz.« (Phil 2,6–8)

Die Theologin und bildende Künstlerin Benita Joswig[5] hat diese Bewegung Gottes 2008 in einer Glasmalerei ins Bild gebracht. Sie hatte sich längere Zeit mit der Mystikerin Mechthild von Magdeburg auseinandergesetzt. Daraufhin bemalte sie im Magdeburger Roncalli-Haus ein bodennahes Glasfenster mit leuchtend roter Farbe und schrieb dort mit filigranem Schriftzug die Worte ein: »Gott bückt sich«. Ein spezieller Effekt entstand daraus, dass man sich selbst bücken musste, um diese Worte lesen zu können. »Gott bückt sich« wird so zu einer Metapher der Inkarnation. Zur Menschwerdung Gottes und der Menschen gehört es, sich zu bücken. Diese Praxis trägt zum Aufbau einer humanen Welt bei.

Dass Gott sich auf diese Weise bückt, ist einer der erstaunlichsten Punkte des Christentums. Auf die Verwundbarkeit der Welt und die Armut der Menschen reagiert Gott nicht, indem er sich unverwundbar hält. Vielmehr setzt er sich in Jesus Christus selbst dieser Armut aus. Dass das Heil der Menschen zutiefst mit diesem göttlichen Wagnis verbunden ist, das sich in Leben,

Tod und Auferstehung Jesu Christi verkörpert, macht den Kern der christlichen Heilsbotschaft aus. Gott kommt zur Welt – und zwar nicht wie die Göttin Athene in der griechischen Mythologie, die aus dem Kopf des Zeus als Erwachsene entspringt, geschützt durch eine Rüstung und mit Waffen in der Hand sofort zum Kampf bereit. Sondern der christliche Gott kommt zur Welt, indem er geboren wird als verletzliches, der Hilfe und Unterstützung bedürftiges Kind. Gott geht selbst mitten in die Armut hinein, die die Menschen alltäglich bedrängt. Armut ist daher ein Schlüsselthema des Christentums.

1.1.1 Den Verstummten das Wort! Der Jubelgesang Marias

Der erste programmatische Text des Neuen Testaments zu Armutsfragen stammt aus dem Mund einer Frau, nämlich der Mutter Jesu. »Da sagte Maria: Meine Seele preist die Größe des Herrn, und mein Geist jubelt über Gott, meinen Retter. Denn auf die Niedrigkeit seiner Magd hat er geschaut. Siehe, von nun an preisen mich selig alle Geschlechter. Denn der Mächtige hat Großes an mir getan, und sein Name ist heilig. Er erbarmt sich von Geschlecht zu Geschlecht über alle, die ihn fürchten. Er vollbringt mit seinem Arm machtvolle Taten: Er zerstreut, die im Herzen voll Hochmut sind; er stürzt die Mächtigen vom Thron und erhöht die Niedrigen. Die Hungernden beschenkt er mit seinen Gaben und lässt die Reichen leer ausgehen. Er nimmt sich seines Knechtes Israel an und denkt an sein Erbarmen, das er unsern Vätern [und Müttern] verheißen hat, Abraham [und Sarah] und seinen [ihren] Nachkommen auf ewig.« (Lk 1,46–55)

Dieses Lied der Befreiung singt die Mutter Jesu, als sie schwanger ist und ihre ebenfalls schwangere Verwandte Elisabet besucht. Es wird nach dem Beginn der lateinischen Übersetzung »Magnifikat« genannt. Entstanden ist es im Rückgriff auf das Danklied Hannas im Alten Testament (1 Sam 2,1–11), denn die Option Gottes für die Armen ist jüdischer Herkunft. Erst die neutestamentarische Begründung dieser Option mit der Inkarnation gibt dem Jubellied sein christliches Profil. *In nuce* stellt es die christliche Position zur Armut dar: Gott sieht die soziale Ausgrenzung der Armen und stellt sich mit der Inkarnation auf die Seite der Marginalisierten, damit sie den Blick heben und aufstehen können. Allein schon die Tatsache, dass Maria im Neuen Testament das Wort ergreift und ein prophetisches Lied singt, steht für diese befreiende Botschaft. Das Lukas-Evangelium stellt Maria als Protagonistin einer Armutsbewegung dar, in deren Zentrum die Einheit von Gottes- und Nächstenliebe steht.

Aber inwiefern war Maria selbst arm? Die sozialgeschichtliche Forschung über die Zeit Jesu stellt allgemein fest: »Die große Mehrheit der antiken Landbevölkerung lebte auf dem schmalen Grad zwischen der Sicherung der Subsistenz und dem Hunger.« (Stegemann 2010, 256) Das jüdische Palästina durchlitt damals eine wirtschaftliche Krise, viele Menschen waren bettelarm. Das Magnifikat beschreibt Maria mit dem Wort »Niedrigkeit der Sklavin«, auf die Gott schaut. Das Griechische *tapeinos* bedeutet niedrig und demütig, aber auch in sozialem Sinn erniedrigt. »Zwischen der Demut als Haltung und der sozialen Armut bewegt sich die Bedeutung von tapeinos im Danklied Mariens« (Berges / Hoppe 2009, 60). Im Evangelium wird nicht benannt, worin diese Erniedrigung besteht. Aber als schwangere Frau, die noch nicht auf einen Ehemann verweisen kann, steht Maria in der Gefahr, unter die Räder zu geraten. Nach damaligem Recht gefährdet die Schwangerschaft ihr Leben. Im Streitfall kann sie nicht einmal für sich selbst sprechen, denn vor Gericht ist ihr Wort ein Leichtgewicht. Von ihrem Verlobten erwartet sie zunächst keinen Beistand. Es braucht erst die Vermittlung eines Engels, dieser Himmelswesen, die in der Bibel mancherorts zwischen Frauen und Männern vermitteln. Erst das Wort des Engels öffnet Josef die Augen (Mt 1,20ff) und befähigt ihn, ganz anders zu handeln.

In seiner Menschwerdung setzt sich Gott der Verwundbarkeit aus, die Menschen verarmen lässt. Diese Fleischwerdung Gottes aber hat eine Voraussetzung: Gott braucht eine Mutter.

Damit das Wort Gottes tatsächlich Mensch wird und Hand und Fuß bekommt, braucht es eine Frau. Nun könnte man vermuten, dass Gott sich einfach einer Frau »bedient« – zumal, wenn sie nicht zur herrschenden Schicht der Gesellschaft gehört. Das Gegenteil ist jedoch der Fall. Das Lukasevangelium erzählt, wie Gott ausdrücklich ihre Zustimmung einholt.[6] Der Engel Gabriel überbringt der jungen Frau den Wunsch, dass sie die Mutter Gottes wird und Jesus zur Welt bringt (Lk 1,26–38). Erst als sie zustimmt, erhält das Kind Raum in ihr. Dabei ist das Wort aufschlussreich, mit dem diese Zustimmung erfolgt. Das griechische Wort »ginomai«, im Lateinischen »fiat«, ist ein Wort aus der Schöpfungsgeschichte des Alten Testaments. »Gott sprach: Es werde Licht. Und es wurde Licht.« (Gen 1,3) Genauso antwortet Maria: »Es werde mir gemäß deinem Wort«. Die Zustimmung Marias ist also kein resignierendes Ja-Wort, das sich in ein unveränderliches Schicksal fügt, sondern ein entschiedenes Ja zum »Es werde«, zur schöpferischen Macht Gottes, die neues Leben weckt (vgl. Keul 2003b).

An dieser Stelle ist eine Unterscheidung hilfreich, die aus der Religionssoziologie stammt und die in Armutsfragen eine besondere Rolle spielt. In der deutschen Sprache haben wir nur ein Wort für »Opfer«. Das Englische aber unterscheidet zwischen Victim und Sacrifice.

- *Victim* = jemand oder etwas erleidet Gewalt (passiv). Menschen in Armut sind Opfer in diesem Sinn. Sie erleiden erzwungene, schicksalhafte, unfreiwillige Armut.
- *Sacrifice* = das Opfer, das um eines höheren Zieles willen gebracht wird (aktiv). Es ist die Ressource, die man teilt, die Gabe, die man bereitwillig gibt: freiwillige Armut.

Wenn Gott einfach über Maria verfügen würde, wäre sie ein Victim. Da Gott aber ihre Zustimmung erbittet, kann sie entscheiden, ob sie ein Sacrifice geben will. Sie ist nicht Opfer eines anderen, sondern sie wird selbst aktiv, als sie in das schöpferische Handeln Gottes einstimmt. Sie spricht ihr Fiat freiwillig. Damit praktiziert sie das, was im Christentum »freiwillige Armut« genannt wird. Sie verzichtet auf vorgebahnte, sichere Wege. Sie geht große Risiken ein, denn sie weiß nicht, was ihr in diesem Abenteuer geschehen wird.[7] Sie riskiert die Ablehnung ihrer Familie, ihres Verlobten, ihres Dorfes. Sie kann verarmen und alles verlieren. Aber Maria tut dies um eines höheren Zieles Willen: sie schenkt Leben.

Nach ihrem Ja-Wort macht sich Maria auf den gefährlichen Weg durch das Bergland von Judäa und besucht ihre Verwandte Elisabet, die ebenfalls schwanger ist. Lukas schweigt sich darüber aus, ob sie zuvor überhaupt mit Josef gesprochen hat. »Als Elisabet den Gruß Marias hörte, hüpfte das Kind in ihrem Leib.« (Lk 1,41) Elisabet steht ebenfalls an der Schwelle eines neuen Lebens. Sie wird als alte, bisher kinderlose Frau ihr erstes Kind gebären – ein lebensgefährliches Unterfangen. Ihr Mann ist in dieser Situation nicht sonderlich hilfreich, denn er ist verstummt und spricht kein Wort mehr (Lk 1,20). Bei Maria aber können ihre Befürchtungen und Ängste genauso wie ihre Freude und Hoffnung zur Sprache kommen.

Nach Lukas geraten beide Frauen durch ihre Schwangerschaft in eine riskante Lage. Als sie sich begegnen, stimmt Maria das Magnifikat an. Ihr prophetischer Liebesgesang beschreibt jene andere Ordnung, die in Kraft tritt, wo Gott sich erbarmt. Übliche Verhaltensweisen werden umgekehrt. Diejenigen rücken in den Mittelpunkt, die sozial ganz unten platziert und damit erniedrigt sind. Gesellschaftlich stehen die Mächtigen, Angesehenen, finanziell Reichen im Blickfeld des öffentlichen Interesses. Im Reich Gottes aber haben die Armen Vorrang. Daher bestreitet und wendet das Magnifikat die sozial üblichen Praktiken.

Auch heute lässt sich alltäglich beobachten, wie sich auf der einen Seite der Hunger potenziert, während auf der anderen Seite Reichtum und Übersättigung wachsen. Wer viel Geld hat, kriegt noch Zinsen dazu, erhält Steuerermäßigungen oder wird lukrativ bestochen. Wer hingegen hungert, geht leer aus. Hunger fügt Menschen schwere Verletzungen zu. Er »nagt« am Leben. Er zwingt die Armen dazu, von der Hand in den Mund zu leben und alles zu verzehren, was an Nahrung verfügbar ist. Daher können Arme keine Saat aufbewahren, die in Zukunft Frucht bringt und die Ernährung sichert. Es bleiben auch keine finanziellen Ressourcen, um Werkzeuge anzuschaffen und Ackerboden zu kaufen. Armut zehrt alles auf und treibt in die Verschuldung. So werden Hungernde in einer Spirale des Hungers gefangen. Wer arm ist, wird ärmer; wer reich ist, wird reicher – so ist der normale Lauf der Dinge.

Im Reich Gottes jedoch, das Maria im Magnifikat besingt, werden Hungernde satt und die Reichen gehen leer aus. Dies verändert auch den Blick auf die Herrschenden, die in der Potenzierung ihres Reichtums der Gefahr des Hochmuts erliegen. Sie genießen im Reich Gottes kein privilegiertes Ansehen. Die Pläne der Stolzen, die ohne Rücksicht agieren, macht Gott zunichte. Die Herrschenden werden vom Thron gestürzt, die Erniedrigten erhöht. Von den Reichen wird Bekehrung eingefordert, damit sie ihre Reichtümer zum Wohlergehen der Armen einsetzen und die Spirale der Armut durchbrechen.

Diese Position ist befreiend für die Erniedrigten, und zwar nicht erst im Jenseits, sondern bereits hier und jetzt. Daher ist die schwangere Maria, obwohl sie und ihr Kind gefährdet sind, beGEISTert und voller Leben. Sie begreift, dass Gott die Macht derer ist, die von herrschenden Mächten und Gewalten marginalisiert sind. Um Fleisch zu werden, geht das Wort Gottes nicht zu denen, die immer schon das Sagen haben. Vielmehr steht es denen zur Seite, die in ihrer Ohnmacht verstummt sind. Das Wort Gottes, das der Engel an Maria richtet, verhilft ihr zur Sprache. Maria vertraut dem Schöpfungswort »es werde« und wird zur Prophetin des Magnifikat. Sie bricht in ihren Jubelgesang aus und besingt die Schöpfungsmacht Gottes. So findet die Erniedrigte zu ihrer Stimme – aufrecht und kraftvoll, widerständig und lebensfroh.

Maria und Elisabet, Frauen in Not und Bedrängnis, werden der Herrschaft anonymer Mächte entzogen, die dem Tod Raum verleihen. Im Zeichen des Wortes Gottes überwinden sie ihre Ohnmacht, um mit Leib und Seele dem Leben zu dienen.

Sie sind als Frauen in eine Lebensordnung gestellt, in der das Männliche ein Monopol auf das Wort beansprucht. Aber das Wort Gottes, das Maria erhört und dem sie ihr Ja-Wort gibt, macht Maria sprachfähig. Damit aber wird die christliche Position deutlich: diejenigen, die der Hunger stumm macht und denen Unrecht die Sprache verschlägt, kommen vor Gott und durch Gott zu Wort.[8] Das Magnifikat ist ein christlicher Schlüsseltext in Armutsfragen. Denn er stellt die Menschwerdung Gottes in Jesus Christus unter das Zeichen von Armut und Auferstehung.

1.1.2 Die freiwillige Armut Gottes – das Kind in der Krippe

Gott lässt sich von der Armut der Menschen bewegen. Er bleibt nicht hoch oben im Himmel, wo er unverwundbar ist, sondern setzt sich in Jesus Christus der irdischen Not menschlichen Lebens aus. Tomáš Halík, Prager Theologe und ehemals Priester der tschechischen Untergrundkirche, schreibt pointiert: »Mein Gott ist der verwundete Gott.« (Halík 2013, 15) Die biblischen Weihnachtsgeschichten bringen diesen christlichen Glauben narrativ ins Wort. Von der Auferstehung Jesu her gehen Matthäus und Lukas zurück zum Anfang und erzählen von der Geburt Jesu. Dabei setzen sie durchaus unterschiedliche Akzente, ihre Erzählungen sind historisch nicht kompatibel. Aber theologisch liegen sie auf einer Linie. Sie setzen bei der Auferstehung an und begreifen von ihr her, was an Weihnachten geschieht.[9]

Das Lukasevangelium (Lk 1,5–2,20) stellt den Geburtsort Jesu heraus und trifft mit ihm eine besondere Aussage. Denn Jesus kommt nicht »zuhause« zur Welt, sondern an einem fremden Ort, der vielfach von Armut und Bedrängnis bestimmt ist. Maria ist hochschwanger, die Geburt steht kurz bevor, als sie mit Josef zusammen aufbrechen muss. Kaiser Augustus hat die Eintragung in Steuerlisten der Heimatgemeinde befohlen – so stellt Lukas es dar. Aus steuerpolitischen Gründen müssen sich die Eltern auf einen Weg machen, der das Leben von Mutter und Kind gefährdet. Jesus kommt an einem fremden Ort und am Rande der Gesellschaft zur Welt. Sein Geburtsort ist nicht der repräsentative, prunkvolle Palast, wie man es von einem Königssohn erwarten könnte, sondern in einem Unterstand für Tiere, wo er in eine Krippe gelegt wird. Beide biblischen Weihnachtserzählungen sagen, dass der Geburtsort Betlehem ist, das »Haus des Brotes«. Dieser Ort macht politisch nichts daher. Er ist so unerwartet, dass sich die drei Sterndeuter aus dem Osten erst einmal verlaufen. Sie landen im Palast des Königs Herodes (Mt 2,1f). Dort ist die herrschaftliche Welt des Kaisers Augustus präsent und übt mit Steuerlisten eine Macht aus, die sich an finanziellen Ressourcen und öffentlichem Ansehen orientiert. Aber diese Ordnung der Dinge erhält mit der Krippe eine Gegenplatzierung. Nicht erst das Kreuz Jesu, sondern schon sein Geburtsort ist eine Ungeheuerlichkeit, ein Skandalon, eine Provokation: der König des Himmels, Gottes eigener Sohn, kommt nicht in reich geschmückten, großzügig angelegten, wohlgeschützten Räumen eines Palastes zur Welt, sondern in der Armseligkeit der Fremde, einer Krippe.

Das Lukasevangelium erzählt sogar, dass nicht einmal in der Herberge Platz für die junge Familie war (Lk 2,7). Ob dies ein Zufall ist? Immerhin ist diese Frau keine Königin, für die man immer Platz hätte, sondern eine Dahergelaufene, eine Hochschwangere, die bald gebären wird. Eine Geburt aber macht Arbeit und erzeugt Lärm, sie stiftet Unruhe und ist insgesamt eine riskante Sache. Da ist es schon leichter zu sagen, dass leider kein Platz mehr in der Herberge sei. Selbst die Schwangere, ja gerade jene, die kurz vor der Niederkunft steht, erhält keinen Einlass. Hier zeigt sich ein Mechanismus, den Menschen in Armut häufig erleiden: die Frau, die wegen ihrer Schwangerschaft am meisten Schutz bedarf, wird aus den Schutzräumen der Gesellschaft ausgeschlossen. Und das im wahrsten Sinn des Wortes. Die Menschen in der Herberge zeigen keine Bereitschaft, ihre Lebensressourcen zu teilen. Sie befürchten, dass die Schwangere sie in Schwierigkeiten bringt und zuviel kostet.

Die Mystikerin Mechthild von Magdeburg greift Jahrhunderte später diesen Ausschluss auf. In einer Marienvision stellt sie heraus, dass Jesus von Anfang an arm war. Er wird geboren »am Straßenrand in der Nacht, in Bethlehem in der Fremde, wo Maria selbst ein armer Gast ohne Herberge war« (FLG V,23).[10] Aber dieser Ausschluss durch die Wohlhabenden scheint die junge Familie nicht sehr zu bekümmern. Im Neuen Testament beklagen sie sich nicht über Schutzlosigkeit, Hunger oder Unbequemlichkeit. Sie schwören keine Rache. Vielmehr treten die Menschen in der Herberge einfach zurück und spielen keine Rolle mehr im Fortgang der Geschichte. Indem die Herberge die Bedürftigen ausgeschlossen hat, schließt sie sich selbst von jener Heilsgeschichte aus, die sich an Weihnachten ereignet. Die Bibel erzählt nichts davon, dass Menschen aus der Herberge später zur Krippe kommen. Der Ort der Gottesgeburt bleibt ihnen verschlossen, denn sie sind nicht zum Teilen bereit.

Noch schlimmer ergeht es König Herodes. Er trägt den Sterndeutern auf, ihm Bescheid zu geben, wenn sie den neuen König gefunden haben. Er tut zwar sehr freundlich, will seine Besucher jedoch ohne deren Wissen als Staatstrojaner einsetzen. Denn er weiß, dass er auf ihre Auskunft angewiesen ist. Aber warum geht er nicht einfach selbst hin? Die Antwort ist aufschlussreich: in seiner Ordnung der Dinge verhaftet, die sich an Macht und Ansehen, Herrschaft und Besitz orientiert, kann er das Wunder der Menschwerdung nicht erkennen. Seine Augen sind blind für jenes Licht, das an Weihnachten aufleuchtet. Er könnte direkt neben der Krippe stehen und würde nichts sehen als ein alltägliches Ereignis, ein neugeborenes Kind. Er kann die Zeichen jener anderen Ordnung nicht wahrnehmen, die mit der Geburt Jesu in Kraft tritt. Die Krippe ist Herodes verschlossen, weil er blind ist für die Geburt Gottes im Menschen. Zu jener Humanität, für die Weihnachten steht, ist er nicht bereit.

Das hat Konsequenzen. Zunächst versucht er mit aller List, die Sterndeuter zu missbrauchen. Dies funktioniert nicht. Denn nach einem eindrücklichen Traum (Mt 2,12) halten sich die drei Weisen nicht an seinen Auftrag, zu ihm zurückzukommen und Bericht zu erstatten. Dennoch merkt Herodes, dass hier eine Kraft am Werk ist, die die Grundlagen seiner eigenen

Herrschaft in Frage stellt. Daraufhin versinkt er noch tiefer in seiner inhumanen Art der Politik. Sein Wunsch, unverwundbar zu sein und seine herrschaftliche, angesehene Position nicht zu verlieren, lässt ihn zu noch drastischeren Mitteln greifen. Um selbst nicht verwundet zu werden, verwundet er andere Menschen. Das ist die Herodes-Strategie, mit der eigenen Verwundbarkeit umzugehen. Nachdem die Sterndeuter nicht mehr erscheinen, ruft er zu den Waffen und lässt in Betlehem und Umgebung »alle Knaben bis zum Alter von zwei Jahren töten« (Mt 2,16). Er raubt seinem Volk das, was ihm am Herzen liegt und heilig ist, die eigenen Kinder. Das Klagegeschrei ist entsprechend laut und herzzerreißend.

Mitten in diesen bedrängenden Erfahrungen von Armut und Gewalt setzt Gott ein Zeichen der Humanität. Gott wird selbst Mensch und verbindet sich auf innigste Weise mit den Menschen, die in Not und Bedrängnis verstrickt sind. Sie brauchen Gottes Solidarität und erhalten sie auch. Jahrzehnte später bringt der Apostel Paulus dies treffend auf den Punkt: »Ihr wisst ja, was Jesus Christus, unser Herr, in seiner Liebe getan hat. Er, der reich war, wurde euretwegen arm, um euch durch seine Armut reich zu machen.« (2 Kor 8,9) Zeuginnen und Zeugen der Gottesgeburt sind deswegen nicht die Wohlhabenden der Herberge, die ihre Lebensressourcen horten, und auch nicht die Großen am Königshof, die ihre Machtmittel rücksichtslos einsetzen, sondern die dahergelaufenen Sterndeuter, die aus der Fremde kommen. Sie sind mit ihren Gaben zum Teilen bereit und finden endlich doch den Weg zur Krippe. Auch die Hirtinnen und Hirten auf freiem Feld, jene armseligen Gestalten, die nie im Rampenlicht öffentlichen Interesses stehen, erhalten eine besondere Einladung des Himmels. Sie opfern nicht nur bereitwillig ihren Schlaf, sondern riskieren sogar den Verlust ihrer Schafe, um zu diesem unscheinbaren Ort der Gottesgeburt zu gelangen. Das Lukasevangelium widmet ihnen eine eigene, raumgreifende Erzählung, denn »Ehre sei Gott in der Höhe und Friede auf Erde den Menschen seiner Gnade.« (Lk 2,14)

Und was sehen die Menschen, als sie zur Krippe kommen? Nackt und bloß, klein und verletzlich, hilflos in allem – so kommt Gott zur Welt. Nicht ein Gott der Herrschaft und des Triumphes ist hier am Werk, der die Kleinen noch kleiner macht; sondern ein Gott, der sich auf das menschliche Leben einlässt, es selbst auf sich nimmt, es mit den Menschen teilt. Die Krippe zeigt die Armut, die Fremde und das Ausgeschlossensein, in denen Jesus zur Welt kommt. Sie macht deutlich, dass Gott mit der Inkarnation freiwillig arm wird. Damit wird die Krippe zum reellen und symbolischen Ort jener freiwilligen Armut, für die das Christentum steht. Auf die Verwundungen der Welt antwortet Gott nicht, indem er sich unverwundbar macht und unverwundbar bleibt. Vielmehr geht er selbst das Wagnis der Verwundbarkeit ein. Er wird geboren an einem Ort, der von vielfältiger Armut gezeichnet ist.

Für Maria, Josef und das neugeborene Kind bedeutet der unsägliche Machtzugriff des Herodes, dass sie fliehen müssen – so stellt es das Matthäus-Evangelium dar. Ein Engel erscheint Josef im Traum und fordert ihn auf: »Steh auf, nimm das Kind und seine Mutter, und flieh nach Ägypten [...], denn Herodes wird das Kind suchen, um es zu töten.« (Mt 2,13) Eine politische Macht trachtet dem Neugeborenen nach dem Leben. Alle drei müssen über die kulturellen, wirtschaftlichen und religiösen Grenzen ihres Landes fliehen. So wird Jesus in Ägypten zum Kind mit Migrationshintergrund, das den Gefährdungen des Lebens in besonderem Maß ausgesetzt ist.

Aber wenn Gott in einem Akt gewagter Hingabe selbst Mensch wird, dann verändert sich auch der Ort, an dem dies geschieht. Mit der Krippe schreibt Gott der Armut das Zeichen der Liebe ein, die alles verwandelt. Denn die Inkarnation ist ein Akt der Menschenliebe Gottes. Sie eröffnet ungeahnte Reichtümer. Als Maria Jesus in die Krippe legt, erfährt die Ordnung der Dinge eine Wende. Unter den zerlumpten Hirtinnen und fremden Sterndeutern, die die unerhörte Botschaft von der Ankunft Gottes in der Krippe erhören, bricht Friede an. Der soziale Vater Josef, der sich unter der Bedrohung durch Herodes aus dem Staub machen könnte, steht Maria und Jesus standhaft bei. Er entwickelt eine erstaunliche Stärke. Die Armen beklagen nicht ihre Armut, denn ihnen wird ein Reichtum ganz anderer Art zuteil. Sie schöpfen Kraft und Lebensmut. Zu Recht werden die Eltern, die Hirten und Magier in Krippendarstellungen als lebendige, ergriffene, bewegte, fröhliche, liebevolle Menschen dargestellt. Denn an der Krippe leuchten Lebensperspektiven auf, die dem Alltag neue Orientierung und frischen Lebensschwung geben. In der Krippe ist die Verheißung der Auferstehung bereits präsent – und wirksam dort, wo sie Frieden stiftet. Die Weihnachtsgeschichten erzählen bereits von Auferstehung.

1.2 Das Reich Gottes und seine soziale Verortung – Menschwerden im Wagnis der Hingabe

Das Magnifikat Marias und der Geburtsort Jesu bestimmen das Reich Gottes sozial und theologisch zugleich. Jesus folgt dieser Spur, als er seine öffentliche Tätigkeit als Prediger und Praktiker des Gottesreiches beginnt. Es zeichnet ihn aus, dass er sich von Armut bewegen lässt. Seine Gleichnisse, Heilungen und Wunder zeigen, wie er sich hingebungsvoll Menschen in Not und Bedrängnis zuwendet, auch wenn es ihn selbst in Schwierigkeiten bringt. Er schaut hin und sieht sogar jene Armut, die sich versteckt. Armut hat etwas Lähmendes und stößt Menschen schnell ins Verstummen. Um diesem Sog zu widerstehen, spricht Jesus sein Nein dem gegenüber, was in der Armut ohnmächtig macht. Den christlichen Glauben an die Auferstehung hat die junge Kirche erst nach dem Tod Jesu entwickelt. Aber Jesus selbst lebt bereits aus der Geistkraft, die dieser Glaube eröffnet.

Jesu Handeln spiegelt das, was Gott in der Menschwerdung tut: er bückt sich, um erniedrigte Menschen aufzurichten. Tatsächlich erzählt das Neue Testament viele Geschichten, in denen Jesus sich bückt. Er wiederholt diese kenotische Geste der Inkarnation. Er berührt Kranke, die darniederliegen, und verhilft ihnen zur Heilung, so zum Beispiel die Schwiegermutter des Petrus (Mk 1,29–31). Als man eine Frau zu ihm bringt, »die beim Ehebruch ertappt worden war«, heißt es: »Jesus aber bückte sich und schrieb mit dem Finger auf die Erde.« (Joh 8,6) Erst nach beharrlichem Nachhaken sagt er auch etwas: »Wer von euch ohne Sünde ist, werfe als erster einen Stein auf sie. Und er bückte sich wieder und schrieb auf die Erde.« Wer Andere aufrichten will, muss sich bücken. Besonders eindrucksvoll und mit symbolischem Gewicht tut Jesus dies in der Fußwaschung seiner Jüngerinnen und Jünger[11]: »Dann goss er Wasser in eine Schüssel und begann, den Jüngern die Füße zu waschen und mit einem Leinentuch abzutrocknen, mit dem er umgürtet war.« (Joh 13,6) Fragen nach Erniedrigung und Erhöhung, Armut und Reichtum durchziehen sein öffentliches Wirken. Jesus bückt sich, um den Erniedrigten Auferstehung zu eröffnen. Die lateinamerikanische Theologin Ivone Gebara sagt: »Die Auferstehung hat zu tun mit dem Magnifikat und mit der Bergpredigt, mit der Kraft des Senfkorns und dem Teilen des Brotes.« (Gebara 2002, 45)

1.2.1 Das Reich Gottes als Heterotopie – keine Utopie, aber auch kein Ort wie alle anderen

Im Neuen Testament weist Jesus beharrlich auf die Realität und Wirksamkeit des Reiches Gottes hin. Er benennt konkrete Orte, an denen dieses zunächst unsichtbare Reich sichtbar wird, weil es mitten in der von Armut bedrängten Welt eine andere Ordnung der Dinge begründet. Diese ist nicht von dieser Welt, verwandelt sie aber grundlegend. Hier werden die Armen selig gepriesen, während den Reichen ein Weheruf folgt. Hier gilt: »So werden die Letzten die Ersten sein und die Ersten die Letzten.« (Mt 20,16)[12] Hier hat die Person Vorrang vor der Institution, daher wird sie vor ihrem übermächtigen Zugriff bewahrt: »Der Sabbat ist für den Menschen da, nicht der Mensch für den Sabbat.« (Mk 2,27) Und in allem werden Gottes- und Nächstenliebe untrennbar aufeinander bezogen. Die übliche Trennung von profanem und heiligem Raum; von profaner und heiliger Zeit; von profaner Tätigkeit und Gottesdienst wird durchkreuzt. »Selig, ihr Armen, denn euch gehört das Reich Gottes« (Lk 6,20), verheißt Jesu Bergpredigt. Diese provozierende Verheißung ist ein Affront gegenüber einer Gesellschaft, die Menschen allein nach finanziellem Reichtum und öffentlichem Ansehen bemisst und denkt, dass diese Ordnung der Dinge auch vor Gott gültig sei.

Das Reich Gottes ist ein jüdisches Thema, das zu Lebzeiten Jesu »zwar nicht gerade weit verbreitet war, aber insbesondere auch in Krisenzeiten des jüdischen Volkes aktiviert wurde« (Stegemann 2010, 27). In der theologischen Debatte um den historischen Jesus und seine Zugehörigkeit zum Judentum steht es nach wie vor im Mittelpunkt. Eine neuere Interpretation, die die Reich-Gottes-Botschaft Jesu als »Heterotopie«, als Andersort begreift, ist im Blick auf Armutsfragen besonders aufschlussreich. Wolfgang Stegemann hat diesen Begriff, der auf den französischen Philosophen Michel Foucault (1926–1984) zurückgeht, in die exegetische Debatte eingebracht.[13]

Dass das Reich Gottes ein Andersort, eine Heterotopie ist, fällt an einem Punkt besonders auf. Das Reich Gottes ist weder auf Landkarten noch in Stadtplänen verzeichnet. Es ist weder bei google noch bei bing lokalisierbar. Daher gelangt man auch nicht so einfach dorthin wie an andere Orte. Man kann sich problemlos nachmittags in einem Café verabreden. Aber »heute um 16.30 Uhr im Reich Gottes« – eine solche Verabredung funktioniert nicht.[14] Außerdem ist dieses Reich leicht zu übersehen: »Amen, Amen, ich sage dir: Wenn jemand nicht von neuem geboren wird, kann er das Reich Gottes nicht sehen.« (Joh 3,3) Nichts weniger als eine neue Geburt, eine Auferstehung ist notwendig, damit dieser spezielle Ort in den Blick rückt.

Aber obwohl das Reich Gottes nicht wie eine Eisdiele lokalisierbar ist, so ist es dennoch keine Utopie. Es dient nicht der eschatologischen Vertröstung in ein ortloses Jenseits. »Utopie« bedeutet Nicht-Ort, also ein Ort, den es nur virtuell, nicht aber reell gibt – »Kein Ort. Nirgends« hat die Schriftstellerin Christa Wolf dies in einem Romantitel genannt (Wolf 1979). Das Reich Gottes ist jedoch keine Utopie, genauso wie es kein Alltagsort ist. Vielmehr bezeichnet es eine konkret verortete und sehr wirksame, eine besondere Realität. »Wenn ich aber die Dämonen durch den Finger Gottes austreibe, dann ist doch das Reich Gottes schon zu euch gekommen.« (Lk 11,20) Dämonen üben eine unsägliche Macht aus. Sie haben das Leben hart im Griff und saugen ihm alle Kraft aus. Wo diese unsägliche Macht gebrochen wird, da ist das Reich Gottes präsent. Daher erteilt Jesus seinen zwölf Jüngern den Auftrag: »Geht aber und verkündet: Das Himmelreich ist nahe. Heilt Kranke, weckt Tote auf, macht Aussätzige rein, treibt Dämonen aus! Umsonst habt ihr empfangen, umsonst sollt ihr geben.« (Mt 10,7f) Das Reich Gottes ist schon da. Aber es ist nicht überall, sondern steht vielerorts noch schmerzlich aus. ›Schon und noch nicht‹ heißt seine Kurzformel. Im Trubel der Alltagsorte sind die Zeichen seiner Präsenz leicht zu übersehen. Jesus macht daher die Menschen auf jene Zeichen aufmerksam, an denen seine Realität und Wirksamkeit erkennbar wird.

Um diese verborgene Präsenz geht es auch in Jesu Rede vom Weltgericht, die das Matthäus-Evangelium als Abschluss vor die Leidensgeschichte platziert (Mt 25,31–46). Die Menschen im jenseitigen Weltgericht sind überrascht, als sie hören, dass sie Christus Nahrung, Unterkunft und Zuwendung gegeben haben. »Denn ich war hungrig, und ihr habt mir zu essen gegeben; ich war fremd und obdachlos, und ihr habt mich aufgenommen; ich war nackt, und ihr habt mir Kleidung gegeben; ich war krank, und ihr habt mich besucht; ich war im Gefängnis, und ihr seid zu mir gekommen.« (Mt 25,35f) Auch hier werden Grenzerfahrungen benannt, in denen die Lebensmacht der Auferstehung vonnöten ist: Hunger, der in den Tod treibt; Obdachlosigkeit, die schutzlos gewaltsamen Übergriffen aussetzt; Krankheit und Gefängnis, die das Leben vergällen. Wo Menschen sich hingebungsvoll engagieren, um diese Bedrängnis in ihre Schranken zu weisen, da dienen sie Christus selbst.

Der Glaube an das Reich Gottes setzt ein Widerlager zum gesellschaftlichen Normalfall im Verhältnis von arm und reicht.[15] Der Vorrang der Armen bestimmt die Wahrnehmung und Wertschätzung der Reich-Gottes-Praxis: wo die Spirale der Armut durchbrochen wird, wo den Hungernden Reichtümer zufließen und die Reichen leer ausgehen, da ist das Reich Gottes präsent. Unermüdlich weist Jesus darauf hin. Er sagt, wo dieses Reich zu finden ist: in der Armut mit ihren vielen Gesichtern. Die Armut ist der konkrete Lebensort, der die Konstituierung des Glaubens als Utopie widerlegt. Daher bedeutet Nachfolge Jesu, die Botschaft des Evangeliums als eine Praxis der Auferstehung zu realisieren. Wer an das Reich Gottes glaubt, führt diese andere Ordnung der Dinge in die Praxis ein. Das gelingt wahrlich nicht flächendeckend. Aber wo es gelingt, da wird der Anbruch des Gottesreiches sichtbar. Jesus geht es um den praktizierten Glauben an diese Frohe Botschaft, die den Armen, den Gefangenen, Blinden und Zerschlagenen gilt, denen Auferstehung zugesagt ist. Daher gilt für die Nachfolge: »Euch aber muss es zuerst um sein Reich und um seine Gerechtigkeit gehen; dann wird euch alles andere dazugegeben.« (Mt 6,33) Das Reich Gottes ist der Schlüssel zur Verortung des christlichen Glaubens in den Realitäten der eigenen Zeit.

Die Armut gibt dem Reich Gottes einen konkreten Ort in der Geschichte der Menschheit und damit auch in der aktuellen Gegenwart. Denn Armut ist eine empirische Realität, die soziale Orte hervorbringt: die Megaslums in Megastädten, die Flüchtlingslager in Kriegsgebieten, die Notkrankenhäuser in Hungerzonen. Der Glaube an das Evangelium, die befreiende Botschaft der Auferstehung, erhält so konkrete Wirkungsorte. Dabei gibt es keine einfache Identität von Armut und Reich Gottes. Dieses Reich ereignet sich vielmehr, wo der übermächtige Zugriff der Armut auf das menschliche Leben gebrochen wird. Die empirischen Lebensorte der Armut und die geistige Orientierung des Evangeliums; die profane Aufgabe der Überwindung von Armut und die religiöse Aufgabe der Gottesverehrung sind weder voneinander zu trennen noch miteinander zu vermischen.

1.2.2 Die vielen Gesichter der Armut – Heilung in einer verwundeten Welt

Im Neuen Testament werden Fragen der Armut im Kontext der Reich-Gottes-Botschaft beleuchtet. Dabei stellt das Matthäus-Evangelium heraus, dass sich Jesus mit den Armen nicht nur verbindet, sondern identifiziert: »Amen, ich sage euch: Was ihr für einen meiner geringsten Brüder und Schwestern getan habt, habt ihr mir getan.« (Mt 25,40) Wo man einem Menschen in Armut begegnet und sich von dieser Armut bewegen lässt, da kommt man mit Christus selbst in Berührung: wenn man Hungrige sättigt und Durstigen zu trinken gibt; wenn man Kranke besucht und Obdachlose aufnimmt; wenn man diejenigen, die ihrer Kleider beraubt sind, kleidet und die Gefangenen nicht allein lässt. Jesu Reich-Gottes-Botschaft ist von Armutsfragen geprägt. Wie kommt er zu dieser markanten Position? Mit welchen Realitäten sah Jesus sich konfrontiert, in welchen Diskursen bewegte er sich, auf welche Fragen und Probleme wollte er eine Antwort finden?

Auf diese Fragen gibt es zunächst eine einfache und realistische Antwort. Jesus setzt sich für die Armen ein, weil er mit der Armut von Menschen konfrontiert wird und weil ihm dies keine Ruhe lässt.[16] Seine Wertschätzung der Armen folgt dem, was er wahrnimmt. Da ist zum einen die bedrängende Armut mit ihren vielen Gesichtern, die ihm alltäglich vor Augen tritt. Zum anderen liegt ihm die Armut alltäglich im Ohr, da seine heiligen Schriften sie besprechen. Die reelle Armut vor Augen und das Wort Gottes im Ohr – so entsteht Jesu Option für die Armen. Beides verstärkt sich wechselseitig. Wenn man mit der konkreten Armut konfrontiert wird, wird man hellhörig für ihre Thematisierung im Alten Testament. Und wenn die jüdischen heiligen Schriften Armut zu Gehör bringen, so schärft dies den Blick für das Elend, das alltäglich begegnet. Um Gottes und der Menschen willen schaut Jesus nicht an der Armut vorbei, und er hört nicht weg, wenn davon die Rede ist. Nur Weniges lässt sich über Jesus von Nazareth sagen – das aber sicher: Er war jemand, der sich von der Armut anderer Menschen bewegen ließ.

Das Neue Testament kennt zwei Wörter für das, was heute im Deutschen mit »arm« übersetzt wird (Berges / Hoppe 2009, 57–117). *Ptochos* bezeichnet die Mittellosigkeit eines Menschen, der über so wenige Lebensressourcen verfügt, dass er auf die Unterstützung Anderer angewiesen ist. *Tapeinos* meint religiös die Demut des Menschen vor Gott sowie säkular den sozial niedrigen Status; das Verb tapeinoo meint *erniedrigen, demütigen*. Diese Differenzierung ist jenem Begriffspaar vergleichbar, das sich in gegenwärtigen Armutsdebatten etabliert: Armut und soziale Ausgrenzung.[17] Beide Begriffe bilden miteinander einen Spannungsbogen, der der Armut mit ihren vielen Gesichtern Raum gibt.

Selbstverständlich fallen Jesus die Menschen auf, die nicht das Nötigste zum Leben haben, Menschen die hungern und frieren, die von keinem Obdach geschützt sind und die von ihrer Armut an den Rand des Todes gedrängt werden. Als Jesus von einem wohlhabenden Mann gefragt wird, wie er das ewige Leben gewinnen kann, empfiehlt er ihm, sein Hab und Gut zu verkaufen und den Erlös den Armen zu geben (Mk 10,21). Wenn man finanzielle Ressourcen zur Verfügung hat, so hat man gute Chancen, die Armut anderer Menschen zu reduzieren.

Aber Jesus sieht auch, dass Armut nicht nur durch mangelnde finanzielle Ressourcen entsteht. Es gibt sogar Formen von Armut, die sich im finanziellen Reichtum geradezu verstecken. So erzählt das Lukas-Evangelium von einem Mann in Jericho namens Zachäus (Lk 19,1–10): »er war der oberste Zollpächter und er war sehr reich«. Zachäus steht in der Finanzhierarchie recht weit oben. Er hat die Macht, im Namen des Staates Geld einzutreiben, und kann dabei auch noch einen illegalen Gewinn in seine eigene Tasche abzweigen. Er steht gut da und ist wohlhabend. Aber Jesus sieht noch etwas Anderes. Zachäus will ihn unbedingt sehen. Es gibt etwas im Leben Jesu, das den Zollpächter anzieht. Da er klein gewachsen ist, klettert er auf einen Maulbeerbaum – und versteckt sich somit vor dem

Blick der Menschen. Aber Jesus richtet seine Aufmerksamkeit ausgerechnet auf ihn. Denn Zachäus ist zwar reich, aber dennoch von sozialer und religiöser Ausgrenzung betroffen. Als Jesus bei ihm zu Gast sein will, da empören sich »die Leute« und sagen: »Er ist bei einem Sünder eingekehrt.«

Mitten im finanziellen Reichtum sieht Jesus die Ausgrenzung. Er argumentiert nicht gegen sie an, sondern er setzt handelnd ein Zeichen. Er nimmt Zachäus bei seiner Stärke, denn er kann ein guter Gastgeber sein. Freudig nimmt er Jesus auf. Und prompt löst sich ein verhärteter Knoten. Indem Jesus die soziale und religiöse Ausgrenzung durchbricht, wird Zachäus in die Lage versetzt, seine finanziellen Privilegien aufzugeben. »Herr, die Hälfte meines Vermögens will ich den Armen *(ptōchois)* geben, und wenn ich von jemand zu viel gefordert habe, gebe ich ihm das Vielfache zurück.« Weil er in seinem Leben einen Reichtum ganz anderer Art erfährt, kann er auf Geld verzichten. Der Teufelskreis der Gewalt, der in Armut und sozialer Ausgrenzung steckt, ist durchbrochen.[18]

Jesus interpretiert dieses Ereignis weitgehend: »Heute ist diesem Haus das Heil geschenkt worden, weil auch dieser Mensch ein Sohn Abrahams ist. Denn der Menschensohn ist gekommen, um zu suchen und zu retten, was verloren ist.« Zachäus muss sich nicht mehr kleinmachen und wegducken, sondern er kann aufrecht stehen vor Gott. Und er muss nicht mehr den Blicken seiner Mitmenschen ausweichen. Weil er ihnen Gerechtigkeit widerfahren lässt, kann er ihnen auf Augenhöhe begegnen. Mitten in seinem Alltag erfährt er Auferstehung, und sein ganzes Leben verwandelt sich. Der Evangelist drückt dies mit dem griechischen Wort *soteria* »Heil / Erlösung« aus, ein Wort, das später auf ihn selbst angewendet wird, als er »Erlöser, Retter, Heiland« genannt wird.

»Heilung« ist im Wirken Jesu ein Schlüsselwort. Er wendet es in umfassendem Sinn an, indem er damit sowohl körperliche, aber auch seelische Heilungen bezeichnet, die im Namen Gottes geschehen. Armut in ihren vielen Erscheindungsformen hat eine Gemeinsamkeit: sie verwundet Menschen, sie fügt ihnen Verletzungen zu. Bei der finanziellen Armut ist dies besonders gut zu sehen, weil Obdachlose meist auch von sichtbaren körperlichen Wunden gezeichnet sind. Es gilt aber genauso von sozialer oder religiöser Ausgrenzung. Dabei wird auch deutlich, dass Verwundungen sich gegenseitig anstecken und entzünden. So leidet die Frau, die von Blutfluss gequält wird, nicht nur am Blutverlust und den vielen vergeblichen Heilungsversuchen, sondern sie wird auch von einem religiös-kulturellen Tabu geknechtet (Mk 5,25–34): eine Frau mit solchen Blutungen darf man nicht berühren, die Kommunikation mit ihr ist extrem reduziert. Diejenige, die am meisten der Berührung bedarf, wird hiervon ausgeschlossen. Die körperliche Krankheit zieht soziale Ausgrenzung nach sich. Als diese in vielfachem Sinn verletzte Frau Jesus heimlich berührt und sich auf ein Gespräch mit ihm einlässt, erfährt sie Heilung. Jesus entlässt sie mit den Worten: »Meine Tochter, dein Glaube hat dir geholfen. Geh in Frieden! Du sollst von deinem Leiden geheilt sein.« In einer Welt, die allerorten von Verwundungen gezeichnet ist, tritt Jesus in Wort und Tat für Heilung ein.

Von besonderer symbolischer Kraft ist die Geschichte einer verkrümmten Frau, die seit achtzehn Jahren nicht mehr aufrecht stehen und gehen kann. Jesus ruft sie zu sich und legt ihr betend die Hände auf: »Im gleichen Augenblick richtete sie sich auf und pries Gott.« Jesus vollzieht diese Heilung sogar am Sabbat, weil die Aufrichtung der Verkrümmten keinen Aufschub verträgt (Lk 13,10–17). Hier zeigt sich Auferstehung konkret: die Geistkraft Gottes befreit zu aufrechtem Gang. Die verdrehte Körperhaltung, die den Blick nach unten zwingt, löst sich auf und ermöglicht Begegnung auf Augenhöhe.

1.2.3 Armut bewegt – der barmherzige Samariter

Die vielen Gesichter der Armut wahrzunehmen und sich von dieser Armut bewegen zu lassen, das zeichnet die Glaubenspraxis Jesu aus. In einer verwundeten Welt wirkt er auf Heilung hin. Er stellt eine verdorrte Hand wieder her, so dass der Erkrankte seine

»Handlungsfähigkeit« zurück gewinnt. Er befreit von Aussatz und treibt Dämonen aus. Er verhilft Menschen dazu, sich aus den Verkrümmungen ihres Lebens aufzurichten. Und er will auch andere Menschen dazu motivieren, sich von Not und Bedrängnis Anderer bewegen zu lassen. Seine Praxis will ansteckend sein, so dass eine Kultur entsteht, in der die vielfältigen Reichtümer des Lebens miteinander geteilt werden. Denn nur eine Kultur des Teilens kann den Teufelskreis der Armut durchbrechen. In diese Richtung wirkt Jesu Reich-Gottes-Praxis.

Besonders deutlich wird das an Jesu Gleichnis vom Samariter, der sich einem Menschen zuwendet, der buchstäblich unter die Räuber gefallen war und schwer verwundet, »halb tot« am Boden liegt (Lk 10,25–37). Der Priester und der Levit, also jene Menschen, die für die etablierte religiöse Ordnung stehen, gehen unberührt vorüber. Der Samariter jedoch, der zu einer aus jüdischer Sicht randständigen Religionsgemeinschaft gehört,[19] lässt sich bewegen von der Not, die er sieht. Er bückt sich zu dem Menschen, der »halb tot« ist, und »goss Öl und Wein auf seine Wunden und verband sie«. Der Samariter ist innerlich zutiefst berührt und tatkräftig bewegt. Er bringt den schwer Verletzten in eine Herberge und zahlt für seine Versorgung. Bedingungslos und ohne Zögern gibt er aus seinen Reichtümern, obwohl er den Menschen am Boden überhaupt nicht kennt und selbst auf Reisen unterwegs ist. Auch er wiederholt die Geste Gottes: er bückt sich, um einen Niedergeschlagenen aufzurichten.

Das Lukas-Evangelium ordnet dieses Gleichnis in den Konflikt ein, der sich zwischen der Jesusbewegung und einem Teil des religiösen Establishments entwickelt. Die Frage nach der Feindesliebe wurde damals im Judentum kontrovers diskutiert.[20] Ein Gesetzeslehrer wollte nun von Jesus wissen, wer denn mit »Nächstenliebe« (Lev 19,18) gemeint sei. Interessanter Weise dreht Jesus die Perspektive um. Die Frage: Wer ist mein Nächster? beantwortet er mit der Frage: Wem bist Du selbst ein Nächster? »Wer von diesen dreien hat sich als der Nächste dessen erwiesen, der von den Räubern überfallen wurde?« Ob man an die

Geistkraft der Auferstehung glaubt, zeigt sich daran, ob man selbst zu dieser Zuwendung bereit ist, die Nähe eröffnet.

Jesu Verständnis der Nächstenliebe geht sogar so weit, dass es die Feindesliebe umfasst. »Liebet eure Feinde, segnet, die euch verfluchen, tut Gutes denen, die euch hassen, bittet für die, die euch beleidigen und verfolgen« (Mt 5,44; vgl. Lk 6,27). Eine übliche Reaktion auf »Feinde« oder »Gegner« ist das Ressentiment. Man stellt bei den Anderen die Schwächen heraus, um selbst besser da zu stehen. Die Feindesliebe agiert genau umgekehrt. Sie schaut auf die Stärken der Anderen, tut ihnen Gutes und bittet für sie, damit die Spirale von Hass und Gewalt keine Chance mehr hat.

1.2.4 Das Vaterunser – Hunger und Sättigung, Schuld und Versöhnung

Die Jesusbewegung ist die erste christliche Armutsbewegung, die aus dem Glauben an die Auferstehung lebt. Jesus setzt darauf, dass Menschen der Armut nicht ausweichen, sondern dass sie sich von ihr berühren und bewegen lassen. Armut in allen Facetten wird damit ein zentrales Thema christlichen Glaubens. Eine Praxis dieses Glaubens ist das Gebet, wie Jesus es seine Jüngerinnen und Jünger lehrt (so Lk 11,1–4). Das Matthäus-Evangelium bietet einen längeren Text, der heute die christliche Gebetspraxis bestimmt:

> »So sollt ihr beten: Unser Vater im Himmel, dein Name werde geheiligt, dein Reich komme, dein Wille geschehe wie im Himmel, so auf der Erde. Gib uns heute das Brot, das wir brauchen. Und erlass uns unsere Schulden, wie auch wir sie unseren Schuldnern erlassen haben. Und führe uns nicht in Versuchung, sondern rette uns vor dem Bösen.« (Mt 6,9–13)

Am Beginn stehen die Anrufung Gottes und die Heiligung seines Namens. Der eigene Lebenskontext wird auf Gott hin relativiert. Sein Reich möge kommen – diese Bitte holt die Nöte des

Lebens zusammen mit der Sehnsucht nach Frieden und Gerechtigkeit ins Gebet hinein. Dann kommt jene Bitte, die in mancher Bedrängnis so schwer zu sprechen ist: »Dein Wille geschehe wie im Himmel, so auf der Erde«. Das eigene Zielstreben, das leicht in einen Tunnelblick hinein führt, wird aufgegeben. Aber das ist ungeheuer schwer, wo man schmerzliche Verluste erfährt. Wie viel Furcht vor der Zukunft und dem kommenden Schicksal schwingt hier mit. »Gib uns heute das Brot, das wir brauchen.« Der Blick geht nicht auf gestern oder auf morgen, sondern auf heute – ein Gedanke, den die Mystik später aufgreifen wird. Gerade für Menschen, die täglich satt werden, ist es wichtig, sich die Grausamkeit des Hungers an so vielen Orten der Welt vor Augen zu führen.

»Und vergib uns unsere Schuld, wie auch wir vergeben unseren Schuldigern« – welch kluge Bitte! Das eigene Versagen, die unsäglichen Fehler und nicht zuletzt die Unfähigkeit zu verzeihen treten vor Augen – und gerade damit zeigt sich ein Ansatz, die eigene Unfähigkeit zu überwinden. Im 20. Jh. hat die Philosophin Hannah Arendt herausgestellt, dass Jesus als Erster das Vergeben als eine Macht entdeckt hat, die Neuanfang ermöglicht. Menschen machen Fehler. Die Angst hiervor mag sie davon abhalten, beherzt zuzupacken und in den Lauf der Welt einzugreifen. Die Macht der Vergebung wirkt diesem untätigen Zögern entgegen. Menschen können Fehler machen, sie können scheitern, weil es Vergebung gibt. Das Getane ist unwiderruflich, aber die Macht des Verzeihens eröffnet einen Neuanfang. Verzeihen ist das »Heilmittel gegen Unwiderruflichkeit« (Arendt 1981, 231). Arendt versteht diese Vaterunser-Bitte so, »dass diese Fähigkeit unter den Menschen noch nicht einmal auf die göttliche Barmherzigkeit zurückzuführen sei [...], sondern umgekehrt von den Menschen in ihrem Miteinander mobilisiert werden muss, damit dann auch Gott ihnen verzeihen könne.« (ebd. 234) Wie wichtig diese Macht des Verzeihens ist, zeigt sich überall dort, wo ein Bürgerkrieg entsteht und wo Menschen, die zuvor friedlich zusammengelebt haben, plötzlich zuschlagen und uralte Rechnungen begleichen.[21] Wo es kein Verzeihen gibt, da bleibt die Gewaltspirale latent vorhanden. Wo aber Vergebung im Sinne Jesu geschieht, da wird ihr ein Ende gesetzt. Menschen können aufstehen und neu anfangen.

1.2.5 Das Wunder der Brotvermehrung – teilen lässt wachsen

Miteinander essen war für die Jesusbewegung eine wichtige Praxis, denn die jüdische Ritualkultur sieht hierin die Gemeinschaft zwischen Gott und Mensch symbolisiert. Im Essen am Sabbat und besonders am Paschafest wird die Heilsgeschichte als Fülle des Lebens erfahrbar. Die Alltagspraxis Jesu ist von dieser Ritualkultur geprägt und gibt ihr zugleich eine eigene Richtung. Zu diesen Essen können auch Menschen kommen, die nicht zur eingeschworenen Jüngergemeinschaft gehören. Jesus lädt auch diejenigen ein, die vielerorts ausgeschlossen werden: die Menschen von den Hecken und Zäunen; die Zöllner und diejenigen, die den Ruf haben, in Sünde zu leben. Daraufhin wird Jesus vorgeworfen, dass er »sich mit Sündern abgibt und sogar mit ihnen isst« (Lk 15,2).

Im Kontext dieser Kultur steht eine wunderbare Erzählung über die Lebensmacht des Teilens. Dabei ist »wunderbar« in wörtlichem Sinn zu verstehen, denn sie ist eine Wundererzählung. Sie offenbart etwas, das für das Christentum charakteristisch wird: es glaubt daran, dass das Teilen eine begeisternde Lebensmacht freisetzten kann. Alle vier Evangelien erzählen diese »Speisung der Fünftausend« mit je unterschiedlicher Akzentuierung (Mk 6, Mt 14; Lk 9, Joh 6), teilweise zusätzlich die Speisung der Viertausend (Mk 8, Mt 15). Der breite Raum, den die Geschichte erhält, verdeutlicht, wie wichtig dieses Wunder der frühen Kirche war.

Der Erzählkontext ist in Mk 6,30–44 folgender: Johannes der Täufer ist gerade enthauptet worden, so dass das Gewaltpotential, das von Menschen ausgeht, bedrohlich präsent ist. Jesus hat schon einige Wunder gewirkt und ist durch sein Predigen zu einer lokalen Berühmtheit geworden. Er hat erstmals zwölf Jünger ausgesandt, die gerade zurückkehren. Mittlerweile setzen viele Menschen, die von der Not des alltäglichen Lebens bedrängt sind, ihre Hoffnung auf Jesus und seine Reich-Gottes-Botschaft. Sie folgen ihm, wo immer er auftaucht. Das ist anstrengend für ihn und den Kern seiner Bewegung. Deswegen fahren sie mit dem Boot in eine einsame Gegend. Aber auch dorthin eilen ihnen die Menschen voraus. Fünftausend, so sagt es das Markusevangelium, versammeln sich. Als Jesus »die vielen Menschen sah, hatte er Mitleid mit ihnen; denn sie waren *wie Schafe, die keinen Hirten haben.* Und er lehrte sie lange.« Der Text spielt auf die Psalmen des Alten Testaments an, wo Gott als guter Hirte besungen wird, der Menschen sicher durch dunkelste Schluchten führt und sie auf grünen Auen lagern lässt (PS 23). Indem Jesus zum Volk spricht und es lehrt, ist für ihre Seelen gesorgt. Aber wo bleibt die Leib-Sorge?

»Gegen Abend kamen seine Jünger zu ihm und sagten: *Der Ort ist abgelegen und es ist schon spät. Schick sie weg, damit sie in die umliegenden Gehöfte und Dörfer gehen und sich etwas zu essen kaufen können.«* Die Jünger reagieren ganz normal und sehr verständlich. Sie wollen endlich mal wieder in Ruhe miteinander essen und reden. Außerdem sorgen sie sich um den Hunger der Menschen. Es sind so viele, dass das Essen, das sie dabei haben, nicht ausreicht. Die Jünger wollen das Problem lösen, indem sie die Menschen wegschicken. Sie sollen alle für sich allein sorgen.

Aber Jesus ist mit dieser Handlungsstrategie nicht zufrieden. Wer weiß, ob diese Menschen überhaupt Geld haben, um etwas einzukaufen. Vielleicht ist das, was die Jünger wollen, doch eine perfide Strategie der Ausgrenzung, die sich die Probleme vom Hals hält? »Er erwiderte: *Gebt ihr ihnen zu essen!* Sie sagten zu ihm: *Sollen wir weggehen, für zweihundert Denare Brot kaufen und es ihnen geben, damit sie zu essen haben?* Er sagte zu ihnen: *Wie viele Brote habt ihr? Geht und seht nach!* Sie sahen nach und berichteten: *Fünf Brote und außerdem zwei Fische.«* Es ist also etwas da. Nicht überschwänglich viel, aber doch so viel, dass es sich teilen lässt. »Dann befahl er ihnen, den Leuten zu sagen, sie sollten sich in Gruppen ins grüne

Gras setzen. Und sie setzten sich in Gruppen zu hundert und zu fünfzig. Darauf nahm er die fünf Brote und die zwei Fische, blickte zum Himmel auf, sprach den Lobpreis, brach die Brote und gab sie den Jüngern, damit sie sie an die Leute austeilten. Auch die zwei Fische ließ er unter allen verteilen.«

Hier ist in der Tat ein Wunder geschehen. Aber welches? Die Exegese weist zu Recht darauf hin, dass in diesem Text nichts von wunderwirkenden Worten oder Gesten geschrieben steht. Jesus spricht den Segen, der an den Beginn eines jüdischen Mahls gehört. Um magische Praktiken geht es hier nicht. Die Sache ist einfacher, aber nicht weniger erstaunlich. Jesus fordert die Jünger auf, das Brot, das zunächst für den Kern der Jesusgemeinschaft gedacht war, an alle auszuteilen. Im Griechischen gibt es nun zwei verschiedene Arten des Teilens.

1. διαμερίζω (zerteilen, englisch *to divide*): Wenn man in einem Wirtschaftssystem Geld weggibt, wird es weniger. Dieses Teilen schmälert die finanziellen Lebensressourcen, die man selbst besitzt. Deswegen erhalten Andere das, was jemandem gehört, nur gegen eine gleichwertige Gegengabe. Entsprechend aufmerksam bis misstrauisch sind Menschen bei solchen Teilungsvorgängen, insbesondere wenn sie behördlich angeordnet werden wie bei Steuern. Diese Art des Aufteilens, wo etwas kleiner wird, beherrscht die normale Ordnung der Dinge. Darauf sind wir geeicht: wir hüten unser Eigentum, damit es nicht weniger wird.

2. δίδωμι (miteinander teilen, englisch *to share*): Bei dieser anderen Art des Teilens wächst das, was man teilt. Ein Beispiel hierfür ist das *Wissen*, das sich durch Teilen potenziert. Denn Andere können daraus etwas machen, worauf diejenigen, die es zunächst entdeckt haben, überhaupt nicht gekommen wären.[22] Oder *Licht:* wenn eine Kerze ihr Licht mit einer anderen Kerze teilt, so wird das Licht heller – das zeigt sich symbolisch in jeder Osternacht. Dasselbe gilt in übertragenem Sinn: Zeichen der Hoffnung in dunkler Zeit können überhaupt nur dann wachsen und an Bedeutung gewinnen, wenn sie miteinander geteilt werden. Wenn eine Gemeinschaft wachsen will, dann ist sie darauf

angewiesen, dass Menschen ihr Wissen, ihre Hoffnung und Kreativität miteinander teilen, so dass diese sich potenzieren.

Von beiden Arten des Teilens ist in der Erzählung von der wunderbaren Speisung die Rede. Die Jünger/innen Jesu bewegen sich zunächst nach der Grammatik des »divide«. Sie fürchten, dass ihr Brot weniger wird, wenn sie es teilen, und dass es am Ende nicht reicht. *Sollen wir weggehen und für viel Geld etwas zu essen einkaufen, um es anschließend zu verschenken?* Jesus aber denkt nicht in der Ordnung der Ökonomie, sondern in der Anti-Ökonomie seiner Reich-Gottes-Botschaft. Er hat kurz zuvor das Volk gelehrt und über das Reich Gottes gesprochen (so Lk 9,11). Nun fordert er seine Jüngerinnen und Jünger auf, zu geben, was vorhanden ist. Er hat ein Teilen vor Augen, das Wachstum bewirkt. Und das passiert anschließend tatsächlich. Die Jünger/innen überwinden ihre Mentalität, die Lebensressourcen innerhalb ihrer Gemeinschaft zu verbrauchen und andere von ihnen auszuschleißen. Sie geben die Initialzündung Jesu weiter und beginnen zu teilen. Dies wiederum stiftet die anderen an, es ihnen gleich zu tun. Offensichtlich waren die Jünger/innen nicht die Einzigen, die etwas zu essen dabei hatten. Dies entspricht dem alltäglichen Bedürfnis nach Nahrung: Wenn man das Haus oder die Hütte verlässt, dann steckt man gern etwas ein – schnell noch ein paar Datteln in die Tasche oder ein Stück Brot oder ein paar Nüsse. Wenn sie nicht ganz und gar mittellos sind, haben Menschen meist etwas zu essen dabei, wenn sie unterwegs sind.

Mit dem guten Beispiel der Jünger vor Augen beginnen auch die Anderen zu teilen. Alle waren überzeugt, dass zu wenig da sei, aber dann kommt immer mehr zum Vorschein, bis es für alle reicht. Auf diesem Weg wird das Teilen zu einer Praxis des Gottesreiches, das wächst wie ein Baum aus einem winzigen Samenkorn. »Und alle aßen und wurden satt. Als die Jünger die Reste der Brote und auch der Fische einsammelten, wurden zwölf Körbe voll.« (Mk 6,42f) Hier ist in der Tat ein Wunder geschehen. Denn normalerweise verhalten sich Menschen gemäß ihrer lang geübten Haltung des Hortens. In einer von der Ökonomie beherrschten Welt haushaltet man und gibt nur zögerlich aus den eigenen Lebensmitteln – und immer nur dann, wenn der eigene Nutzen offensichtlich ist. So funktioniert die alltägliche Ordnung der Dinge, der man z. B. im Arbeitsleben über weite Strecken fraglos folgt. Wenn Menschen sich jedoch bereit erklären, ihre existentiellen Lebensressourcen freiwillig und großmütig miteinander zu teilen, so ist dies eine Überraschung.

Im Evangelium bewirkt Jesus dieses Wunder. Er lehrt, dass Gottes Reich sich offenbart in Gerechtigkeit, Frieden und Liebe. Daraufhin fangen die versammelten Menschen zu teilen an, und das Reich Gottes bricht unter ihnen an. Das Wunder ereignet sich in der überraschenden Bereitschaft, das Brot so miteinander zu teilen, dass alle satt werden. Aus diesem Grund ist es ein Reich-Gottes-Wunder. Es macht das Gleichnis vom wachsenden Senfkorn zu einer Reich-Gottes-Praxis des Teilens. Und wie bei dem Senfkorn, das zu einem einladenden Baum heranwächst, hat auch diese Praxis etwas Überschwängliches, Ekstatisches. Das Reich Gottes ist in diesem Wunder mit Händen zu greifen – zwölf Körbe voll. Die Zahl Zwölf ist Symbol der Fülle des Lebens, der Vollkommenheit. Die Situation der Bedürftigkeit wandelt sich zum Überschwang eines rauschenden Festes. Auch um dieses Ekstatische geht es in der Geschichte. Das Teilen der existentiellen Lebensressourcen setzt einen Reichtum ganz anderer Art frei. Es geht *auch*, aber nicht *nur* darum, dass der Hunger gestillt wird. Die Fülle des Lebens wird erfahren, wo die Menschen ihr Leben miteinander teilen und Nächstenliebe praktizieren. Man gibt das weg, was man hat. Aber dieses Opfer wird gerne gebracht, denn es lässt viel mehr an Leben zurückfließen, als man selbst gegeben hat. Die Gegengabe, die man empfängt, übersteigt bei weitem die Gabe, die man gibt. Das ist die Erfahrung des Gottesreiches. Wer gibt, empfängt. Was man im Zeichen des Gottesreiches freigebig miteinander teilt, das wird nicht weniger, sondern es wächst.

Die Brotvermehrung von Boca Negra – Wunder heute
Was diese Geschichte in einer sozial bedrängenden Realität bedeuten kann, das lässt sich auch heute noch erfahren. So erzählt Sr. Michaela Bank von einer »wunderbaren Brotvermehrung« in Peru. Von 1986 bis 1991 hat Sr. Michaela in Lima gearbeitet, und zwar in der Gemeinde »St. Monica« in Boca Negra, im Stadtrandviertel Callao. Dort war sie als Seelsorgerin und Finanzfachfrau aktiv und hatte die Leitung des Pastoralteams sowie die Koordination der Katechese in Händen. Die Gemeinde umfasste etwa 70.000 Mitglieder. Sr. Michaela baute dort Genossenschaften für Frauen auf, organisierte Schulungen im Kleinkreditwesen und engagierte sich für die Landverteilung zugunsten der Menschen im Slum. In ihren Kompetenzen treffen sich Ethik und Ökonomie in dem Anliegen, die Bedrängnis bitterster Armut zu entschärfen.
Sr. Michaela: »Die biblischen Geschichten sind geerdet und ganz lebensnah. Sie berichten von Ereignissen, die Lebenswenden herbeiführen. Als ich als Missionsärztliche Schwester in Peru war, brach im Sommer 1990 eine Hungersnot aus. Es gab da einen Schlüsselmoment: Nach einer Regierungserklärung von Präsident Fujimori schnellten die Brotpreise enorm in die Höhe, und es war klar, dass dies für die meisten Menschen unserer Gemeinde nicht mehr bezahlbar war. Die Menschen hatten panische Angst, denn es ging ihnen ans Leben.
An diesem Tag habe ich die Menschen eingeladen und gebeten, dass sie das in unserer Gemeinde zusammentragen, was sie zuhause noch zu essen haben: eine Zwiebel, ein paar Möhren, vielleicht sogar ein Stück Fleisch. Wir haben dann abends eine Suppe gekocht. Und die Stimmung war überwältigend. Wir wussten um die existentielle Bedrohung. Sie war präsent und wir haben sie nicht verdrängt. Dennoch haben wir das Leben miteinander gefeiert auf

eine Weise, wie ich es selten erlebt habe. Wir haben mitten in der Bedrängnis die Fülle des Lebens erfahren. Und weil wir dieses Fest an den Anfang gestellt haben, konnten wir überleben. Denn Eines ist sicher: Allein kann man eine solche Hungersnot nicht überleben. Man braucht eine Gemeinschaft, in der es eine alltägliche Kultur des Teilens gibt. Mit dem Fest am Anfang haben wir unsere Gemeinschaft des Lebens und Glaubens so gestärkt, dass wir solidarisch durch diese Zeit der Not gehen konnten. Dieses Fest des Teilens war eine Form des Widerstands gegen Ungerechtigkeit, und gegen den drohenden Tod. Es hat ihm den Glauben an das Leben abgerungen.« *Sr. Angelika ergänzt:* »Und wenn ich das noch hinzufügen darf: Nach diesen Ereignissen wird Sr. Michaela in der Gemeinde fast wie eine Heilige verehrt. Sie hatte die Idee zu diesem Lebensfest, und sie hat Geld organisiert und Getreidesäcke geschleppt – das vergessen die Menschen nicht.«

1.2.6 Öffentlich für das Reich Gottes einstehen – angreifbar werden

Jesus vertritt in aller Öffentlichkeit Position, auch wenn es um Fragen geht, die gesellschaftlich und religiös kontrovers diskutiert werden. Er spricht sich für Gerechtigkeit aus, wo Unrecht zum Himmel schreit. Er prangert die Gnadenlosigkeit einer Gesellschaft an, die die Wohlhabenden hofiert und die Habenichtse auch noch erniedrigt. Er stellt ein Lohnsystem in Frage, das Menschen nicht einmal das Überleben sichert (das Gleichnis von den Arbeitern im Weinberg, Mt 20,1–16). »Euch aber muss es zuerst um Gottes Reich und um seine Gerechtigkeit gehen; dann wird euch alles andere dazugegeben.« (Mt 6,33) Er spricht sich für Gewaltlosigkeit aus, obwohl Gewalt in Form von Folter, Freiheitsentzug, Verstümmelung und Mord alltägliches Mittel der Besatzungsmacht ist. Zudem stellt Jesus das religiöse Establishment in Frage, wenn es seine Gesetze und Regeln über die Menschen stellt: die Heilung am Sabbat, die Berührung einer Frau, die unter Blutungen leidet, Verstoß gegen Reinheitsgebote. Wiederholt erzählt das Neue Testament, dass Jesus auf Widerstand stößt und sich durch seine klaren Worte Gegnerschaft zuzieht. »Der Synagogenvorsteher aber war empört darüber, dass Jesus am Sabbat heilte« (Lk 31,14). Kurz vor seinem Tod sagt er nochmals pointiert: »Ihr wisst, dass die, die als Herrscher gelten, ihre Völker unterdrücken und die Mächtigen ihre Macht über die Menschen missbrauchen. Bei euch aber soll es nicht so sein, sondern wer bei euch groß sein will, der soll euer Diener sein, und wer bei euch der Erste sein will, soll der Sklave aller sein.« (Mk 10,42–45)

Ein politischer Revolutionär ist Jesus nicht. Aber seine Worte und Taten zielen auf Umkehr. »Die Zeit ist erfüllt, das Reich Gottes ist nahe. Kehrt um, und glaubt an das Evangelium.« (Mk 1,15) Umkehr zu predigen, das ist eine riskante Sache. Man sagt anderen Menschen, dass sie in die falsche Richtung laufen und sich umwenden sollen. Vielleicht steckt auch ein Vorwurf darin: Ihr glaubt ja gar nicht richtig an die frohe Botschaft vom Reich Gottes, sonst würdet ihr anders handeln. Das alles kann sehr anmaßend sein. Viele Menschen mögen es nicht, wenn Andere ihnen sagen, was sie zu tun und zu lassen haben. Jesus muss sich seiner Position schon sehr sicher sein, wenn er so auftritt und im Namen Gottes spricht. Bald schon hat er seinen Lehrer Johannes den Täufer vor Augen, der ins Gefängnis geworfen und geköpft wird, weil er es gewagt hatte, die Ehe des Herodes zu kritisieren (Mk 6,18).

Das Wirken Jesu löst Debatten aus. Gerüchte machen die Runde, ob er vielleicht selbst der Messias sei und was dies bedeuten könne. Wird es zum Aufstand kommen gegen die römische Besatzungsherrschaft? Wird Gott vom Himmel herab eingreifen und die Verhältnisse von Grund auf ändern? Werden diejenigen gestürzt, die politisch oder religiös das Sagen haben? In einer Diktatur ist es besonders gefährlich, mit einer kontroversen Position in die Öffentlichkeit zu gehen. Es kann den

Kopf kosten. Immerhin haben die Machthaber schlagkräftige Kampfmittel und häufig auch das geschriebene Recht auf ihrer Seite. Der Konflikt um Jesu Reich-Gottes-Botschaft verschärft sich zusehends.

1.3 Kreuz und Erlösung in einer verwundeten Welt – die befreiende Macht der Auferstehung

Die Positionen, die Jesus in Wort und Tat vertritt, rufen bei Gegnern sowie in den eigenen Reihen Widerstand hervor. Warum genau er gekreuzigt wurde und wer dafür verantwortlich ist, das lässt sich heute schwer feststellen, so dass es hierzu heftige wissenschaftliche Debatten gibt.[23] Jesus wird jedenfalls gekreuzigt – eine furchtbar schmerzliche, auf Folter und soziale Schändung angelegte Tötungsform. Aber bevor es soweit kommt, feiert er mit seiner Gemeinschaft ein Fest, das allen Beteiligten in Erinnerung bleiben wird.

1.3.1 Das Letzte Abendmahl – der Übermacht des Todes widerstehen, das Leben feiern

Nach biblischem Zeugnis ist der tödliche Zugriff der Gegner nicht überraschend. Dabei richtet sich die drohende Gewalt nicht allein gegen Jesus, sondern auch gegen seine Gemeinschaft. Was soll aus ihr werden, wenn Jesus getötet wird, der den lebendigen Mittelpunkt und das visionäre Herz ihrer Gemeinschaft ausmacht? In dieser von Befürchtungen und Ängsten geprägten Atmosphäre tut Jesus etwas, das überrascht und zugleich naheliegend ist: er lädt anlässlich des Paschafestes zu einem gemeinsamen Mahl ein. Dieses wird als »das Letzte Abendmahl« in die Geschichte eingehen. Es führt die vielen Mahlgemeinschaften fort, von denen das Neue Testament erzählt. Zugleich überschreitet es sie, denn es erlangt christologische Bedeutung. Dieses Mahl ist anders, denn hier sitzt der Tod mit am Tisch. Jesus macht seine Jünger darauf aufmerksam: »Ihr wisst, dass in zwei Tagen das Paschafest beginnt; da wird der Menschensohn ausgeliefert und gekreuzigt werden.« (Mt 26,2) Die messianische Kopfsalbung Jesu durch eine Frau deutet das Markusevangelium auf das bevorstehende Begräbnis hin (Mk 14,8).

Im Blick auf den kommenden Tod ihres Meisters befindet sich die Jesusgemeinschaft in einer Situation, die die Religionswissenschaft mit dem Begriff »Liminalität« bezeichnet.[24] Liminalität meint jenen Schwellenzustand, in den Gemeinschaften geraten, wenn ihre bewährte Lebensordnung zusammenbricht. Man wird an eine Grenze (lat. *limes*) geworfen, die überschritten werden muss. Aber eine neue Ordnung ist noch nicht einmal in Sicht. Man weiß nicht, was kommen wird. Daher ist Liminalität von großer Unsicherheit, aber auch von hoher Aufmerksamkeit gekennzeichnet. Alles steht auf dem Spiel. Alles kann verloren, aber auch ganz neu gewonnen werden. Macht ist hier nicht in festen Händen, sondern sie vagabundiert. Liminalität birgt ein Gewaltpotential, das eingeschworene, bestens bewährte Gemeinschaften vernichten kann.

Auch bei der Jüngergemeinschaft gerät der Zusammenhalt in Gefahr. Was in diesen Tagen geschieht, macht einerseits sprachlos. Ungesagtes ist im Raum und bewegt die Menschen, als sie sich zum Mahl versammeln. Andererseits besteht hoher Kommunikationsbedarf. Die Jünger wollen die Situation besprechen. Dieses Bedürfnis wird noch potenziert, als Jesus den Verrat durch einen der anwesenden Jünger vorhersagt. »Amen, ich sage euch: Einer von euch wird mich verraten und ausliefern, einer von denen, die zusammen mit mir essen.« (Mk 14,18) Die Gefahr kommt nicht nur von außen, sondern sie lauert in der eigenen Gemeinschaft. Einige Jahrhunderte später bringt der Maler Leonardo da Vinci (1452–1519) diesen Schlüsselmoment ins Bild. Sein berühmtes Gemälde »Das Abendmahl« lässt auf den ersten Blick erkennen, dass die Jünger hier ganz im Bann der Liminalität stehen. Sie sind aufgewühlt und ergriffen von dem, was sich gerade ereignet und was ihnen noch bevorsteht. Das Kommende macht sie fassungslos. Ihre Gesten sind bewegt, sie neigen sich einander zu, ihr ganzer Körper scheint zu lauschen. Der liminale Zustand bewegt sich in der Polarität von Sprachlosigkeit und gesteigerter Kommunikation. Die Jünger kommunizieren intensiv miteinander, weil so viele Fragen offen sind.[25]

Diese Situation stellt Jesus vor eine besondere Herausforderung. In der Bergpredigt heißt es: »Sorgt euch also nicht um morgen; denn der morgige Tag wird für sich selbst sorgen. Jeder Tag hat genug eigene Plage.« (Mt 6,34) Wenn diese Empfehlung ernst gemeint ist, so gilt sie auch für Jesus und auch in dieser höchsten Bedrängnis. Man kann ein Fest feiern, wenn man weiß, dass man in den nächsten Tagen zu Tode gefoltert wird: Indem man ganz und gar gegenwärtig ist und der Bedrohung des Morgen keine Macht über das Heute gibt. Die Plage seiner eigenen Angst erhält später in Gethsemane ihren Ort. Die Sorge dieser Stunde ist eine andere. Was kann Jesus denen an die Hand geben, die von seinem Tod nachhaltig gezeichnet sein werden? Bei dieser Frage setzt seine Lebensfeier an. Er gibt seinen Jüngern und Jüngerinnen eine Praxis an die Hand, die sie an ihn und seine Botschaft erinnern werden.

Die Evangelien beschreiben Jesus als jemanden, der beim Abendmahl souverän handelt. Auch Leonardo führt ihn so vor Augen: Jesus, auf den alle konzentriert sind, selbst wenn sie sich abwenden, sitzt von Ruhe erfüllt in der Mitte des Mahls. Seine offenen, einladenden Hände drücken Dank aus und bitten um den Segen. Im Gegensatz zu den Jüngern wirkt er nicht aufgewühlt und verstört, sondern gesammelt. Hier kündigt sich eine neue Ordnung an, die sich prinzipiell von der alten Ordnung unterscheidet. Mitten in der Liminalität strahlt Jesus Konzentration und Gelassenheit aus. Die Gewalt, die ihn zutiefst gefährdet, hat keine Macht über ihn. Jesus weicht der Todesdrohung nicht aus. Aber er gibt dem Tod nicht die Macht, das Letzte Abendmahl mit seinen Jüngerinnen und Jüngern zu beherrschen.

Dieser markante Kontrast zwischen Jesus und den aufgewühlten Jüngern rückt einen wichtigen Aspekt der Evangelien vor Augen. Jesus vollzieht in seiner Mahlgemeinschaft ein Ritual, das für die Zukunft dieser Gemeinschaft entscheidend sein wird, auch wenn die Anwesenden dies noch nicht in seiner Tragweite begreifen. Im Brechen des Brotes antwortet Jesus auf die Bedrohung, in der er selbst und seine Anhängerschaft stehen. Er weiß, dass er bald nicht mehr im Kreis der Jüngerinnen und Jünger sein wird. Der Tod zwingt ihn, ihre Gemeinschaft zu verlassen. Doch zuvor gibt er ihnen etwas an die Hand, das ihm in seiner Abwesenheit eine neue Präsenz verleihen wird. »Und er nahm Brot, sprach das Dankgebet, brach das Brot und reichte es ihnen mit den Worten: das ist mein Leib, der für euch hingegeben wird. Tut dies zu meinem Gedächtnis!« (Lk 22,19; vgl. 1 Kor 11,23–29)

Als Jesus ans Kreuz geschlagen wird, werden mit ihm auch die Hoffnungen gekreuzigt, die die Jüngerinnen und Jünger auf seine Botschaft gesetzt haben. Die Machtwirkungen am und um das Kreuz sind verheerend und bedrohen die Jesusgemeinschaft existentiell. Die ausgebrochene Gewalt greift auf sie zu. Ein Jünger hat Jesus verraten und nimmt sich das Leben; ein weiterer Jünger hat Jesus dreimal verleugnet und macht sich nun die schwersten Vorwürfe; alle Jünger sind vor dem Tod geflohen und haben dem Kreuz nicht Stand gehalten. Die Jüngerinnen wiederum, die als Zeuginnen von Tod und Begräbnis zugegen waren, ringen am Leeren Grab um neue Orientierung und sind sprachlos.

Die gegen Jesus gerichtete Grausamkeit droht eine Spirale der Gewalt auszulösen. Diese kann sich gegen die Jünger richten, indem sie jeden Einzelnen in Resignation, Trostlosigkeit und Verzweiflung stürzt; sie kann ihre Gemeinschaft zerbrechen, wenn ihre zerstörten Hoffnungen sie auseinander treiben und sie sich gegenseitig zernagende Vorwürfe machen. Oder aber sie verbünden sich nach innen und schwören Rache nach außen, denen gegenüber, die für den Tod Jesu verantwortlich sind – dies kann für sie selbst und für Dritte tödlich ausgehen.

Der Blick auf diese drohende Gewalt offenbart, in welcher Weise das Letzte Abendmahl friedenstiftend wirkt. Jesus sagt seinen Jüngern und Jüngerinnen, wie sie sich nach seiner Tötung verhalten sollen. Politische Machtstrategien würden nahe legen, dass er zur Rache aufruft gegen das bodenlose Unrecht, das ihm geschieht. Aber er legt ihnen etwas ganz anderes ans Herz: dass sie zu seinem Gedächtnis Brot brechen und Wein miteinander trinken. Teilt eure Ressourcen und feiert das Leben. Teilt miteinander das tägliche Brot und den Wein; die Zeichen der Hoffnung, die mitten in Hoffnungslosigkeit aufkeimen; die Liebe, die in solidarischem Handeln wächst; und den Glauben an die Auferstehung, die jede Resignation überwindet. Dieses Ritual des Abendmahls, das Jesus zu feiern aufträgt, versetzt die Gemeinschaft später in die Lage, der drohenden Gewalt zu widerstehen. Sein Auftrag setzt ein vorausschauendes und weitreichendes Zeichen. Er ruft ein Ritual ins Leben, das seine Präsenz über seinen Tod hinaus zusagt und damit eine bleibende Gemeinschaft stiftet.

1.3.2 Gewagte Hingabe bis zum Tod am Kreuz – Macht aus Verletzlichkeit

Das Weihnachtsfest steht für das erstaunliche Ereignis, dass Gott selbst sich in Jesus Christus der menschlichen Verwundbarkeit aussetzt. In gewagter Hingabe geht Jesus diesen Weg bis zum grausamen Ende. Eine prekäre Mischung aus Kritik an der eigenen Religionsgemeinschaft[26] und an den Machtwirkungen des politischen Systems führt dazu, dass Jesus gefangen genommen wird. Am Kreuz ereignet sich der »worst case« der Inkarnation. Das Wagnis wird in seinem ganzen Ausmaß sichtbar. Spätestens das Kreuz zerbricht die Vorstellung von Gott, der über den Dingen thront und mit der Verwundbarkeit der Welt nichts gemein hat. Vielmehr liebt Gott die Menschheit so sehr, dass er seinen Sohn der Schwachheit des Fleisches und sogar der Grausamkeit der Menschen aussetzt. Was kann es Schlimmeres geben? Jesus verliert den größten Reichtum überhaupt: das Leben selbst. Er hätte diesem Schicksal ausweichen können, wenn er sich früh genug aus der Öffentlichkeit zurückgezogen und seiner frohen Botschaft abgeschworen hätte. Aber dies wäre ein Verrat an der Reich-Gottes-Botschaft sowie an der eigenen Sendung.

Die größte Gabe, die ein Mensch für Andere geben kann, ist das eigene Leben. Sie ist eine Ganzhingabe, die mit nichts anderem vergleichbar ist. Von Geburt an über sein Wirken als Reich-Gottes-Praktiker bis in den Tod lebt Jesus hingebungsvoll im wahrsten Sinn des Wortes. Am Kreuz treibt ihn diese Hingabe in die größte Ohnmacht hinein. Sie victimisiert ihn gänzlich. Wie wird ein Mensch fähig, diesen Weg sehenden Auges zu gehen? Wenn der Glaube an die Auferstehung nicht nur eine Sache am Lebensende ist, sondern Geistkraft in den Herausforderungen des Lebens schenkt, so muss dies auch auf dem Kreuzweg Jesu eine Rolle spielen. Ivone Gebara stellt die Verbindung folgendermaßen dar: »Der Auferstandene ist vielmehr derjenige, der für seine Praxis der Gerechtigkeit und somit für seine Auferstehungshandlungen gekreuzigt wurde.« (Gebara 2002, 44)

Hat Jesus Auferstehung erfahren, bevor er gekreuzigt wurde? Hierauf gibt das Neue Testament indirekt eine Antwort. Das Matthäus-Evangelium (Mt 17,1–9) berichtet, dass Jesus mit drei seiner Jünger »auf einen hohen Berg« geht. »Und er wurde vor ihren Augen verwandelt; sein Gesicht leuchtete wie die Sonne, und seine Kleider wurden blendend weiß wie das Licht.« Anschließend treten Mose und Elija an seine Seite und sprechen mit ihm. Diesen Text kann man so verstehen, dass die Jünger diese Verklärung brauchen, um später die Auferstehung Jesu zu begreifen. Man kann sie aber auch auf Jesus selbst beziehen. Als Jesus schon ahnt, was ihm bevorsteht, und bevor der Kreuzweg beginnt, macht er eine intensive Erfahrung der Auferstehung. Er wird verwandelt, erfährt eine Metamorphose, wie es im Griechischen heißt. Eine solche Erfahrung verleiht jene Stärke, die notwendig ist, um freiwillig in den Tod zu gehen. In der Kreuzigung wird Jesus zum Victim. Aber er ist nicht nur passiv und ohnmächtig. Vielmehr gibt er auch ein Sacrifice, das ihm Stärke verleiht. Wer sich der Macht eines politischen oder religiösen Systems entgegen stellt und aus Liebe zu Anderen ein Kreuz auf sich nimmt, zeigt eine große Stärke.

Kreuz und Auferstehung führen vor Augen, dass in der Hingabe an Gott und an die Menschen eine Macht am Werk ist, die Leben stiftet, die beflügelt und inspiriert. Diese *Macht aus Verwundbarkeit* erfahren nur diejenigen, die das Wagnis der Hingabe eingehen. Dass Jesus zum höchstmöglichen Sacrifice bereit ist, dies ist etwas zutiefst Humanes. »Liebe bedeutet nämlich, sich bis zum Leiden verletzlich zu machen, sich um andere zu kümmern, so dass man sich in einer realen, wechselseitigen Relation befindet – alle Risiken eingeschlossen.« (Placher 1998, 240) Das Zusammenleben von Menschen kann nur dort *human* gelingen, wo Menschen zu solcher hingebungsvollen Liebe bereit sind. Mit der Inkarnation von der Krippe bis zu Kreuz und Auferstehung führt Gott dies vor Augen. Ohne Hingabe bleiben Menschen in Armut unbarmherzig sich selbst überlassen, und es entsteht eine gnadenlose Gesellschaft. Jesus widerspricht dieser Gnadenlosigkeit, indem er die Lebensmacht der Hingabe ins Spiel bringt. Mit seinem Sacrifice widersteht er der Gewalt, indem er Gewaltlosigkeit praktiziert. Er zückt nicht selbst das Schwert und ruft auch nicht zur Rache auf. Er scheut die *eigene* Verwundung nicht. Damit ist die Kreuzigung Jesu zugleich ein Akt des Widerstands gegen alle Kreuzigungen des Lebens, die unzählige Menschen erleiden. In der Auferstehung ist die Macht aus Verletzlichkeit am Werk, die auf Gottes geistreiche Präsenz verweist. »Wir sind vom Tod zum Leben hinübergegangen, weil wir die Geschwister lieben.« (1 Joh 3,14)

1.3.3 »Halte mich nicht fest« – Maria Magdalena und der Machtwechsel vom Tod zum Leben

Die Evangelien beschreiben Folterung, Kreuzigung und Tod Jesu ausführlich. Aber sie berichten nicht von der Auferstehung selbst – weder aus der Perspektive von Zeugen, geschweige denn aus der Perspektive Jesu. Über die Mitte des christlichen Glaubens schweigen sich alle Evangelien behutsam aus. Matthäus geht am dichtesten an das Ereignis heran. Aber auch er erzählt lediglich vom Engel, der den Stein wegwälzt, damit die

Frauen sehen können, dass das Grab leer ist (Mt 28,1–8). Ins Wort bringt die Bibel aber jene Ereignisse rund um den Auferstandenen, der seinen Jüngerinnen und Jüngern erscheint. Der Glaube entsteht über die Wirkmacht der Auferstehung im Leben derer, die sie erfahren. Dabei verfolgen die Erzählungen kein historisch-dokumentarisches, sondern ein theologisches Anliegen. Dies zeigt das Johannes-Evangelium mit seinem Sondergut, der einzigartigen Erzählung von Maria Magdalena (Joh 20,11–18), eine Glanzleistung narrativer Theologie.

Vor der Kreuzigung ist Maria mit Jesus durchs Land gezogen und hat all ihre Hoffnungen auf seine Botschaft vom Reich Gottes gesetzt. Sie ist am Boden zerstört, als sie mit ansehen muss, unter welchen Qualen Jesus am Kreuz endet (Joh 19,25). Mit seinem Tod erfährt auch ihr Leben eine tiefe Verwundung. Sie verliert einen Menschen, den sie liebt. In diesem Verlust zeigt der Tod seine ansteckende Wirkung. Nicht nur *sein* Leben ist zu Ende, sondern auch *ihres* ist bedroht. Denn mit ihm werden ihre Hoffnungen gekreuzigt, ihre Liebe wird verwundet, ihr Glaube zerbricht. War Jesus früher lebendig und gegenwärtig bei ihr, so ist seine Präsenz als Toter nun gefährlich. Denn Jesus ist nicht einfach abwesend, sondern als Toter auf bedrängende Weise anwesend. Diese Präsenz nagt an ihrem Leben.

In ihrer Bedrängnis sucht Maria »frühmorgens, als es noch dunkel war«, den Ort auf, wo der Tote präsent ist. Sie geht an das Grab, das sein zerstörtes Leben birgt. »Die Trauer soll nicht in unbestimmtem Raum umherirren, sondern einen festen Ort haben, einen Halt bekommen an der Stelle, wo der Leichnam beigesetzt ist.« (Wengst 1991, 74) Doch dieser Ort ist nicht der, für den sie ihn gehalten hat. Das Grab birgt keinen Toten, sondern es ist leer. Dies durchbricht die gängigen Erwartungen auf den Tod hin. Maria entdeckt, dass der Stein, der das Grab Jesu eigentlich verschließen und damit die Toten und die Lebenden voreinander schützen soll, zur Seite gerollt ist. Maria schließt daraus: der Leichnam wurde heimlich weggeschafft. Jetzt ist ihr auch noch der Ort ihrer Erinnerung geraubt. Das Grab ist leer.

Bei den Jüngern, denen sie dies eilends erzählt, findet sie keine Unterstützung. Sie bleibt mit ihrer Verzweiflung letztlich allein. Der erneute Blick ins Grab zeigt ihr zwei Engel. Aber auch dieses Zeichen begreift sie nicht. Orientierungslos wendet sie sich um und sieht einen Mann vor sich, den sie in ihrer Blindheit für den Gärtner hält. »Warum weinst du? Wen suchst du?« wird sie gefragt. Nochmals wiederholt sie dieselben Gesten, dieselben Fragen, die ihre Verwundung ausdrücken. Aber dann ruft der Auferstandene sie beim Namen: »Mirjam«. In diesem Moment gehen ihr die Augen auf und sie antwortet: »Rabbuni«. Wird jetzt alles wieder so wie vorher? Dieser Möglichkeit schiebt der Auferstandene sogleich einen Riegel vor, indem er sagt: »Halte mich nicht fest«. Diese Aufforderung ist merkwürdig, denn warum sollte sie das festhalten, was nach menschlichem Ermessen ein malträtierter Leichnam sein müsste? Nicht Zugreifen, sondern erschrecktes Zurückweichen wäre hier zu erwarten.

Aber »Halte mich nicht fest« meint ein anderes Festhalten. Maria muss den Toten gehen lassen, um den Auferstandenen sehen zu können. Nur dann kann die Macht gebrochen werden, die unsäglich auf sie zugreift. Als Maria weinend am Grab steht – wie so viele Frauen, Männer und Kinder, die einen geliebten Menschen verloren haben–, hat der Tod ihr Leben im Griff. »Halte mich nicht fest!« fordert dazu auf, den Toten so zu entlassen, dass das Leben wieder zum Zug kommt. Jesus offenbart seine Abwesenheit als etwas, das Leben birgt. »Ich gehe hinauf zu meinem Vater und zu eurem Vater, zu meinem Gott und zu eurem Gott.«

Das Erscheinen des Auferstandenen bewirkt eine Wende in der Art und Weise, wie er abwesend ist. Zuvor war seine Abwesenheit tödlich, nun aber wird sie zu einer belebenden Gegenwart. War er bisher als Toter präsent, der das Leben gefährdet, wird er nun als Auferstandener gegenwärtig, in dessen Abwesenheit ein Zeichen der Hoffnung aufscheint. Maria hat Jesus zunächst für den Gärtner gehalten. Unscheinbar meldet sich in der Anrede des Auferstandenen eine Lebensmacht zu Wort, die

Maria aus dem Zugriff des Todes entlässt. Hier findet ein unspektakulärer, aber folgenreicher Machtwechsel statt. Maria Magdalena kommt da, wo sie die Macht des Todes zu erwarten hatte, dem Geheimnis des Lebens auf die Spur: das Leben steht auf aus dem Tod. Der Tod wird in seinem Zugriff auf das Leben entmachtet. Maria Magdalena erfährt die Auferstehung, die ihr in Jesus Christus vor Augen steht, am eigenen Leib. Sie tritt aus dem Machtzugriff des Todes heraus und wird neu geboren. Ihr wird selbst die Gnade der Auferstehung zuteil.

Nun wird die zuvor blinde Frau sehend und ergreift das Wort. Sie ist die erste Zeugin dessen, was später im Glaubensbekenntnis benannt wird – sie ist der einzige Mensch, der nach biblischer Tradition das »gestorben, begraben, auferstanden von den Toten« mit eigenen Augen gesehen hat. Nun ist sie berufen, die Auferstehung zu bezeugen. Maria geht zu den Jüngern und sagt: »Ich habe den Herrn gesehen« (Joh 20,18). Dies sind dürre Worte für ein Ereignis, das alles umkrempelt und die bedrohliche Abwesenheit eines Toten zu einer Präsenz wendet, die Leben eröffnet. Maria steht vor der Frage, wie sich das sagen lässt, was alle Sprache überschreitet und gerade deswegen zu Wort kommen will. Für das Geheimnis der Auferstehung, in dem sich die Liebe selbst offenbart, sind alle Worte zu dürr, zu abgenutzt, zu nichtssagend. Und dennoch will das zur Sprache kommen, was hier vorantreibt und dem Leben zum Durchbruch verhilft. Mit der Erscheinung des Auferstandenen nimmt der Glaube an die Auferstehung als Lebenskunst seinen Anfang. Denn der Machtwechsel vom Tod zum Leben, den die Auferstehung Jesu Christi bewirkt, stellt alle Gräber unter das Zeichen des Lebens. Er wird zu einem Wendepunkt der Geschichte.

Viele Legenden malen später aus, was Maria danach alles getan hat. So erzählt eine Überlieferung, dass sie zusammen mit anderen Frauen und Lazarus auf einem segellosen Schiff ausgesetzt wurde und in einem französischen Fischerdorf Saintes-Maries-de-la-Mer landete. Dieser wunderschöne Ort ist wegen der schwarzhäutigen Sarah, die die drei Marien begleitete, heute noch ein heiliger Ort der Sinti und Roma. Maria Magdalena sei missionarisch in der Provence tätig gewesen und wird dort über Jahrhunderte innig verehrt. Solche Erzählungen und Legenden machen deutlich, wie die Kirche Maria Magdalena sieht: als erste Lebenskünstlerin aus der Geistkraft der Auferstehung. Man hat ihr viel zugetraut bis hin zur Evangelisierung der Provence, eines fremden Landes jenseits des Mittelmeeres. Maria Magdalena hat mit ihrem Leben die Kraft der Auferstehung bezeugt.

1.3.4 Auf Gottes geistreichen Spuren – Theologie im Zeichen von Emmaus

Das Lukas-Evangelium (24,13–35) erzählt ein weiteres Ereignis, das die Auferstehung als Lebenskunst vor Augen führt. Zwei Jünger sind auf dem Weg nach Emmaus und trauern über den Tod Jesu. Unterwegs gesellt sich ein merkwürdiger Weggenosse zu ihnen, der von der Kreuzigung Jesu wohl noch nichts gehört hat. Dennoch kann er ihnen dieses Ereignis anhand der Schrift erläutern. Dass dieser Weggenosse der Auferstandene ist, das erkennen die Jünger nicht, denn sie »waren wie mit Blindheit geschlagen.« Im Griechischen wird es deutlicher, dass hier das »passivum divinum« verwendet wird, die Sprachform des »göttlichen Passivs«. Die Augen der Jünger werden vom Erkennen »abgehalten«. Aber von wem? Wer nimmt ihren Blick gefangen? Der Exeget Hans Klein betont, dass Gott den Jüngern die Sicht verschließt: »Im Passiv verbirgt sich Gott.« (Klein 2006, 729) Allgemein ist das Passiv eine Sprachform, in der das Subjekt nicht genannt wird, aber dennoch sprachlich präsent ist. Wenn z. B. eine alte Frau sagt: »Ich wurde in meinem Leben wirklich geliebt.« Dann weiß man nicht, wer sie geliebt hat, aber es wird deutlich, dass es einen Liebenden gab.

In diesem Sinn verwendet das *passivum divinum*, das göttliche Passiv, den Gottesnamen nicht, gibt ihm aber anonym einen Ort. Diese spezielle Sprachform ermöglicht es, behutsam von Gott zu sprechen, ohne dass der Name Gottes benannt wird. So auch in der Emmaus-Erzählung. Gott schlägt die Jünger mit Blindheit, weil der Auferstandene anonym bleiben will. Er möchte mit den Jüngern sprechen, bevor er als Auferstandener erkannt wird. Dabei hat die Anonymität seines Auftretens einen Vorteil: Sie richtet die Aufmerksamkeit auf das Wort, das Jesus spricht. Die Jünger sollen begreifen, was am Kreuz geschehen ist. Die Anonymität verleiht dem Wort die Chance, Gehör zu finden. Christus kann ihnen etwas sagen, ohne befürchten zu müssen, dass sie sich von seiner Präsenz irritieren lassen. In seiner Anonymität bewegt er sie zum Denken, zum Um-denken.

In Emmaus laden die Jünger den Fremden ein: »Bleib doch bei uns«. Beim Brechen des Brotes erkennen sie ihn plötzlich. Der Auferstandene erschließt die Bedeutung der Schrift, indem er sie im Teilen des Brotes vor Augen führt. In demselben Moment jedoch, als die Jünger ihn erkennen und er nicht mehr anonym ist, entzieht er sich: »Da gingen ihnen die Augen auf, und sie erkannten ihn; dann sahen sie ihn nicht mehr.« Über diesen Entzug beschweren sich die Jünger jedoch nicht. Wie Maria Magdalena halten sie nicht an seiner körperlichen Präsenz fest. Sie stehen vor der Erkenntnis, dass der Auferstandene auf neue Weise weiterhin anwesend sein wird. Diese Präsenz ist nicht körperlich, aber präsenter als manche körperliche Gegenwart. Sie ist nicht sichtbar, aber geistreich, denn sie setzt Zeichen, die das Leben neu erschließen. Die Jünger bekommen in Emmaus hautnah zu spüren, dass die Nähe des Auferstandenen nicht ohne die Signatur des Entzugs zu haben ist.[27] Gott versteht es, anonym in Erscheinung zu treten und sich in der Anonymität einen Namen zu machen.

Beunruhigt, irritiert, tief bewegt, hellwach machen sich die Emmaus-Jünger auf nach Jerusalem. Nachdem sie im Brotbrechen ein Zeichen der bleibenden Präsenz Christi erkannt haben, können sie sich jenem unsäglichen Ort Jerusalem stellen, der vom Kreuz gezeichnet ist. Sie stehen auf, erfahren Auferstehung: im Neuen Testament wird hier dasselbe Wort verwendet wie für die Auferstehung Christi. Ein neues Leben beginnt. Mit der Präsenz im Entzug vor Augen brechen sie auf. In Jerusalem suchen sie dann das Gespräch mit den anderen Jüngern. Sie lassen erst einmal die Anderen erzählen, was sie mittlerweile erfahren haben, ehe sie selbst das Wort ergreifen. Die Ostergeschichten offenbaren das Ringen um eine Sprache und eine Praxis, in die sich das Geheimnis der Auferstehung einschreibt.

Die Auferstehung hat etwas Unsagbares. Aber dennoch verschweigen die Evangelien sie nicht. Indem sie von den Erscheinungen erzählen, verweisen sie auf das, was sie nicht direkt ins Wort fassen können. Diese Erkenntnis prägt die Theologiegeschichte.[28] Die Frage »Wo ist Christus zu finden?« bleibt. Sie verweist auf Gottes geistreiche, aber verborgene Präsenz. Sie schafft Raum für jenes Geheimnis, das nicht erschöpfend benannt werden kann, aber entdeckt werden will. Die christliche Gottesrede steht im Zeichen von Emmaus.

1.4 Die junge Kirche – eine Lebenskünstlerin aus der Geistkraft der Auferstehung

Worauf kommt es in einer Kirche an, die Jesus nachfolgt? Das 2. Vatikanische Konzil benennt dies mit Rückgriff auf die Bibel: »Wie aber Christus das Werk der Erlösung in Armut und Verfolgung vollbrachte, so ist auch die Kirche berufen, den gleichen Weg einzuschlagen, um die Heilsfrucht den Menschen mitzuteilen.« (LG 8) Dies bedeutet für die Kirche: »in den Armen und Leidenden erkennt sie das Bild dessen, der sie gegründet hat und selbst ein Armer und Leidender war.« (ebd.) In besonderer Weise gilt dies für die junge Kirche, die sich nach Jesu Tod konstituiert. Sie bleibt wie die Gemeinschaft um den irdischen Jesus eine Armutsbewegung – und wandelt sich zur Auferstehungsbewegung. »Die Gemeinschaft, die sich auf die Erinnerung an Jesus bezieht, ist eine *Gemeinschaft in der Suche nach Auferstehung.*« (Gebara 2002, 48)

1.4.1 Die friedenstiftende Macht der Eucharistie in alltäglichen Erfahrungen der Armut

Mit dem Letzten Abendmahl hat Jesus eine christliche Gedächtniskultur begründet, die den Teufelskreis drohender Gewalt zu durchbrechen vermag. Zugleich ist es eine eigene Leistung der frühen Kirche, dass sie diesen Auftrag annimmt und gestaltet. Mit seiner christologischen Deutung macht sie das Letzte Abendmahl zum alltäglichen Ritual, das das Christentum auszeichnet. Dabei stellen Tod und Auferstehung Jesu seine Jüngerinnen und Jünger ebenfalls vor die Herausforderung, zu begreifen, dass Jesus »abwesend und dennoch präsent« ist. Wie lässt sich dies denken, glauben und handelnd realisieren? Die Tatsache der Abwesenheit Jesu ist unausweichlich. Er ist nicht mehr so sichtbar, berührbar und befragbar wie vor seinem Tod. Wie kann der abwesende Jesus als Christus dennoch präsent sein?

Die junge Kirche antwortet auf diese Frage *theologisch*, indem sie den Heiligen Geist als jene Person der Trinität benennt, die für die bleibende Präsenz Gottes in der Welt einsteht. *Praktisch* beantwortet die Kirche diese Frage, indem sie den Auftrag des Letzten Abendmahls aufgreift: »Tut dies zu meinem Gedächtnis.« Die Feier des Brotbrechens rückt ins Zentrum ihrer Aktivitäten (vgl. Apg 2,42). Dabei wird Jesus, der gewaltsam aus ihrer Tischgemeinschaft gerissen wurde, im Brotbrechen auf neue Weise in den Mittelpunkt gerückt. Er wird nicht als Toter erinnert, dessen Tötung etwas übergriffig Gefährliches hat, sondern als Auferstandener, der Gewalt und Tod überwindet. Für diejenigen, die Jesus noch persönlich gekannt haben, wendet das neue Ritual die tödliche Macht des Abwesenden, indem es seine bleibende Präsenz benennt. Sie haben nicht den Auftrag erhalten, den Tod Jesu zu rächen, sondern Brot zu brechen und miteinander Wein zu trinken.

Das Brotbrechen setzt den Anfang einer Tradition, die für die Kirche bis heute entscheidend ist. Die Sakramentenlehre entwickelt sich langsam, aber im Brotbrechen Jesu ist ihr Fundament bereits gelegt. Denn hier wird die geistreiche Präsenz Christi auch denjenigen eröffnet, die den irdischen Jesus nicht mehr kennen und die erst in der Tradition der Kirche von ihm hören. Auch sie können an Jesus Christus glauben und ihre Hoffnung auf ihn setzen, obwohl sie ihn weder selbst sehen noch befragen können. Denn in der Feier des Abendmahls kommt die verborgene Präsenz Christi *im Geist* zur Sprache. Sein Geist, der »Heilige Geist«, ist weiterhin wirksam. Er ist Garant der bleibenden Präsenz Christi. Er verleiht dem, was im Letzten Abendmahl geschah, Wirksamkeit in den geschichtlichen Ereignissen späterer Zeit.

In der Feier der Eucharistie ist das Geheimnis wirksam, das Maria Magdalena und die Anderen in der Erscheinung des Auferstandenen erfahren haben: Armut, Ohnmacht und Gewalt haben nicht das letzte Wort, denn Gott weckt aus dem Tod neues Leben. Die Eucharistiefeier zielt auf diesen Machtwechsel. Die Worte der Wandlung bewirken Realpräsenz: »Das ist mein Leib.« Die drohende Spirale der Gewalt wird durchbrochen, denn im Sprechen der Wandlungsworte tritt die geistreiche Präsenz Christi zutage. Ausgangspunkt ist die Gewalt, die Menschen erleben und selbst ausüben. Auch die Gewalterfahrungen derjenigen, die das Herrenmahl feiern, erhalten so einen Ort: die alltäglichen Konflikte unter Menschen, die das Zusammenleben verderben und den Alltag vergällen; die Verletzungen des Körpers und der Seele, mit denen Menschen gezeichnet sind; die Vergeblichkeit des Mühens um Verständigung; die Ungerechtigkeit in der Verteilung der Lebensmittel – sie erhalten in der Feier Raum. Zugleich werden sie in eine andere Ordnung der Dinge hineingestellt. Diese Feier des Dankes durchbricht die Spirale der Gewalt, die unter Menschen unsägliches Unheil anrichtet. Die Kraft zum Martyrium, das lieber Gewalt erleidet als selbst gewaltsam zu werden, schöpfen die Christinnen und Christen der ersten Jahrhunderte aus der Quelle der Eucharistie. Denn im Brotbrechen wird die vorherrschende Logik des Todes durchbrochen. Mit dem Geist Christi ist jene Macht präsent, die latente Gewalt auf das Leben hin wendet.

Die Feier dieses Mahles durchbricht gängige Verhaltensmuster. Sie führt dazu, dass Menschen sich das Leben nicht von dem vergällen lassen, was erst in der Zukunft kommt und vielleicht gar nicht eintrifft; und dass sie sich nicht fraglos das gegenwärtige Leben rauben lassen von dem, was in der Vergangenheit geschah. Die unheimliche Macht des Todes wird außer Kraft gesetzt. Dies gibt dem Alltag neue Orientierung. Es geht darum, im Gedenken an den Gekreuzigten und Auferstandenen das zu tun, was sein Auftrag besagt: Brot miteinander zu teilen; sich zu versammeln, um die Kraft mitten im Tod auf das Leben hin zu orientieren. In der Feier dieses Rituals steht das Geheimnis der Auferstehung im Zentrum, das den Machtwechsel vom Tod zum Leben bewirkt.

Aus diesem Grund sind das Letzte Abendmahl und die Eucharistiefeier nicht einfach das, was die Religionswissenschaften »rites de passage« nennen.[29] Passageriten sind in der Liminalität verortet und wollen von einer alten Struktur, die sich nicht mehr bewährt und zerbricht, in eine neue Struktur hineinführen. In der Eucharistiefeier geht es jedoch nicht nur um einen Strukturwechsel, sondern darum, dass eine Ordnung ganz anderer Art in Kraft tritt. Paulus nennt es den »Frieden Gottes, der alles Verstehen übersteigt« (Phil 3,7). Dieser immer größere Friede will das Handeln der Menschen lenken und die Gemeinschaft der Friedfertigen stärken. Der Shalom Gottes ist eine kritische Größe, und zwar einer jeden menschlichen Struktur gegenüber. Das, was der Ethnologe und Ritualforscher Victor Turner »Anti-Struktur« nennt, die Infragestellung im Augenblick der Überschreitung, wird hier zur bleibenden Größe. Die Eucharistiefeier will keine neue Struktur etablieren, die ein neues Gewaltpotential enthält. Sondern sie setzt ein Zeichen des Friedens, die die Übermacht bedrängender Gewalterfahrungen entmachtet. Sie überschreitet die gängigen Machtverhältnisse und führt die Feiernden aus dem Machtzugriff des Todes heraus.

In der frühen Kirche war dieser friedenstiftende Charakter der Abendmahlsfeier prägend. Aber wie sieht es heute aus? Diese Frage ist berechtigt angesichts der Tatsache, dass nicht nur das gesellschaftliche Interesse, sondern auch die Bereitschaft der Gläubigen zur sonntäglichen Eucharistie in den letzten Jahrzehnten drastisch abnimmt. Dies hat unterschiedliche Gründe. Einer davon ist, dass viele Gläubige diese friedenstiftende Bedeutung weder kennen noch erfahren. Die pastorale und liturgische Praxis steht damit vor der Herausforderung, diesen Aspekt wieder deutlicher in den Mittelpunkt zu rücken. Wenn Menschen die Eucharistiefeier als wirksame Friedenspraxis erfahren, wächst die Bereitschaft, am Sonntagmorgen die notwendige Zeit hierfür aufzubringen; wenn Menschen dies konkret erleben: dass sie hier in unruhiger, konfliktträchtiger, aufgewühlter Zeit einen inneren Frieden erfahren, der nach außen wirksam ist. Bei Konflikten im Familien- und Arbeitsleben, in Freund- und Nachbarschaften oder bei Auseinandersetzungen um Migration und Sesshaftigkeit erfahren Menschen alltäglich Verletzungen und Gewalt. Auch dies gehört zu den vielen Gesichtern der Armut. Sie haben in der Eucharistiefeier ihren Ort und können hier Wandlung erfahren. Denn Wandlung ist der entscheidende Punkt der Eucharistie als alltägliche Osterfeier. Die reale Präsenz Christi will als belebende Macht wirksam werden, die der Armut ihre Übermacht nimmt und sie zur Auferstehung wendet.

1.4.2 Menschwerdung als Leitgedanken der frühen Konzilien: »er entäußerte sich«

Eine der großen Fragen der Theologiegeschichte lautet: Warum ist Gott Mensch geworden?[30] Das Weihmachtsfest antwortet: Weil Gott sich von der Armut der Menschen bewegen lässt. Gott hat eine Schwäche für die Menschen mit ihren Freuden und Hoffnungen, Sorgen und Ängsten. Diese Schwäche Gottes ist die größte Stärke der Menschheit. Denn sie führt zur Inkarnation: Gott wird Mensch. Dieser Mensch wiederum tut während seines irdischen Lebens dasselbe wie Gott in der Inkarnation: Jesus lässt sich bewegen von der Armut, die Menschen vielfältig erfahren. Schon der frühen Kirche war es daher wichtig, dass Gott in Jesus Christus nicht zum Schein, sondern tatsächlich Mensch geworden ist. Gott hat sich nicht verkleidet, getarnt, eine Rolle gespielt. Das Geborensein Jesu ist in den christologischen Debatten daher ein Hauptargument gegen gnostisches Denken. Ignatius von Antiochien († um 110) beschreibt in seinem Brief an die Trallianer (9,1) Jesus als jenen, der »aus Maria stammt, der wahrhaft geboren wurde, aß und trank, wahrhaft verfolgt wurde unter Pontius Pilatus, wahrhaft gekreuzigt wurde und starb [...], der auch wahrhaftig von den Toten auferweckt wurde, indem ihn sein Vater auferweckte.«[31] Im Brief an die Epheser (7,2) spricht Ignatius noch pointierter von dem »ins Fleisch hinein geborenen Gott«.

Dieses »im Fleische sein« Gottes ist jedoch ein so irritierender Gedanke, dass er vehement verteidigt werden muss. Körperlichkeit bringt Unangenehmes, Widriges, gar Ekliges mit sich. Um dies plausibel zu machen, argumentiert der einflussreiche Theologe Origenes († um 254) mit der Metapher von Jesus als Arzt. Er führt ins Feld, dass auch ein Arzt »schreckliche Dinge sieht und sich mit widrigen Sachen befassen muss, um die Kranken zu heilen« und dass er dabei sogar selbst krank werden kann. Aber der entscheidende Punkt ist, dass Jesus »die Wunden unserer Seele durch den in ihm wohnenden Logos Gottes heilt.« (Dörnemann 2003, 148) Hier kommen sowohl die widrigen Seiten der Fleischlichkeit als auch die Verwundungen der Seele zur Sprache, die unausweichlich zu einem Leben im Fleisch gehören. Diesem verletzlichen Leben hat Gott sich selbst ausgesetzt um der Heilung der Menschheit willen.

Diese Lehre von der Heilsbedeutung des »im-Fleisch-Sein Gottes« wird in den ersten Jahrhunderten der Kirchengeschichte erstritten. Heftig bekämpfen die Kirchenväter jene Christologien, die man als »Trojaner-Theorien« bezeichnen kann. Zentral ist dabei der »Doketismus«, der lehrt, dass Jesus nur einen Scheinleib hatte. Gott kommt demnach unter die Menschen, ist aber etwas ganz anderes, als er zu sein vorgibt. Damit Gott den körperlichen Widrigkeiten enthoben bleibt, vertritt der Doketismus die Position, dass Jesus nur vorgibt,

Mensch zu sein. So schreibt er dem Kommen Gottes eine Täuschung ein. Was wird zum Vorschein kommen, wenn das Trojanische Pferd sich öffnet und seinen wahren Charakter zeigt? Was hat Gott zu verbergen, wenn er zu solchen Mitteln greifen muss?

Aber Gott kommt nicht als Trojaner zur Welt, sondern wahrhaft als Kind. Deswegen sprechen sich die Ökumenischen Konzilien gegen Trojaner-Theorien jeglicher Art aus. Das Konzil von Nizäa stellt fest: »der wegen uns Menschen und um unseres Heiles willen herabgestiegen und Fleisch und Mensch geworden ist, gelitten hat und auferstanden ist am dritten Tage« (DH 125). In der lateinischen Fassung heißt es ausdrücklich: »incarnatus est et homo factus est«. Jesus ist geboren von einer Frau, ein Mensch aus Fleisch und Blut. Dies führt beim Konzil von Ephesus zum Hoheitstitel »Gottesgebärerin« für Maria, die Mutter Jesu.[32]

Dass Gott sich mit der Geburt Jesu den Widrigkeiten des menschlichen Lebens anheim gibt, fasst Nizäa im Rückgriff auf den Philipper-Hymnus mit dem Wort »herabgestiegen«. Das hier verwendete Verb »er entäußerte sich« entwickelte sich über die Konzilien zum theologischen Fachbegriff, der die Bewegung Gottes in der Inkarnation beschreibt. Kenosis bedeutet: Gott begibt sich hinab in die Niederungen des konkreten Lebens. Er entäußert sich und steigt herab, allerdings ohne »herablassend« zu sein.

1.4.3 Die großen Heiligen – treibende Kraft einer christlichen Kultur des Teilens

Dass sich Gott mit den Menschen solidarisch zeigt, sich herablässt und bückt, führt im frühen Christentum zu einer Kultur des Teilens. Dies zeigt sich exemplarisch in der Heiligenverehrung. Auffällig viele Heilige, die heute noch verehrt werden, verkörpern die Lebensmacht des Teilens. Diese Heiligen sind über die Grenzen der Kirche hinaus bekannt und erfahren inmitten vieler Säkularisierungstendenzen großen Respekt. Sie zeichnen sich dadurch aus, dass sie persönlich für die christliche Kultur des Teilens stehen.

Aus der Frühzeit sind über Nikolaus von Myra (etwa 270–326) heute noch viele Legenden bekannt, die auf die Sensibilität dieses Heiligen für Menschen in Not und Bedrängnis verweisen. Sie befassen sich mit Gefangenen, finanziell Armen, entführten Kindern, in Seenot geratenen Männern, von Zwangsprostitution bedrohten jungen Frauen. Die Legenden lesen sich wie ein Kommentar zu Jesu Rede vom Weltgericht. An das Brotwunder Jesu erinnert das sogenannte »Kornwunder«, das sich auf eine Hungersnot in Myra bezieht. Es erzählt, wie Nikolaus die Seeleute eines Schiffes, das mit Getreide für den Kaiser von Byzanz voll geladen ist, zum Teilen bewegt. Nach anfänglichem Widerstand stimmen die Seeleute zu, dass sie einen Teil der Ladung den Hungernden abgeben. Sie erleiden keinen Schaden, denn das Gewicht der Ladung verringert sich trotz der deutlichen Entnahme nicht. Und die Menschen in Myra haben für zwei Jahre Getreide – und damit genug für eine neue Aussaat.

Unbestreitbar gehört Martin von Tours (316–397) in diese Reihe der Heiligen des Teilens. Dass er derzeit eine Renaissance erfährt, zeigt beispielhaft eine Martinsfeier der katholischen Kirche in der Nordstadt Magdeburgs. Olvenstedt ist ein Stadtteil, der sich heutzutage nicht gerade durch religiösen Eifer hervortut. Aber wenn die Gemeinde alle Kinder und Eltern dieses Stadtteils einlädt, kommen etwa 300 Menschen zur Martinsfeier. Menschen, die mit der Kirche sonst nichts zu tun haben, lassen sich ansprechen von diesem Heiligen, der seinen Mantel mit einem Armen geteilt hat, weil dieser bitter fror und schützende Kleidung brauchte. »Ich war nackt, und ihr habt mir Kleidung gegeben« (Mt 25,36) – diese Botschaft verstehen Menschen über Bekenntnisgrenzen hinaus. Das Fest des Heiligen Martin in ein »Sonne, Mond und Sterne-Fest« umzubenennen, das ist selbst in Deutschland nicht durchsetzbar.[33]

Heilige der frühen Kirche sind heute noch bekannt und haben ihren Platz im kirchlichen und gesellschaftlichen Leben. Aber auch im Mittelalter gibt es eine Epoche, die sich in besonderer Weise von bedrängender Armut berühren lässt: die Armutsbewegung des 13. Jahrhunderts. Von ihr gibt es verlässlichere historische Zeugnisse und eigene Schriften, die Auskunft geben über das, was die Menschen damals bewegt.

Anmerkungen

1 Mit diesem Punkt betreiben die Evangelien wahrscheinlich sogar eine gezielte Ergänzung zur Theologie des Apostels Paulus, der mit seiner Naherwartung Auferstehung stärker jenseitig versteht.

2 Sutter Rehmann, Luzia 2009: Auferstandener zu Lebzeiten. Radiopredigt am 1. März 2009; http://radiopredigt.ch/pdf2009/radiopredigt20090301ref.pdf.

3 Das klassische Beispiel ist die Metapher »Tischbein«. Ein Bein ist zunächst Bestandteil eines lebendigen Körpers und verleiht diesem die Möglichkeit, zu stehen und zu laufen. Ein »Tischbein« ist sowohl ähnlich als auch different, und beides muss man beachten, wenn man verstehen will, was ein Tischbein ist: es bringt den Tisch zum Stehen, aber nicht zum Laufen. Jede Metapher erweitert den Sprachschatz um ein neues Wort. Das unterscheidet die Metapher von einem Vergleich (vgl. hierzu Keul 2004b, 15–23).

4 Zu diesem Kapitel vgl. ausführlicher Keul 2013: Weihnachten – das Wagnis der Verwundbarkeit.

5 2012 ist Benita Joswig im Alter von 47 Jahren verstorben. Ihr Werk ist im Internet anzuschauen unter www.benita-joswig.de/glashaus.htm.

6 Das Lukas-Evangelium legt in seinen Erzählungen von der Herkunft Jesu besonderen Wert auf die Aktivitäten von Frauen wie der Mutter Maria, der Tante Elisabet und der Prophetin Hannah, wohingegen das Matthäus-Evangelium diese Perspektiven auslässt und stärker an Männern wie Josef, Herodes und den Sterndeutern interessiert ist.

7 Margot Käßmann stellt ihr Porträt Marias unter das Schlüsselwort »Mutter in schwierigen Verhältnissen« (vgl. Käßmann 2010, 97–104).

8 Ein Frekso von *Battista di Vicenza (ca. 1400, Servitenkloster Monte Berico in Vicenza)* zeigt die schwangere Maria lesend mit einem Buch auf dem Schoß. Wenn man das Bild umdreht, gibt das geöffnete Buch das Geschriebene frei: »Magnificat anima mea dominum et exultavit« – der lateinische Anfang ihres eigenen Jubelgesangs. Das gelesene Wort der Bibel, das in ihr Fleisch werden will, zeugt neue Worte und bringt ihre eigene Gottesrede hervor.

9 Thomas Schumacher betitelt die Weihnachtsgeschichten als »Christus-Bekenntnis nach vorne gespiegelt« (Schumacher 2012, 89).

10 Mechthilds Buch »*Das fließende Licht der Gottheit*« wird im Folgenden mit »FLG« abgekürzt – die römische Ziffer bezeichnet das Buch, die ara-

bische Ziffer das Kapitel; die Zitate folgen der Übersetzung von Gisela Vollmann-Profe 2003, Übersetzungsvarianten in eckiger Klammer.

[11] Das Johannes-Evangelium lässt offen, ob auch Frauen bei der Fußwaschung dabei waren, denn es spricht allgemein von »Jüngern«. Johannes vertritt nicht das Konzept der 12 Apostel, und auffälliger Weise kennt er zwar das Abschiedsmahl, aber nicht den Akt der Wandlung mit den Einsetzungsworten. Bei ihm steht die Fußwaschung im Mittelpunkt.

[12] Das Matthäus-Evangelium gibt zwei Varianten wieder. »Viele aber, die jetzt die Ersten sind, werden dann die Letzten sein, und die Letzten werden die Ersten sein.« (Mt 19,30)

[13] Stegemann 2010, 323–348. – Der erste deutschsprachige Theologe, der mit dem Heterotopie-Begriff Foucaults gearbeitet hat, ist Christian Bauer (vgl. Bauer 2003). Hans-Joachim Sander hat den Begriff für die Systematische Theologie erschlossen (vgl. Sander 2013).

[14] Jesus sagt zwar am Kreuz zu seinem Mitgekreuzigten: »Amen, ich sage dir: Heute noch wirst du mit mir im Paradies sein.« (Lk 23,43). Hier handelt es sich aber nicht um eine Verabredung, sondern um eine Verheißung, zwischen deren Einlösung der Tod steht.

[15] Das Adjektiv »reich« und das Substantiv »Reich« haben im Alt- und Mittelhochdeutschen dieselbe Wurzel. Wer herrscht, kann in besonderem Maß über Reichtümer verfügen. Dies ermöglicht manche Verführung der Herrschenden, sich selbst an den Menschen ihres Reiches zu bereichern. Ganz anders aber verhält es sich im Reich Gottes. Es nimmt die Armut von Menschen wahr und eröffnet mit seinem Glauben an die Auferstehung Reichtümer, die den Armen zugute kommen.

[16] Bei der exegetischen Erläuterung von Rudolf Hoppe kann man den Eindruck gewinnen, dass zuerst die Reich-Gottes-Botschaft Jesu da war, und anschließend die Option für die Armen sekundär dazu gekommen sei. »Jesus erhebt den Anspruch, exklusiv mit der Proklamation der Herrschaft Gottes beauftragt zu sein, diese, mit der Vollmacht Gottes ausgestattet, einzuleiten und die Teilhabe an ihr an die Bejahung seiner Person und seiner Botschaft zu binden. [...] Nur von diesem Selbstanspruch Jesu her ist seine Botschaft an diejenigen zu verstehen, die auf der Schattenseite des Lebens stehen und ihr Dasein als diskriminierte und sprachlose Existenzen am Rande der Gesellschaft fristen.« (Berges / Hoppe 2009, 63) Zuerst kommt der Selbstanspruch Jesu, danach die Armut. Wenn aber Gottes- und Nächstenliebe in der Botschaft Jesu eine Einheit bilden, so ist eher von einer Wechselseitigkeit zwischen Armut der Menschen und Selbstanspruch Jesu auszugehen.

[17] So hatte die Europäische Union das Jahr 2010 zum »Europäischen Jahr der Bekämpfung von Armut und sozialer Ausgrenzung« ausgerufen. http://ec.europa.eu/employment_social/2010againstpoverty/index_de.htm

[18] Tomáš Halík hat Zachäus neu in die theologische Debatte eingebracht, um im Spannungsfeld von Glauben und Zweifeln für die »Geduld mit Gott« zu plädieren (Halík 2010).

[19] Die Samaritaner waren mit dem Judentum verbunden, insofern sie ebenfalls aus dem Volk Israel hervorgegangen waren. Sie galten aber auch als Abtrünnige, denen man mit Geringschätzung entgegen trat. Wolfgang Stegemann drückt es formal aus: »ein Samaritaner, also ein Angehöriger eines Volkes, mit dem die Judäer negative Beziehungen haben« (Stegemann 2010, 296).

[20] Bereits der jüdische Religionswissenschaftler Pinachas Lapide hat darauf hingewiesen, dass die Feindesliebe nicht nur im Christentum, sondern auch im Judentum verankert ist (vgl. Lapide 1993). Zum heutigen Diskussionsstand vgl. Stegemann 2010, 290–299: »In der Feindesliebe und der Ausweitung auf Fremde im Gleichnis vom barmherzigen Samariter soll Jesus auch die angeblich nur auf die Angehörigen des eigenen Volkes beschränkte jüdische Auffassung von Nächstenliebe ausgeweitet und damit auch moralisch überboten haben. Doch diese vermeintliche Antithese überzeugt nicht.« (ebd. 290)

[21] Besonders drastisch zeigte sich dies 1993 in Mostar. In den Jahrzehnten zuvor war es den Menschen gelungen, eine gemeinsame Kultur aufzubauen, in denen viele Differenzen leben konnten: katholische Kroaten, orthodoxe Serbinnen, muslimische Bosnier, einige Juden und Jüdinnen. Mostar galt als die multiethnische Stadt mit der höchsten Anzahl an Mischehen in ganz Jugoslawien. Doch der Krieg zerstörte dies alles, und plötzlich standen Menschen, die vorher nachbarschaftlich verbunden war, mit gezückten Waffen gegeneinander. (Vgl. hierzu das Filmdenkmal von Benita Joswig: Cologne in the Mirror of Stari Most http://www.benita-joswig.de/filmdenkmal.htm)

[22] Dass auch solche Teilungsvorgänge ihre brisanten Seiten haben, das zeigt sich an manchem Streit ums Copyright, wenn man nicht mehr klar abgrenzen kann, wer welche Idee hatte – die gegensätzlichen Teilungskonzepte stoßen aufeinander.

[23] Die Einschätzungen in der Forschung sind extrem unterschiedlich und widersprüchlich, das zeigt die prägnante Darstellung von Wolfgang Stegemann (vgl. Stegemann 2010, 353–382).

[24] Victor Turner (1920–83) hat diesen Begriff wissenschaftlich bekannt gemacht. Seine Ritualtheorie ist an Liminalität orientiert, die sich im Schwellenzustand des Umbruchs von Strukturen ereignet. Er untersuchte auch die franziskanische Gemeinschaft unter den Stichworten Armut, Communitas und permanente Liminalität (Turner 2000, 136–142). – Zur Lebensmacht christlicher Rituale in säkularen Kulturen vgl. Keul 2003a.

[25] In einer Notiz beschreibt Leonardo die Aufgewühltheit der Jünger: »Einer, der gerade trinken wollte, aber den Becher auf seinem Platz stehen ließ

und den Kopf dem Erzählenden zuwandte. Ein andrer, die Finger seiner Hände verschränkend und die Stirn runzelnd, wendet sich seinem Nachbarn zu. Ein andrer, mit offenen Händen, zeigt die Handflächen, hebt die Schultern gegen die Ohren und öffnet den Mund vor Erstaunen. Ein andrer sagt seinem Nächsten etwas ins Ohr, und dieser, der lauscht, dreht sich ihm zu und schenkt ihm Gehör, in einer Hand ein Messer, in der andern das mit diesem Messer durchgeschnittene Brot. Ein andrer, mit einem Messer in der Hand, wirft beim Umdrehen mit dieser Hand einen Becher auf dem Tisch um.« (zit. nach Ullmann 1998, 108)

[26] Dass Jesus ein Jude war und seine Religionsgemeinschaft nicht verlassen hat, das ist seit der sogenannten »third quest«, der 3. Suchbewegung in der Jesus-Forschung, unumstritten (vgl. Stegemann 2010, 88f; 153–180; sowie Strotmann 2012). Wenn Jesus Kritik übt an Hohenpriestern, Schriftgelehrten und anderen jüdischen Amtsträgern, dann geschieht dies nicht in Abgrenzung zum Judentum, sondern als innerjüdische Kritik.

[27] Der Fundamentaltheologe Gregor Maria Hoff spricht daher von »fortlaufende Arbeit am Gottesentzug«, um Offenbarung bestimmen zu können (Hoff 2008, 279). Zur anonymen Gegenwart Gottes vgl. Hoff 2007, 261–265.

[28] In der Spur des Jakob, der bis zum Morgengrauen mit dem namenlosen Fremden kämpft und sich anschließend nur noch hinkend bewegen kann (Gen 32,23–33), spricht die Dogmatikerin Magdalene Frettlöh von »nachhinkende Gotteserkenntnis« (Frettlöh 2006, 37).

[29] Das klassische Werk hierzu stammt von Arnold van Gennep und trägt den Titel »Les rites de passage« (vgl. Gennep 1999).

[30] *Lateinisch:* Cur Deus Homo? Anselm von Canterbury, der »Vater der Scholastik«, hat diese Frage 1098 zum Titel eines seiner Hauptwerke gemacht und hat damit eine Grundfrage des Christentums auf den Punkt gebracht.

[31] Zit. nach Schoedel 1990, 250.

[32] Aus dem Dialog mit feministischen Theologien gewinnt Elmar Klinger eine Relecture der frühen Konzilien. Er sieht die männliche Prägung der Sprachformen, deckt aber auch die Chancen weiblicher Perspektiven auf, wie sie in der Gottesgeburt durch eine Frau liegen (vgl. Klinger 2001, 241–269).

[33] Ein ungeschickter Versuch hierzu im Jahr 2013 ist kläglich gescheitert, selbst Politiker ohne Religionszugehörigkeit mussten sich zur gesellschaftprägenden Kraft des Heiligen Martin bekennen (vgl. Schneider 2013, 12).

2. Teil
Armut und Spiritualität im Hochmittelalter – Impulse der Mystik für eine Armutsbewegung heute

Armut ist geschichtslos. Es ist der Reichtum, der Geschichte schreibt. Er dokumentiert sich weithin sichtbar in Burgen und Palästen, Stadtmauern und Kathedralen, prächtigen Kirchen und Bürgerhäusern. Sehr deutlich zeigt sich dieses Phänomen bei Stadtführungen. Wie reich Menschen früherer Epochen waren, ist an den Gütern abzulesen, die sie ihren Nachkommen vererbten. Da die Ärmsten aber nichts zu vererben haben, bleiben sie stumm. Selbst in den Müllhalden mittelalterlicher Städte, die mit ihren Getreidekörnern über die Nahrung jener Zeit Auskunft geben, ist die Armut abwesend. Weil sie gerade keine Getreidekörner und keinen Erbschein, keinen Kaufvertrag und keine Häuser hinterlassen, werden die Armen in der Geschichte unsichtbar. Auch hier gilt: Hunger macht stumm.

Aber die Armut muss nicht zwangsläufig im Schatten des Reichtums verschwinden. Vielmehr kann man das, was unsichtbar gemacht und verdrängt wird, benennen und öffentlich ins Gespräch bringen. Wie wirksam und inspirierend dies geschehen kann, das zeigt sich im 13. Jh. Damals sind unzählig viele Christinnen und Christen in Sachen Armut unterwegs. Sie schließen sich zusammen und vollziehen einen Aufbruch, der sogar für ihre Zeit signifikant werden wird. Es sind so viele Menschen, dass heute von einer Armuts*bewegung* gesprochen wird. In dieser Benennung steckt eine Erkenntnis: Armut bewegt. Menschen aus allen Ständen der Gesellschaft, die zuvor strikt getrennt waren, lassen sich von der Armut berühren. Sie kommen *geistig* in Bewegung, indem sie nach dem Wort Gottes und seiner Bedeutung für ihre Zeit fragen. Und sie setzen sich *körperlich* in Bewegung, indem sie dahin gehen, wohin die Armut sie ruft. Elisabeth von Thüringen verlässt die Burg, Franziskus das Kaufmannshaus, die beide im Zeichen von Macht und Reichtum stehen, und suchen jene Orte auf, an denen sie die Armut des Evangeliums leben können. Sich den Fragen der Armut zu stellen, wird so zu einem Zeichen der damaligen Zeit.

Diese Leistung kommt nicht von ungefähr. Vielmehr ist sie darauf zurückzuführen, dass sich die Armutsbewegung mit konkreten Lebensfragen der damaligen Menschen befasst. Sie entwickelt mitten in den Herausforderungen des Alltags eine spezifische Spiritualität. Es gehört zum Markenzeichen dieser Bewegung, dass sie soziale Problemlagen und spirituelle Praktiken, theologische Positionen und Armutserfahrungen aufeinander bezieht. Protagonistinnen und Protagonisten sind unter vielen anderen Franziskus und Klara von Assisi, Dominikus und Mechthild von Magdeburg, Marguerite Porète und Meister Eckhart. Ihre Werke werden in der Theologie heute der Mystik zugeordnet. Dabei ist zu beachten, dass das Wort »die Mystik« erst im 17. Jh. entstanden ist. Das Adjektiv »mystisch« gab es schon lange zuvor genauso wie »Geheimnis« als zentralen Begriff christlicher Gottesrede. Aber sowohl die Substantivierung »die Mystik« als auch die Bezeichnung von Personen als Mystiker oder Mystikerin wurden erst vor knapp vierhundert Jahren in die Debatte eingeführt.

Aber dennoch ist es sinnvoll, von einer »Mystik der Armutsbewegung« zu sprechen. Allgemein bezeichnet Mystik jene Traditionen, die mitten in der zermürbenden Alltäglichkeit des Lebens seinen Geheimnischarakter in den Mittelpunkt religiöser Lehren und Praktiken stellen. Mystik ist dem Geheimnis des Lebens auf der Spur. Sie folgt dem, was nicht auf den ersten Blick, sondern erst mit innerer Konzentration sichtbar ist (griechisch μύειν = die Augen verschließen) – und was sich zugleich als so machtvoll und überwältigend zeigt, dass es Atem und Stimme verschlägt (μύειν = verstummen, schweigen, sprachlos werden).

Die verschiedenen Religionen haben ihre je eigenen mystischen Traditionen. Die *christliche* Mystik wiederum zeichnet sich durch ihren Glauben an jenes Geheimnis aus, das sich in der Auferstehung Jesu Christi offenbart. An diesem Glauben orientiert sie ihr Denken und Handeln, Reden und Schweigen. Dass die Auferstehung Jesu Christi nicht nur damals geschah, sondern auch im alltäglichen Leben von Menschen späterer Zeiten präsent ist, markiert das Geheimnis, das im Herzen des Christentums wirksam ist. Diesem Geheimnis widmet sich die Mystik. Sie ist daher keine Mystik der Weltflucht, sondern eine Mystik des Alltags, die nach der Präsenz Gottes in den kleinen und großen Fragen des Lebens sucht.

Die Armutsbewegung des 13. Jh.s entwickelt eine spezifische Spiritualität, die in diesem Sinn als Mystik zu bezeichnen ist. Denn sie orientiert sich an dem Geheimnis der Auferstehung, das sich in sozialen, kulturellen und politischen Realitäten des Alltags offenbart. Diese Mystik wächst aus der Armutsbewegung, ist mit ihren Fragen befasst und sucht theologische Antworten. Der *Ausgangspunkt* war damals die soziale Realität. Das *Anliegen* wiederum war eine Spiritualität, die in der Armut nicht nur überleben, sondern wirklich leben hilft. Sie will nicht nur den Hunger, sondern auch seine verheerenden Machtwirkungen überwinden, die in Verzweiflung, Resignation oder Hass wirksam sind.

Die Rede von Gott erlangt in diesem Kontext zentrale Bedeutung. Sie erhält Relevanz, wo sie in Not und Bedrängnis Zeichen der Hoffnung setzt. Mystikerinnen und Mystiker behalten diese Zeichen der Hoffnung nicht für sich, sondern bringen sie ein und stellen sie zur Debatte. Sie sprechen von Gott als dem fließenden Licht, das die Dunkelheiten des Lebens erhellt. Und Licht hat eine Eigenschaft, die sich in der Osternacht besonders zeigt: Licht vermehrt sich, wenn man es teilt. Daher sind eigene und fremde Gotteserfahrungen eine entscheidende Quelle jener Tatkraft, die die Menschen in der Armut entwickeln. Ihr visionäres Potential nährt sich aus dem Glauben an Jesus Christus, denn seine Auferstehung offenbart das Geheimnis des Lebens: das Leben steht auf aus dem Tod. Der Kern der Mystik ist der Glaube an Gott als jene Macht, die stärker ist als die Todesmächte, die in der Armut so bedrängend am Werk sind.

Die Armutsbewegung richtet ihre Aufmerksamkeit gezielt auf die Zeichen ihrer Zeit, denn sie will die Botschaft des Evangeliums in ihrer Gegenwart verorten. Was hat Gott in den Herausforderungen der eigenen Zeit zu sagen? Die Menschen der Armutsbewegung fragen nach den Zeichen der Zeit. Zugleich wird ihre Bewegung selbst zum Zeichen der Zeit.[1] Dieses Zeichen verweist auf die verborgene, aber wirksame Gegenwart Gottes im Alltag jener Menschen, die in Bedrängnis und Not geraten sind. Zeichen der Zeit aber haben nicht nur punktuelle Bedeutung, sondern übergreifende Signifikanz. Diese kann zu anderen Zeiten neu aufscheinen. Ist die Armutsbewegung von damals in der Lage, in heutigen Fragen der Armut Lebenszeichen zu setzen?

Wer die Liebe zu den Nächsten, zu Gott und zu sich selbst erfährt, lässt sich das Leben nicht so leicht vergällen von dem, was fehlt – und wird fähig, das zu teilen, was da ist. Die Liebe widersteht *tatkräftig* der Gefahr von Armut und Gewalt, die sich ständig potenzieren will, und durchbricht den Teufelskreis des Geldes, der Menschen knechtet. Das Geheimnis des Lebens wird offenbar, wo Menschen der erstickenden Macht des Todes beharrlich das Leben abringen. Denn die Ohnmacht wird nicht übermächtig, wenn sie die Macht dessen erfährt, was Mechthild von Magdeburg »Das fließende Licht der Gottheit« nennt.

2.1 Franziskus von Assisi und die geliebte Armut

Die bekannteste Symbolfigur der mittelalterlichen Armutsbewegung ist Franziskus von Assisi (1181–1226), der diese Bewegung geradezu verkörpert. Seine Liebe zu den Armen, sein beharrlicher Einsatz für den Frieden und nicht zuletzt sein Sonnengesang haben ihn berühmt gemacht und verleihen ihm heute noch große Faszination. Er ist ein Mensch, der bescheiden auftritt und mit einfachen Worten spricht. Aber einfältig oder naiv ist er keineswegs. Er hat vielmehr eine klare Sicht und eine prägnante Sprache. Er nimmt die tiefgreifenden Veränderungen seiner Zeit wahr und entwickelt Alternativen zu einem Lebensstil, der die Reichen privilegiert und die Armen immer weiter in Bedrängnis stößt.

2.1.1 Das Gewaltpotential des Geldes und das christliche Alternativprogramm – die Krippe Jesu

Franziskus stammt aus einer wohlhabenden Familie italienischer Kaufleute. Geld ist für ihn zunächst kein Thema, weil es ihm selbstverständlich zur Verfügung steht. Leichtfüßig und manchmal leichtsinnig lebt er in den Tag hinein. Dies ändert sich jedoch, als er in den Krieg der Stadt Assisi gegen Perugia zieht. In diesem Bürgerkrieg zweier Handelsstädte, die um Geld, Macht und Ansehen konkurrieren und die aus wirtschaftlichen Gründen zu den Waffen greifen, macht Franziskus seine ersten Gewalterfahrungen. Sie prägen sein Leben und lenken es in eine ganz neue Bahn. 1202 gerät er in Gefangenschaft, wo er zwar pfleglich behandelt wird, aber dennoch einen bedrängenden Machtzugriff erfährt.

Auch nach seiner Befreiung hat er zunächst, dem Ideal der Ritter folgend, klare militärische Ambitionen. Erst eine Reifezeit mit schwerer Krankheit führt 1205 zu seiner Bekehrung. Fragen nach dem Zusammenhang von Gott und Geld, Besitz und Gewalt werden in der Folge zu zentralen Themen seines Lebens.[2] Die Überzeugung, dass Geld dreckig ist und dass Besitz die Gottesbeziehung gefährdet, wird zu einem signifikanten Baustein seiner Spiritualität. Als der Bischof von Assisi Franziskus fragt, warum er keinen Besitz zulassen will und das Annehmen von Geld kategorisch ablehnt, antwortet er: »Herr, wollten wir etwas besitzen, so müssten wir auch Waffen zu unserer Verteidigung haben. Daher kommen ja die Streitereien und Kämpfe, die die Liebe zu Gott und zum Mitmenschen hindern. Darum wollen wir in dieser Welt nichts Irdisches besitzen.«[3]

Mit wenigen, leicht verständlichen Worten bringt Franziskus hier auf den Punkt, welches Gewaltpotential im Geld lauert. Wer Besitz hat, braucht Waffen zu seiner Verteidigung. Wer noch mehr Besitz hat, braucht noch mehr Waffen und noch höhere Mauern und noch mächtigere Grenzanlagen. Dies erkennt der »Spielmann Gottes« aus Assisi im Blick auf das, was in seiner Zeit vorgeht. Er richtet die Aufmerksamkeit auf die tiefgreifenden Umbrüche, die sich damals vollziehen. Welche Signifikanz haben sie? Das 13. Jh. ist eine Schwellenzeit, in der die Weichen für zukünftige Entwicklungen neu gestellt werden. Der Fernhandel dringt in unbekannte Welten vor und bringt fremdländische Waren und neue Ideen auf den heimischen Marktplatz. Ökonomisch wird der Tauschhandel durch die Geldwirtschaft ersetzt, und das Geld durchdringt schnell alle Lebensbereiche. Im Ordensleben wächst eine Pluralität, die noch kurz zuvor undenkbar war. Religiöse Konflikte gipfeln im Kreuzzug gegen die Albigenser sowie in langen kriegerischen Auseinandersetzungen mit dem Islam. Die Begegnung mit der arabischen Kultur ermöglicht die Gotik und damit einen Quantensprung der Architektur. Das neue Bürgertum bewirkt eine Verlagerung von der Burg zur Stadt, was die Alltagskultur revolutioniert. Mit der Scholastik und der Gründung von Universitäten entwickelt sich eine ganz neue Wissenschaftskultur.

Aber die tiefgreifenden Veränderungen haben nicht nur erfreuliche Auswirkungen. Vielmehr lässt die Einführung der Geldwirtschaft die Schere zwischen arm und reich weit auseinander klaffen. Der neue Reichtum der Städte lockt unzählige Menschen an – die dann unter die Räder einer Gesellschaft geraten, die sich allein am wirtschaftlichen Erfolg orientiert. Die Reichtümer, die durch das landwirtschaftliche Wachstum und den Fernhandel zur Verfügung stehen, dienen dem Luxus einiger Privilegierter. Jacques Le Goff, französischer Mittelalterforscher, bringt es auf den Punkt: »Der Verkauf der aus den Fortschritten der Landwirtschaft gewonnenen Überschüsse, der Aufschwung des Klein- und Großhandels – also alles, was wegen der Verführungskraft des Geldes die bis dahin vertraute Selbstversorgung und den Tauschhandel ersetzte, korrumpierte das Leben immer rascher.« (Le Goff 2007, 103) Die vielen Armen sind wesentlich an der Produktion des Reichtums Weniger beteiligt, werden aber selbst immer ärmer. Damit wird Armut zu einer zentralen und zugleich brisanten Frage der Gesellschaft. Geld und Besitz zeigen sich als Machtfaktor, der zu gnadenlosen Ausschließungen führt. In einer Gesellschaft, in der das Geld ein Monopol unter den Reichtümern der Welt einnimmt, werden die Bedürftigen von der Nutzung vorhandener Ressourcen ausgeschlossen.[4] Dies produziert eine wachsende Armut, die so unerhört ist, dass sie nicht mehr übersehen werden kann. Armut macht sich unausweichlich zum Thema.

Aus diesem Grund verändern die vielfältigen sozialen, ökonomischen, kulturellen und religiösen Umbrüche den Diskurs des Christentums grundlegend. Schlagartig wächst nicht nur bei den Gelehrten, sondern im gesamten Volk das Interesse an der Bibel. Denn in der Heiligen Schrift sind Standpunkte und Perspektiven zu finden, die aufschlussreich, weiterführend und geradezu revolutionär sind. Jesus sagt dem reichen jungen Mann: »Eher geht ein Kamel durch ein Nadelöhr, als dass ein Reicher in das Reich Gottes gelangt.« (Mk 10,25) Was heißt das für eine Gesellschaft, in der immer mehr Menschen dem Teufelskreis der Armut zum Opfer fallen? Und was heißt das für eine Kirche, deren Klerus in weltliche Machtkämpfe um Ansehen und Reichtum verstrickt ist? Franziskus von Assisi prägt den Slogan »Arm dem armen Christus folgen.« Nach seiner Ansicht kommt man aus einer Hütte leichter in den Himmel als aus einem Palast. Für sich selbst zieht er aus dieser Einsicht sehr radikale Konsequenzen: die Kleidung seines Vaters in aller Öffentlichkeit ablegen und nackt da stehen; vor niemandem zurückweichen, egal, wie er oder sie riecht; strikt kein Geld annehmen und keinen Besitz anlegen; ausschließlich von dem befremdlichen Sammelsurium an Essen leben, das ihm geschenkt wird.

Das, was Franziskus sagt und tut, setzt innovative Impulse in Kirche und Gesellschaft hinein. Seine Zeichenhandlungen entwickeln Signalwirkung. Sie setzen etwas in Gang, das schon länger unterschwellig rumort. Franziskus steht nicht alleine da. Zusammen mit anderen bildet er die Spitze eines Eisbergs, der aus dem Verborgenen in die Sichtbarkeit drängt. Die Armutsbewegung klagt ein, dass der biblische Standpunkt Konsequenzen haben muss in einer Gesellschaft, in der immer mehr Menschen dem Teufelskreis der Armut zum Opfer fallen. Und die Konsequenzen treffen auch die Führungseliten der Kirche. Im 13. Jh. setzen sich Menschen verschiedenster Herkunft und unterschiedlichster kultureller Prägung in Bewegung, um gegen die Bedrängnis der Armut aktiv zu werden. Sie brechen aus eingespurten Lebensbahnen auf und durchbrechen sogar das starre Ständesystem, um mitten unter den Armen die Armut des Evangeliums zu leben. Diese Menschen kommen körperlich und geistig in Bewegung. Sie folgen Handelsrouten und kreieren Pilgerwege, die Europa durchkreuzen und ein neues Gesicht geben. In Assisi und an vielen weiteren Orten Europas bricht die Frage nach der Armut auf und lässt die Armutsbewegung entstehen. Sie sucht nach christlichen Alternativen zur Geldwirtschaft, die gesellschaftlich Überhand gewinnt. Mit der Bibel in der Hand und der konkreten Armut vor Augen lässt sie sich zu einem Aufbruch bewegen.

Bei Franziskus verkörpert sich die Armutsbewegung als Zeichen der Zeit an einem bestimmten theologischen Ort: der Krippe in Bethlehem. Dazu begeht er 1223 eine prophetische Zeichenhandlung. Zum Weihnachtsfest, das er damals an einem steilen Berghang bei Grecchio feiert, inszeniert er die Geburt Jesu in einem echten Stall in einer Felsgrotte mit Ochs und Esel und einer mit Stroh gefüllten Krippe. So führt er den Feiernden, die aus allen Himmelsrichtungen zu dem Ereignis strömen, die Menschwerdung Gottes leibhaftig vor Augen. »Ich möchte mich gern an das Kind erinnern, das in Bethlehem geboren wurde, und mit meinen Menschenaugen die Schwierigkeiten seiner ärmlichen Kindheit sehen, wie es in der Krippe liegt und zwischen Ochs und Esel ins Heu gebettet wurde.«[5] Die Krippe Jesu, Ort der Menschwerdung Gottes, ist ein Ort der Armut. Franziskus erkennt glasklar ihre heterotope Bedeutung und bringt sie im Krippenspiel zum Tragen. Der überwältigende Zuspruch zeigt, dass er damit den Nerv seiner Zeit trifft. Im Christentum geht es darum, dass die Krippe eine andere Ordnung der

Dinge ins Leben ruft. Weil Gott nicht im Palast, sondern in der Armseligkeit eines Stalles geboren wird, weil er sich erniedrigt und nackt, verwundbar und hilflos als Kind zur Welt kommt, weil Gott sich bückt und Mensch wird, deswegen sind alle Christinnen und Christen berufen, sich ebenfalls zu bücken. Diejenigen, die in der Welt von Geld und Besitz ausgeschlossen sind, werden auf dem Weg zur Krippe in den Mittelpunkt gerückt. So kann jeder Ort der Welt zu einem neuen Betlehem werden.

Die Krippenverehrung, die auch heute noch rund um den Globus betrieben wird, beginnt im 13. Jh. mit Franziskus. Er entdeckt den Geburtsort Jesu als Ort der Armut, der Erinnerung und Verehrung verdient. Mit den Franziskanern wird die Krippe zu einem globalen Verkaufsschlager. Hätten sie hierauf Patent angemeldet, wären sie weltweit heute noch der reichste Orden. Aber allein beim Gedanken daran würde Franziskus Abscheu und Empörung befallen. Ihm waren andere Dinge viel wichtiger. Er legte Wert auf Lebensressourcen, die die Ausschließung der Armen überwinden, sie einbeziehen und stärken. Aus seiner Sicht bricht Weihnachten das gesellschaftlich vorherrschende Finanzmonopol und offenbart Reichtümer ganz anderer Art. So kann er den Sonnengesang anstimmen, den er wahrscheinlich in San Damiano dichtet – seinem Lieblingsort, wo Klara von Assisi lebt.

2.1.2 Die unerschöpflichen Reichtümer des Lebens im Sonnengesang

Franziskus war ein Troubadour, dessen Poesie heute noch in ihren Bann zieht. Im Sonnengesang, so beschreibt es Le Goff, öffnet Franziskus »zum erstenmal Blick und Herz für die zarte Wirklichkeit und materielle Schönheit der Sterne, der Wolken, des Windes, des Himmels, des Feuers, der Blumen und des Grases. Die Liebe, die er ihnen entgegenbrachte, hat sich auf die Maler übertragen, die sie künftig naturgetreu, unverzerrt und von der Last entfremdender Symbole befreit darstellen wollten.« (Le Goff 2007, 100.) Franziskus bewirkt mit seiner Poesie einen Blickwechsel, der ihn als Mystiker offenbart. Diese Einsicht hat sich in der Franziskus-Forschung der letzten Jahre durchgesetzt (vgl. Lehmann 2004).

Das Leben hat seine profanen Seiten, und manches Mal gewinnen sie in den Widrigkeiten des Alltags die Oberhand. Aber durch diese Profanität hindurch zeigt sich etwas, das darüber hinaus weist in Momenten von Glück, Liebe, Erfüllung. Mystik ist diesem Geheimnis des Lebens auf der Spur. Franziskus steht für eine Mystik ein, die das Geheimnis der Auferstehung Christi in den Realitäten des Alltags entdeckt. Dies zeigen viele Beispiele seiner Biografie. Mit Grausen denkt er daran, einem Aussätzigen zu begegnen. Er befürchtet Ekel, ansteckende Krankheit und die Berührung mit dem Tod, der schon für alle sichtbar am Werk ist. Als es aber geschieht und er einen Aussätzigen nicht nur anschaut, sondern sogar küsst, erfährt er nicht den Untergang, sondern die Liebe. Der von schwerster Krankheit gezeichnete Mensch offenbart sich ihm als jener Nächster in Not, dem Gott besonders präsent ist. Die Begegnung mit dem Aussätzigen wird für Franziskus so zu einer mystischen Erfahrung: das Leben steht auf aus dem Tod.

Weil Franziskus dem Geheimnis des Lebens auf der Spur ist, lässt er sich nicht fangen vom blendenden Glanz des Geldes. Er schaut bei Menschen auf das, was darüber hinaus wertvoll ist. Er bricht das Monopol des finanziellen Reichtums, indem er Güter ganz anderer Art entdeckt. So besingt er den unendlichen Reichtum, den die Schöpfung Gottes zur Verfügung stellt. Sonne, Mond und Sterne sind eine Lebensressource, von deren Licht die Armen nicht ausgeschlossen sind. Hier wird deutlich, aus welcher spirituellen Ressource Franziskus lebt. Nicht das ist wichtig, was ihm fehlt – der Luxus der Kaufleute und das Ansehen der Ritter –, sondern die Wertschätzung dem gegenüber, was ihm alltäglich zur Verfügung steht. Hierin sieht er keine Selbstverständlichkeit, sondern eine Gabe des Schöpfers.

Sonnengesang

O du höchster, allmächtiger, gütiger Herr,
Dein sind das Lob, der Ruhm, die Ehre und jeglicher Preis,
Dir allein, o Höchster, gebühren sie,
Und kein Mensch ist würdig, deinen Namen zu nennen.

Gelobt seist du, o Herr mein Gott, mit allen Deinen Geschöpfen,
Besonders mit der Frau Schwester Sonne,
Welche den Tag bringt, und du gibst uns durch sie das Licht,
Und schön ist sie und strahlend in großem Glanz.
Von dir, o Höchster, ist sie das Gleichnis.

Gelobt seist du, o Herr mein Gott,
um des Bruders Mond willen, und der Sterne,
An den Himmel hast du sie gestellt
leuchtend und köstlich und schön.

Gelobt seist du, o Herr mein Gott, um des Bruders Wind willen,
Und der Luft und der Wolken
und des heiteren und wechselnden Wetters,
Durch welche du allen deinen Geschöpfen Bestand schenkst.

Gelobt seist du, o Herr mein Gott,
um der Schwester Wasser willen,
Die da ist sehr notwendig und demütig und köstlich und keusch.

Gelobt seist du, o Herr mein Gott, um des Bruders Feuer willen,
Durch welches du die Nacht erhellst,
Und es ist schön und freudig und stark und wild.

Gelobt seist du, o Herr mein Gott, um unserer Schwester willen,
Der mütterlichen Erde,
Welche uns hält und nährt,
Und sie gebiert viel Früchte und bunte Blumen und Kräuter.

Lobet und preiset den Herrn und saget ihm Dank,
Und dienet ihm in großer Demut.
Gelobt seist du, o Herr mein Gott, um jener willen,
die Verzeihen üben aus Liebe zu dir,
Und die Schwäche und Trübsal erdulden,
Selig, die ausharren bis ans Ende in Frieden,
Denn von dir, o Höchster, werden sie die Krone empfangen.

Gelobt seist du, o Herr mein Gott, um unseres Bruders willen, des leiblichen Todes,
Dem kein Mensch, der da lebt, entrinnen kann.
Wehe denjenigen, die in tödlicher Sünde sterben.
Selig, die deinen allerheiligsten Willen erfüllen,
Denn der andere Tod wird nicht über sie kommen.[6]

Franziskus schreibt seinen Sonnengesang nicht, als er gesund ist und vor Lebenskraft strotzt. Vielmehr entsteht er, als der Spielmann Gottes schwer erkrankt ist und spürbar auf den Tod zugeht. Sein Großer Gesang, der das Leben jubilierend preist, wird aus einer Situation der Verwundung geboren. Der Sonnengesang verweist auf die Schöpfung als eine Ressource, die die Machtwirkungen der Krankheit durchbricht.

2.1.3 Mystik – eine christliche Friedenstradition, die aus dem Glauben an die Auferstehung lebt

Mystik nutzt jene Pluralität der Lebensressourcen, die in einer ökonomisierten Welt leicht aus den Augen gerät oder gezielt verdrängt wird. Diese Pluralität nutzen zu können, gibt Kraft und Antrieb. Sie befähigt dazu, auch jenem Gewaltpotential zu widerstehen, das in menschlichen Beziehungen präsent ist. Wer alternative Lebensmittel kennt, muss eine bestimmte Ressource nicht unbedingt mit Gewalt an sich reißen. Dies gibt Gelassenheit. Der Blick und die Tatkraft richten sich auf Alternativen. Auf diesem Weg wird die Mystik eine der stärksten Friedenstraditionen des christlichen Abendlandes. Sie bietet einen Schatz, den es heute neu zu heben gilt. Dabei ist Franziskus in Fragen nach Gewalt und Frieden wegweisend.

Der ehemals verwöhnte Kaufmannssohn verfolgt in seinem alltäglichen Verhalten das Ziel, soziale Gräben zu überwinden. Auch er ist in den alten Privilegien des Geldes verhaftet. Als er einmal mit seinem Bruder Leo unterwegs ist, reitet er auf einem Esel, während sein Bruder zu Fuß läuft. Aber Franziskus merkt, dass etwas nicht stimmt, denn Leo ist »verstimmt«. Daraufhin bietet Franziskus an zu tauschen, so dass er selbst zu Fuß läuft, sein Bruder sich auf dem Esel erholen kann. So zeigt er seinem Orden mit konkreten Beispielen, wie man Privilegien hinter sich lassen und den Schlechtergestellten auf Augenhöhe begegnen kann. »Mit der fanziskanischen Bewegung vollzieht sich in der Kirche des Mittelalters ein radikaler Perspektivenwechsel. Der Blick wird von oben nach unten umgebrochen. Die Zisterzienser predigen aus praktischen Gründen vom Pferd herab, die Franziskaner aus Gründen der Demut auf der Erde stehend.« (Ganz 2007, 44)

Franziskus verbindet in seiner Lebenspraxis Friedensfragen mit sozialer Gerechtigkeit. Im Alten Testament besagt der Psalm 85, dass Frieden und Gerechtigkeit »sich küssen«. Ohne zumindest annähernde soziale Gerechtigkeit gibt es keinen stabilen Frieden. Dieser Zusammenhang ist bei Franziskus evident. Er will zerstrittene Parteien miteinander aussöhnen. Der Wunsch nach Frieden ist ihm alltäglich auf den Lippen, wenn er ein Haus betritt. Krieg und Frieden, Gewalt und Versöhnung funktionieren im Großen genauso wie im Kleinen. Denn auch hier ist eine Gewaltspirale am Werk. Je mehr Menschen sich zerstreiten, desto mehr bräuchten sie das Gespräch miteinander – aber gerade das Miteinanderreden wird im Streit immer schwieriger. Worte geraten leicht schief und heizen den Konflikt an. Deswegen bittet die Mystikerin Gertrud von Helfta, eine Schülerin Mechthilds von Magdeburg: »Oh Friede, sage mir doch noch ein einziges kleines Wort.« (Gertrud von Helfta 2001, 221) Gertrud hält es für eine entscheidende *geistliche* Übung, um ein Wort des Friedens zu bitten, das den Streit nicht potenziert, sondern den Weg des Friedens öffnet.

Die Geste, die Franziskus für den Weg des Friedens wählt, ist die Umarmung. Mit ihr überwindet er Distanz und kommt Menschen nah, selbst den Aussätzigen, zu denen die Gesellschaft aus guten Gründen Distanz wahrt. Auch hier haben wir eine Gegenbewegung. Innerhalb der Matrix der Ökonomie distanzieren sich Menschen voneinander. Sie grenzen sich ab, schaffen Mauern und Waffen, um ihren Besitz zu verteidigen. Franziskus hingegen will sich die anderen Menschen nicht vom Leib halten, sondern er will die Ausgegrenzten verstehen und sich mit ihrer brüchigen Lebensgeschichte verbinden. So wird die Umarmung zu einer Geste, die die Ausgeschlossenen einbezieht.

Genauso wie im persönlichen Bereich setzt Franziskus sich in kriegerischen Auseinandersetzungen zwischen italienischen Städten dafür ein, das drohende Gewaltpotential einzudämmen. Er will Frieden stiften und will andere Menschen dazu bewegen, ebenfalls friedenstiftend zu agieren. Den Menschen in Perugia und Bologna prophezeit er blutige Zeiten der Zerstörung, wenn sie nicht in friedlicher Absicht aufeinander zugehen. Er will aufbrausende Gemüter besänftigen, bittere Herzen zu einem Lachen bewegen und aufflammenden Streit schlichten. Über Franziskus gibt es zahlreiche Legenden, die auf seine Kraft abzielen, Frieden zu suchen und zu schaffen. Bei diesen Legenden ist heute unklar, welchen historischen Kern sie enthalten. Aber Eines ist an diesen Legenden ablesbar: Was andere Menschen von einem Vorbild christlichen Lebens erwarten, was sie ihm zutrauen oder auch zumuten. Häufig in zugespitzter Form erzählen Legenden von dem, was zum Kern christlichen Lebens gehört.

Bei Franziskus ist die Legende über die Zähmung des Wolfs von Gubbio sehr beliebt. Sie erzählt, wie ein aggressiver, tödlicher Wolf die Stadt Gubbio und ihr Umland in Angst und Schrecken versetzt. Entgegen zahlreicher Warnungen geht Franziskus auf diesen gefährlichen Wolf zu, spricht ihn als seinen Bruder an und sagt ihm zu, dass er in Zukunft keine Menschen mehr töten muss, da er auf andere Weise satt werden wird. Das Tier hört auf sein Wort, das sich dann auch erfüllt: Der Wolf zieht bettelnd von Haus zu Haus und erhält von den Menschen ohne weiteres seine tägliche Nahrung. Das Raubtier zeigt keine Aggressionen den Menschen gegenüber – und die Menschen verhalten sich dem Wolf gegenüber freundlich, wie immer wieder betont wird. Dabei stellt sich die Frage, was von beidem das größere Wunder ist. Denn wie die hitzigen Debatten der letzten Jahre in Deutschland und Europa zeigen, sind die Aggressionen der Menschen den Wölfen gegenüber viel größer als umgekehrt.[7]

Ein wildes Tier zu zähmen, gehört zum klassischen Handlungsrepertoire von Heiligen. Dieses Wunder durchbricht kein

Naturgesetz, denn selbstverständlich lassen wilde Tiere sich zähmen – allerdings meist nicht so schnell wie bei den Heiligen. Aber nach dem Historiker Jacques Dalarun verdient in Legenden die Abweichung, der kleine Riss in der Erzählung besondere Aufmerksamkeit (Dalarun 1987, 115). In der Legende über Franziskus liegt eine Besonderheit darin, dass nicht nur zwischen den Heiligen und dem gefährlichen Tier Frieden wächst, sondern auch bei den vielen Menschen, die zuvor in Feindschaft gegen das Raubtier standen. Das Handeln des Heiligen wirkt vorbildlich. Sein friedenstiftendes Verhalten steckt die gesamte Bürgerschaft von Gubbio an. Dies ist im Blick auf Heute von Interesse. Vielerorts kann man die Beziehung zwischen den Menschen und weiten Teilen der Schöpfung geradezu als Kriegszustand beschreiben, da Tiere und Pflanzen in bedrohlichem Maß ausgerottet werden. Da ist die Frage von größtem Interesse, wie Menschen ihr aggressives Verhalten ablegen und in friedenstiftende Aktionen umwandeln können.

Eine weitere Legende bezieht sich auf den Dialog der Religionen. Franziskus lebt 1219–1220 in Ägypten und Palästina. Die Legende erzählt, dass er in dieser Zeit den Sultan besucht und ihn von der Wahrheit des Evangeliums zu überzeugen versucht. Darüber würden wir heute, wo der friedliche Dialog der Religionen weltweit zum Überlebensthema wird, gern mehr erfahren. Ein Punkt ist jedoch auch hier für Franziskus signifikant: Er vertraut auf die Kraft der Argumente, die das Evangelium bereithält. Er zieht nicht mit Heer und Waffen vor den Sultan, sondern mit der Bibel in der Hand. Damit nimmt er etwas vorweg, was das 2. Vatikanum zum Prinzip im Religionsdialog erhebt: »Anders erhebt die Wahrheit nicht Anspruch als kraft der Wahrheit selbst« (DH 1).

Franziskus ist nicht prächtig gekleidet wie die Anführer der Eroberung, wenn sie in Verhandlungen treten und Macht, Ansehen und Durchsetzungskraft demonstrieren. Franz erscheint wie üblich mit seiner ärmlichen Kleidung. Er agiert nicht von einem Standpunkt der Macht her, sondern seine Position ist die Demut. Diese Tugend antwortet auf Erfahrungen von Ohnmacht mit Gelassenheit, statt mit Gewalt zu reagieren. Im Dialog mit anderen Kulturen und Religionen gilt es, die eigenen Machtansprüche zu relativieren. Franziskus glaubt daran, dass die Geistkraft der Auferstehung auch außerhalb des Christentums aktiv ist.

Es gehört zur grenzenlosen Ironie der Geschichte, dass dieser friedensbewegte Mensch am Ende seines Lebens, als er krank und schwach auf dem nackten Boden liegt und den Tod erwartet, draußen von bewaffneten Gruppen aus Assisi bewacht wird (vgl. Le Goff 2007, 84). Im Hochmittelalter sind die Reliquien von Heiligen wegen ihrer Kraft, Menschen in Berührung mit dem Heiligen zu bringen, so wertvoll, dass sie mit Gold aufgewogen werden. Die franziskanischen Brüder befürchten daher, dass der Sterbende entführt wird, damit seine Gebeine einem anderen Ort Bedeutung verleihen. Franziskus war von außen bedroht. Aber der Sonnengesang zeigt, dass er dennoch in der Lage war, in Frieden zu sterben.

Im Jahr 2013 hat der neugewählte Papst für sich den Namen »Franziskus I.« gewählt. Er stellt damit seine eigene Amtsführung und die Kirche, die er leiten will, unter das Zeichen der evangelischen Armut. Damit hat er ein Zeichen gesetzt für all jene Menschen, die unter den vielen Gesichtern der Armut leiden und die auf überraschende Reichtümer hoffen.

2.2 Mechthild von Magdeburg: in Bedrängnis die Liebe zum Leben besingen

Mechthild von Magdeburg (1207–1282/1294) ist längst nicht so bekannt wie Franziskus. Aber sie bietet den Vorteil, dass sie ein eigenes theologisches Werk verfasst hat, das heute noch verfügbar ist. Sein Titel lautet »Das fließende Licht der Gottheit«. Heute wird es aufgrund seines poetischen Charakters zur Weltliteratur gezählt. Und der Frankfurter Verlag der Weltreligionen hat es 2010 als signifikanten Text des Christentums ediert[8], was eine hohe Wertschätzung seiner theologischen Bedeutung ausdrückt. »Das fließende Licht der Gottheit« ist ein Buch über Gott, ein Gottesbuch. Denn beharrlich forscht es danach, was Gott in den Nöten der Armut zu sagen hat. Wo ist er zu finden? So lautet die Frage der Mystik, seit Maria Magdalena am Grab Jesu stand und seinen Leichnam nicht finden konnte. Bei Mechthild ist diese Frage im Alltag der Beginen verortet, einer europäischen Armutsbewegung von Frauen, die eine neue Lebensform schafft und sich für Kranke, Sterbende und Trauernde, Witwen und Waisen, Elendsprostituierte und Ausgestoßene engagiert. Mechthild führt in ihrem Werk vor Augen, wie bedrängend Einsamkeit und Krankheit werden können. Sie schreibt: »Wenn meine Augen trauern in ihrem Elend und mein Mund gänzlich schweigt und der Jammer meine Zunge fesselt und meine Sinne mich in jedem Augenblick fragen, was mir fehlt, so fehlst du mir, Herr, ganz allein. Wenn ich vom Fleisch falle, mein Blut stockt, mein Gebein schmerzt, meine Adern sich zusammenkrampfen und mein Herz sich nach deiner Liebe verzehrt und meine Seele ihre Stimme erhebt mit dem Gebrüll eines hungrigen Löwen – wie mir dann zumute ist und wo du dann bist, Viellieber, das sage mir!« (FLG II,25)

Leben und Werk Mechthilds sind von drei Orten geprägt. Diese fordern sie in verschiedener Weise dazu heraus, eine Erneuerung der Gottesrede im Zeichen ihrer Zeit zu betreiben. Als Kind lebt sie auf einer *Burg*, wo sie eine ausgezeichnete Bildung erlangt und mit dem Minnesang vertraut wird – wo sie aber auch die Knechtschaft und Marginalisierung der Leibeigenen kennen lernt. Die längste Zeit (etwa 1230–1270) lebt sie in einer *Stadt*, wo sie sich den Beginen anschließt und als Protagonistin der Armutsbewegung ab 1250 ihr Gottesbuch schreibt. Mit sechzig Jahren geht sie in ein *Kloster*, das Kloster Helfta, wo sie als Meisterin der Gottesrede gefragt ist.

Ausgangspunkt von Mechthilds Theologie ist jene neue Armut, die im Zuge der Geldwirtschaft und der bürgerlichen Stadtkultur zu einem wachsenden Problem wird. Mechthild streitet dafür, dass die Theologie dieser Frage nicht ausweicht. Sie stellt die Theologie selbst neu zur Debatte: Worüber diskutiert sie, was sind ihre Themen – und worüber schweigt sie, wofür fehlt ihr die Sprache? Die Theologien der Armutsbewegung, die heute zur Mystik gerechnet werden, entstehen in Abgrenzung zu Theologien, die Armutsfragen eher randständig oder gar nicht behandeln. Sie wollen mit ihrer Kritik die christliche Gottesrede zukunftsfähig halten.

2.2.1 Freiwillige Armut – eine Antwort auf erzwungene Armut

Mechthild gehört zur Armutsbewegung des 13. Jh.s. Diese Bewegung zeichnet sich vor allem durch ein Charakteristikum aus: die freiwillige Armut. Die »willig Armen«, wie Mechthild sie nennt, teilen ihre Lebensgüter miteinander. Sie bringen Bildung und Kultur, Geld und Handwerk, Theologie und Spiritualität in Umlauf. Die Beginen gehen gezielt in die Städte, um mit verarmten Waisen, mit Kranken, Sterbenden und Trauernden, mit Elendsprostituierten und anderen an den Rand Gedrängten zu arbeiten und für sie da zu sein. Hier werden sie massiv mit Armut konfrontiert, die Menschen nicht freiwillig auf sich nehmen, sondern in die sie geboren, gezwungen, gestoßen wurden oder einfach hineingeraten sind. Diese Armut hat ein schreckliches Gesicht mit Krankheit und Elend, mit unvorstellbaren hygienischen Zuständen, mit bitterstem Hunger und bohrendem Schmerz. Ausgerechnet hierhin gehen die Beginen, und zwar nicht mit Jammern, sondern mit schwungvoller Begeisterung.

Freiwillige Armut ist etwas anderes als aufgezwungene, schicksalhafte Armut. Beides ist voneinander zu unterscheiden. Aber beides darf auch nicht voneinander getrennt werden. Denn die freiwillige Armut bezieht sich auf die erzwungene und würde ohne sie ihre Bedeutung verlieren. Die freiwillige Armut gibt Antwort auf die erzwungene Armut. Elisabeth von Thüringen und Mechthild von Magdeburg verschreiben sich der Armut, weil sie im Umfeld ihrer wohlhabenden Burg jenes Elend wahrnehmen, das der Reichtum der Burg erzeugt.[9] Elisabeth (1207–1231) weigert sich auf der Wartburg selbst bei Empfängen, etwas zu essen, das den Armen abgepresst wurde. Wo auch immer es geht, tritt sie nicht in Hofkleidung auf, sondern in grober Wolle. Diese Kleidung der Armutsbewegung ist ein Affront gegenüber der höfischen Kultur; ein sichtbares Zeichen des Widerstandes gegen Reichtum, Stolz und Hochmut. Damit bringt sich Elisabeth sogar in höchste Lebensgefahr. Sie muss jederzeit damit rechnen, einem intriganten Mord zum Opfer zu fallen. Im Gegenzug hat die spätere Verehrung Elisabeths eine Metapher für die Lebensmacht ihrer Kultur des Teilens kreiert. Das populäre Rosenwunder besagt, dass Elisabeth gegen den Willen ihres Ehemannes den Armen Brot bringen wollte. Als ihr Mann sie dazu zwang, den Brotkorb aufzudecken, fand sich dort ein prächtiger Strauß roter Rosen. Der übergriffige Ehemann war in mehrfacher Hinsicht hilfreich beschämt. Denn die Legendenbildung bringt es auf den Punkt: Wo Menschen ihre Lebensressourcen miteinander teilen, da blüht das Leben auf.

Wer sich im Mittelalter für die freiwillige Armut entscheidet, setzt ein Zeichen gegen die unfreiwillige Armut, die aus der Vorherrschaft des Geldes resultiert. Geld scheint zu dieser Zeit alles in den Griff zu bekommen: Das persönliche und gesellschaftliche Ansehen richtet sich nach seinem Besitz, Politik folgt seiner Ordnung der Dinge, Kultur und soziales Leben sind von ihm abhängig. Indem sich die Geldwirtschaft gegenüber dem Tauschhandel durchsetzt, droht der Diskurs der Ökonomie übermächtig zu werden. Er behauptet, dass Menschen umso freier und glücklicher werden, je mehr Geld sie anhäufen. Auf keinen Fall loslassen und teilen, sondern festhalten und horten, so lautet die Devise.

Gegen diesen Diskurs stellt sich die Armutsbewegung. Sie macht mobil gegen die Monopolisierung des Geldes, weil sie seine verheerenden Folgen begreift. Einer Kultur des Hortens setzt sie eine Kultur des Teilens entgegen. Damit handelt sie gegen den vorherrschenden Diskurs der Ökonomie und entwickelt eine Art Antiökonomie. Mechthild stellt fest: »Denn dieses irdische Gut macht unfrei, wenn man es annimmt, es macht aber vollkommen frei, wenn man es verschenkt.« (FLG IV,10) Geld

»ist schalkhaft«, wie es im Mittelhochdeutschen heißt: knechtisch, trügerisch, hinterlistig. Es behauptet, frei und glücklich zu machen, aber in Wahrheit unterwirft es Menschen und macht sie unfrei. Wenn sie sich allein auf Geld und Besitz konzentrieren, dann rücken andere Güter aus dem Blick und gehen verloren. Das Geld erlangt ein Monopol unter den Reichtümern des Lebens und verdrängt damit andere Reichtümer.

Die Armutsbewegung entlarvt diese Hinterlist des Geldes. Denn tatsächlich kann finanzieller Reichtum äußerst hinterlistig sein. Er birgt die Gefahr der Gier und des Hochmuts, der sich über andere stellt. Außerdem produziert der Reichtum in den Händen Weniger bitterste Armut bei Vielen. Hier zeigt sich erneut das Gewaltpotential, das Franziskus so pointiert benannt hat. Finanzieller Reichtum zerstört Freundschaften und Familienbande, erstickt gesellschaftliche Kreativität, entzieht den Armen das Lebensnotwendigste und schafft eine gnadenlose Gesellschaft.

Weil Menschen die Gefahr der Monopolisierung des Geldes erkennen, verzichten sie freiwillig auf ihre Reichtümer und teilen ihre Ressourcen mit denjenigen, die unfreiwillig in Armut leben. Entgegen dem gesellschaftlichen Trend, der das Anhäufen von Besitz propagiert, setzen sie auf freiwillige Armut. Mechthild von Magdeburg benennt als Ziel, »daß des Menschen Herz den irdischen Dingen immer fremd gegenübersteht, und zwar so fremd, daß dem Menschen, wenn er irdische Dinge verliert, sein Herz dann so leicht wird und seine Seele so frei und seine Sinne so unbekümmert, daß ihm genauso wohl ist in Gott, wie wenn ihm sein allerliebster Freund seine allerschwerste Last abgenommen hätte.« (FLG VI,4)

Hier tritt wie bei Franziskus die Radikalität vor Augen, mit der die Armutsbewegung ihre Gottesbeziehung lebt. Sie will allen irdischen Dingen gegenüber so distanziert sein, dass deren Verlust eine Erleichterung darstellt – das alltägliche Einkommen, das Dach über dem Kopf. Das ist eine radikale spirituelle Position. Dennoch scheint sie nicht abwegig zu sein, denn viele Menschen folgen dem Aufruf zu freiwilligem Verzicht, obwohl er auf mühsame Wege führt. Hier machen die freiwillig Armen überraschende Erfahrungen, die Mechthild so auf den Punkt bringt: »Je ärmer sie wird, desto mehr fließt ihr zu.« (FLG I,22)

In dieser Erfahrung liegt das Herzstück der Armutsbewegung: Menschen werden nicht ärmer, wenn sie bereitwillig teilen. Vielmehr wächst das Geteilte. Dies gilt sogar für die Lebensressource Geld, denn es wird mehr wert, wenn es Not lindert. Derselbe Geldbetrag ist viel mehr wert in den Händen derer, die unter dem Existenzminimum darben, als auf dem Konto derer, die im finanziellen Überfluss leben. Dasselbe gilt für andere Reichtümer. Je mehr Menschen ihre Lebensressourcen mit anderen teilen – Zeit, Geld, Heilwissen, Webkunst, Lebensfreude, Hoffnung, Mut, Tatkraft, und vor allem: ihre Liebeserfahrungen mit Gott und den Nächsten – desto reicher wird ihr Leben. In der Armutsbewegung ereignet sich das Wunder der Brotvermehrung. Durch die freiwillige Armut potenziert sich die Lebensmacht, die in den vorhandenen Ressourcen steckt. Auch hier lädt das eigene Verhalten Andere dazu ein, es ebenso zu tun. So kommen Ressourcen zum Einsatz, die zuvor ungenutzt brach lagen. Güter wachsen nicht, indem man sie hortet, sondern indem man sie so miteinander teilt, dass andere Ressourcen aufblühen können. Die Macht freiwilliger Armut liegt darin, dass sie die ökonomische Ordnung der Dinge aufbricht und neue Lebensperspektiven eröffnet.

2.2.2 Das Monopol des Geldes und der Teufelskreis der Armut

Dass sich das Geld im Hochmittelalter durchsetzt und gesellschaftlich ein Monopol erlangt, schlägt sich in der Sprachgeschichte nieder. Wenn man Menschen in Europa heute fragt, wie reich oder arm sie sind, so antworten sie zunächst mit Blick auf ihre finanziellen Ressourcen. Sie sind reich, weil sie einen hohen Kontostand haben oder wertvolle Besitztümer ihr Eigen nennen – oder sie sind arm, weil dies nicht der Fall ist. »Reich« wird auf den ersten Blick mit »finanziell reich« gleichgesetzt. Bei vielen Worten wie *Vermögen, Wohlstand, Wertorientierung, Preis,*

Güter hat sich dieses Monopol des Geldes durchgesetzt. Erst auf den zweiten Blick rückt die Tatsache ins Bewusstsein, dass noch ganz andere Faktoren ein Leben bereichern: Beziehungen, Freundschaft, Liebe; Naturerfahrungen und Genuss von Schönheit; Kinderreichtum; Kreativität in Musik und Poesie, Kunst und Wissenschaft; Reichtum an spirituellen Ressourcen; und allgemein: Reichtum an Lebenserfahrungen und Lebensglück.

Diese Engführung war nicht immer so. Bis ins 13. Jh. haben die Worte arm und reich eine weitere Bedeutung. Das Wort »arm« meint exemplarisch das verwaiste Kind, das verlassen, heimatlos, bedürftig und verletzlich ist und das in verschiedenster Hinsicht der Unterstützung bedarf. Arm bedeutet vereinsamt, bemitleidenswert, unglücklich sein. Daher ist es sprachgeschichtlich mit Barmherzigkeit und Erbarmen verbunden. Das Christentum spricht von einer armen Seele oder vom armen Sünder. Erst als sich die Geldwirtschaft durchsetzt, verengt sich die Bedeutung von arm und reich.[10]

Mechthild schreibt in jener Epoche, in der sich die Bedeutungsverengung ereignet. Ihr ist die alte Wortbedeutung noch vertraut. Die Lektüre ihrer Texte regt dazu an, die weite Bedeutung von Armut genauso in den Blick zu nehmen wie die weite Bedeutung von Reichtum. Denn wenn man dies nicht tut, so erliegt man bereits der Monopolisierung der Finanzen. Selbstverständlich ist Geld eine überaus wichtige Ressource, denn es kann viele weitere Ressourcen eröffnen. Aber es ist kein Selbstzweck. Es ist nicht selbst Lebendigkeit, Glück, Lebenslust. Zudem ist ein weiter Armutsbegriff besser in der Lage, den Teufelskreis der Gewalt zu beschreiben, der in jeder erlittenen Armut lauert. Das Gewaltsame und Gefährliche an der unfreiwilligen Armut ist nämlich, dass sie sich potenziert und auf immer weitere Lebensbereiche zugreift. Ob der Ansatzpunkt eine schlimme Krankheit ist oder finanzielle Armut oder der Tod eines geliebten Menschen: eine Form der Armut zieht weitere Formen nach sich. Es bleibt nicht bei der finanziellen Armut, sondern es kommen Krankheit und soziale Isolation dazu. Armut reduziert Zug um Zug Lebensmöglichkeiten, beschneidet sie immer mehr, bis sie schlimmstenfalls an die Grenze des Todes drängt. Armut führt in das hinein, was im Mittelhochdeutschen »ellende« genannt wird: die Verlassenheit, das Leben in der Fremde, wo man sich nicht zurechtfindet, wo man handlungsunfähig ist.

Im Teufelskreis gefangen, wird Armut nicht nur machtvoll, sondern übermächtig. Kulturelle, finanzielle und soziale Lebensressourcen gehen nach und nach verloren. Der Lebensraum, in dem sich die Menschen bewegen können, wird immer enger. Wenn man schon keine Erwerbsarbeit findet, dann sind Freundschaften und familiäre Verbindungen umso wichtiger – aber gerade diese werden vom Arbeitsverlust bedroht. Wer im Beruf überfordert ist, braucht alle Kraft, und in ausgeschlafenem Zustand wäre alles nur halb so schlimm – aber je größer der Stress, desto schlechter ist nachts der Schlaf. Wenn man schon obdachlos ist, dann ist Gesundheit besonders wichtig – aber sie geht rasend schnell verloren. Wenn man schon als Alleinerziehende finanziell arm dran ist, ist es umso wichtiger, dass die Liebe zum Kind lebendig bleibt – aber gerade diese Liebe gerät in Gefahr, wo Alleinerziehende von der Finanznot gebeutelt sind. Wenn man einschneidende Gewalt erfahren hat, ist es umso wichtiger, in einer intensiven Liebesbeziehung zu leben – aber gerade dies ist einer Frau, die vergewaltigt wurde, oft nicht möglich. Wenn man ein Kind verloren hat, ist es umso wichtiger, die Liebe zu anderen Kindern intensiv zu leben – aber das wird unmöglich, wo man sich vor erneuter Verletzung zu schützen sucht, indem man Distanz schafft. Das Gewaltpotential des Verlustes greift *gerade* auf diese anderen Lebensressourcen zu, die unbedingt gebraucht werden. Dies ist das Gefährliche an Erfahrungen unfreiwilliger Armut.

Die Gewaltspirale aufgezwungener Armut funktioniert über unsägliche Machtwirkungen. Sie bestimmt die Wahrnehmung der Wirklichkeit und zwingt Menschen leicht in einen Tunnelblick hinein. Bestimmte Lebensressourcen stehen nicht zur Verfügung, Wertvolles wird geraubt oder geht unwiederbringlich verloren. Dementsprechend verengt sich der Blick auf das Leben, weil man nur noch auf das Fehlende schaut. Der hieraus entstehende Tunnelblick gehört wesentlich zum Teufelskreis der Lähmung. Reichtümer, die vielleicht durchaus noch vorhanden wären, treten in den Schatten des Verlustes und können nicht mehr genutzt werden.

Mechthild kennt diese Erfahrung, denn sie hat in ihrer Jugend die Burg mit Musik und Tanz, farbenfroher Kleidung und reichem Schmuck verlassen. Als sie dann viel später als alte Frau im Kloster Helfta lebt, warnt sie davor: »Wenn der geistliche Mensch Verwandte und seine liebsten Freunde schön geschmückt und gekleidet nach Art der Welt vor sich sieht, so ist es für ihn dringend nötig, gewaffnet zu sein mit dem Heiligen Geist, damit er nicht auf den Gedanken verfällt: *Das hättest du auch haben können!* Von einem solchen Gedanken wird ihm sein Herz so finster und seine Sinne so unwillig gegen Gott und sein Mund so träge zu frommem Gebet und seine Seele Gott so sehr entfremdet, daß er dann in seinem Inneren seinen weltlichen Verwandten ähnlicher wird als einem geistlichen Menschen.« (FLG VII,27)

Wenn jemand im Bann des Verlustes steht, dann wird das Fehlende übermächtig und verdrängt das Lebenspotential dessen, was *da* ist. Das Herz wird finster, die Sinne unwillig, das Gebet träge. Hier wird eine sehr menschliche Erfahrung beschrieben. Das Verlorene ist nicht einfach weg, sondern es bleibt als Verlust präsent. Es greift auf das Denken zu und nimmt es in Beschlag. Man kann an nichts anderes mehr denken als an das, was geraubt wurde. Oder daran, wie unfair, gemein und ungerecht sich andere verhalten. Das Denken dreht sich im Kreis und nur noch um diesen einen Punkt, die erlittene Armut. Dabei spielt die Vergangenheit, aber auch die Zukunft eine große Rolle. Menschen hadern damit, was ihnen bereits Schmerzliches, Ungerechtes, Unfaires und Schreckliches passiert ist. Das Vergangene macht einen Großteil ihrer inneren Präsenz aus. Und genauso wird das Denken und Handeln gefangen von den Befürchtungen, die sich auf die Zukunft richten. »Es gibt einen Himmel, den hat der Teufel mit seinen schönen trügerischen Listen geschaffen. Darinnen kreisen die Gedanken mit traurigen

Sinnen [...]. Da bleibt die Seele ohne Trost, und der Teufel betrügt die einfältigen Sinne.« (FLG II,19) Verwundet zu werden ist eine schmerzliche Erfahrung. Sie wird umso schmerzlicher und bedrohlicher, je mehr sie in einen Tunnelblick hinein führt. Wo das Erlittene oder das Befürchtete das Denken beherrscht und zum unendlichen Kreisen der Gedanken führt, greift es unbarmherzig auf den Körper zu. Schmerzen stellen sich ein in Kopf, Magen oder Herz. Schlaflosigkeit in der Nacht führt zur Müdigkeit am Tag. Der Blick senkt sich, der Rücken wird gebeugt, die Muskeln werden schlaff. Wie soll man da tatkräftig die Zumutung angehen, mit denen die Armut konfrontiert? Es erfordert ein großes Maß an Widerstandskraft, sich dem Sog dieser unsäglichen Macht zu entziehen. Mechthild hält dies für eine spirituelle Herausforderung, denn sie sagt, dass hier der Heilige Geist vonnöten ist.

2.2.3 Den Tunnelblick durchbrechen – gegenwärtig leben

Ziel der Armutsbewegung ist es, die Gewaltspirale zu durchbrechen. Dabei ist sie nicht immer in der Lage, die primäre Form der Armut zu beseitigen. Nicht jede Krankheit lässt sich heilen, ein geliebter Toter kann nicht wieder auferweckt werden, zerbrochene Liebesbeziehungen wachsen nicht ohne weiteres wieder zusammen. Die Krankheit, der Tod, die finanzielle Armut, der Beziehungsbruch lassen sich vielleicht nicht ausmerzen. Aber man kann ihre *Machtwirkungen* eindämmen und damit der immer größer werdenden Spirale Einhalt gebieten. Dies ist es, was die Armutsbewegung tut. Sie sucht nach spirituellen Ressourcen, mit deren Hilfe den verheerenden Machtwirkungen Einhalt geboten wird.

Aber welche Haltungen und konkrete Praktiken versetzen in die Lage, den Tunnelblick auf den Verlust zu durchbrechen, Weitblick zu gewinnen und sich mitten im Leben zu verorten? Bei dieser Frage setzt Meister Eckhart (1260–1328) mit seiner Lebenslehre der Gelassenheit an. Er rückt das aktive Loslassen ins Zentrum christlicher Spiritualität. »Wenn ich predige, so pflege ich zu sprechen von Abgeschiedenheit und dass der Mensch ledig werden soll seiner selbst und aller Dinge.« (Eckhart: Werke I, 565) Es geht darum, im Denken und Handeln, in Seele und Körper loszulassen, was so bedrängend fehlt. Eckhart verwendet das Bild einer beschriebenen Wachstafel, von der man zuerst das Alte löschen muss, um etwas Neues schreiben zu können. »Und die Tafel schickt sich mir nimmer so wohl zum Schreiben, wie wenn gar nichts auf der Tafel steht. Ganz ebenso muss, soll Gott auf das allerhöchste in mein Herz schreiben, alles aus dem Herzen herauskommen, was *dies* und *das* heißen kann.« (Eckhart: Werke II, 453) Dieses Loslassen, Auslöschen, Tilgen ist wahrlich nicht leicht, denn hier sind unsägliche Machtzugriffe am Werk. Immer wieder drängt sich das Bedrängende in den Blick, nimmt das Denken gefangen, macht sich im Körper breit. Hier hilft nur, das loszulassen, was zugreift, so paradox dies klingen mag. Wo anonyme Mächte auf das Leben zugreifen und ihm den Atem rauben, ist loslassen angesagt: sich aktiv der Dinge entledigen. Die Antwort auf erzwungene Armut liegt in einer bestimmten Form freiwilliger Armut.

Loslassen bedeutet, auf das zu verzichten, was fehlt – und sei es nur für einen Augenblick. Durch den Verzicht wird der Blick freigesetzt auf andere Lebensressourcen, die der Tunnelblick zuvor in den Schatten gedrängt hatte. Nur wenn der übermächtige Zugriff sich löst, können andere Mächte ins Spiel kommen. Oder aber es kommen andere Mächte so ins Spiel, dass sie den übermächtigen Zugriff lösen. Dieses Gehenlassen, Verzichten in einer Situation erzwungener Armut zu vollziehen – das, was verloren ging, selbst loszulassen – kann man aktiv versuchen. Hier setzt die Spiritualität der Armutsbewegung an. Aber zugleich kann man dieses Loslassen ja gerade nicht erzwingen. Man kann es versuchen, üben, nochmals versuchen. Aber niemand kann von sich selbst oder gar von Anderen Gelassenheit einfordern. Wenn sie sich einstellt, wenn Loslassen gelingt, so ist dies immer eine Gnade.

Wenn man einen geliebten Menschen an den Tod verliert, steht man in einer solchen Situation erzwungener Armut. Solange man nicht in einem Prozess intensiver Trauer den Verstorbenen verabschiedet und loslässt, greift der Tod des Geliebten mit Todesmacht auf einen selber zu. Das zeigt Maria Magdalena am Grab. Welch harte Mühe das Loslassen kosten kann, wissen alle, die einen geliebten Menschen verloren haben. Zugleich ist es die einzige Möglichkeit, die Übermacht des Todes zu brechen.

Bei sich selbst mit dem Loslassen anzufangen, ist Voraussetzung dafür, anderen Menschen in einer Situation erzwungener Armut beizustehen. Es verhindert Überheblichkeit denen gegenüber, die nicht aus eigener Kraft aus dem Teufelskreis heraus kommen – man hat ja selbst Mühen damit. Meister Eckhart spricht so häufig über Gelassenheit, nicht weil er leichtfüßig über sie verfügt, sondern weil sie ihm fehlt. Und weil er intensive spirituelle Übungen braucht, um loslassen zu können – das Ermüdende der beschwerlichen Reisen, die Überforderung seiner Verantwortung als Führungskraft der ersten Reihe, und besonders den Machtzugriff der Inquisition.

Meister Eckhart ist mit seiner Lehre der Gelassenheit berühmt geworden. Mechthild hat hierzu zwei Generationen zuvor etwas ins Spiel gebracht, das heute weniger bekannt ist: die »neue Gegenwärtigkeit«. Wenn ein Mensch im Tunnelblick gefangen ist, so lautet die spannende Frage, wie man hier loslassen und Gelassenheit gewinnen kann. Mechthild sieht einen Weg darin, *gegenwärtig* zu leben. Die Mystikerin sagt von der Berührung der Seele mit Gott, dass sie zu »besonderem Genuss der neuen Gegenwärtigkeit« (FLG 1,2) führt. Im Mittelhochdeutschen klingt das Wort noch anders, gewichtiger, vielleicht widerständiger, denn es heißt »gegenwúrtigkeit«. Wirklich in der Gegenwart leben, wahrnehmen, was alles da ist, was lebendig ist – das ist das Gegenteil des Tunnelblicks und zugleich eine Strategie, um aus dem Tunnelblick herauszukommen.

»Gegenwurtigkeit« zielt darauf, dass Menschen sich das Leben Hier und Jetzt nicht rauben lassen von dem, was in der Vergangenheit geschah; und dass ihre Gegenwart nicht von dem vergällt wird, was erst in Zukunft kommt und vielleicht gar nicht eintrifft. Die Anwesenheit dessen, was abwesend ist – das ist ein zentrales Thema der Mystik. Denn Menschen haben die Fähigkeit, sich Abwesendes ins Gedächtnis zu rufen und damit auch dem Präsenz zu verleihen, was gar nicht da ist. Was abwesend und weit weg ist, muss nicht fern sein, sondern es kann sehr nah kommen und bis ins Innerste hinein drängen. Die Lasten der Vergangenheit oder die Befürchtungen auf die Zukunft hin üben eine Macht aus, die manchmal unsäglich ist. Sie machen den Tunnelblick so bedrängend.

Gewalt ist eine Macht, die gnadenlos auf das Leben zugreift. Dies ist lebensbedrohlich, und zwar nicht nur im Moment der Gewaltausübung. Vielmehr bleibt dieser Zugriff auch zukünftig präsent. In der Vergangenheit erlittene Gewalt kann als Übermacht auftreten, die alles in den Griff zu bekommen droht, was das Leben gegenwärtig ausmacht. Noch nach Jahrzehnten können Menschen diesem Zugriff erliegen, das zeigt der sexuelle Missbrauch in besonderem Maß. Der Zugriff kommt an erwarteten, aber auch an völlig unerwarteten Stellen, packt zu und raubt Menschen Atem und Stimme. Angst bricht aus in einer Situation, die Anderen ganz alltäglich erscheint. In diesem Zugriff aus der Vergangenheit liegt die perfide Macht von Gewalt. Sie bleibt anwesend, obwohl sie längst abwesend ist.

Gewalt, die Menschen in der Vergangenheit erlitten haben; Krankheit, von der ich heute schon weiß, die aber morgen erst Schmerzen bereiten wird; der Tod, der noch nicht eingetroffen ist, mir aber jetzt schon das Leben vergällt; Erwerbslosigkeit, die als Möglichkeit wie ein Damoklesschwert über mir hängt und mich lähmt; Konflikte mit Menschen, die jetzt gar nicht anwesend sind – sie werden zu Mächten, die unberechenbar aus der Zukunft oder Vergangenheit zugreifen. Mystik will diese unsäglichen Machtzugriffe eindämmen. Sie will verhindern, dass erlittene Armut, Verletzung und Gewalt sich in weitere Lebensbereiche hinein fressen und nach und nach das ganze Leben in Beschlag nehmen. Aus dieser Herausforderung entwickelt die Mystik ihre Praktiken der Gegenwärtigkeit. Sie nimmt das Fehlende, den Verlust, den Schmerz ernst. Das zeigt sich bei Mechthild im Eröffnungsdialog, wo sie nachdrücklich beklagt, was ihr alles geraubt wurde: die Jugend, die Verwandten und Freunde, Besitz, Ehre und Ansehen. Es geht nicht darum, den Verlust zu verdrängen. Aber er darf nicht übermächtig werden. Aus diesem Grund richtet die Mystik ihre Aufmerksamkeit auf das, was im Schatten des Fehlenden steht und bisher nicht zu sehen war.

Ein Ort, wo diese Gegenwärtigkeit praktiziert wird, ist das Gebet. Hier wird das Fehlende benannt, aber auch das Vorhandene wertgeschätzt. Besonders eindrucksvoll ist das bei Mechthild, als sie im hohen Alter am Verlust ihrer Sinneskräfte leidet und deswegen gezielt auf das schaut, wofür sie dankbar sein kann.

»So spricht eine Bettlerin in ihrem Gebet zu Gott: Herr, ich danke dir, daß du mich nun, nachdem du mir durch deine Liebe allen irdischen Reichtum genommen hast, kleidest und speisest aus fremdem Besitz, denn alles, was nicht als Besitz voller Lust in meinem Herzen haftet, das muß mir alles fremd sein. Herr, ich danke dir, daß du mir nun, nachdem du mir die Kraft meiner Augen genommen hast, mit fremden Augen dienst. Herr, ich danke dir, daß du mir nun, nachdem du mir die Kraft meiner Hände genommen hast, mit fremden Händen dienst. Herr, ich danke dir, daß du mir nun, nachdem du mir die Kraft meines Herzens genommen hast, mit fremden Herzen dienst.« (FLG VII,64)

Die Mystikerin bejammert nicht das, was ihr nicht verfügbar ist, sondern zeigt Wertschätzung für das, was da ist und Leben schenkt. Im Alter, wenn die Kräfte schwinden, ist die Gefahr groß, dass man verbittert und mit dieser Bitternis auch diejenigen trifft, die pflegen, Krankenbesuche machen und Zuwendung schenken. Dieser Potenzierung von Armut wirkt der Dank entgegen. Er richtet den Blick auf das, was mitten im Verlust geschenkt wird. Dies ist auf andere Erfahrungen übertragbar. Wenn man mitten im Verlust Reichtum entdeckt, der dennoch vorhanden ist, fällt Licht in den Tunnel. Es treten Ressourcen hervor, die bisher ungenutzt waren, jetzt aber ins Spiel kommen können. Wenn das Gebet aus dem Tunnelblick befreit und neue Handlungsmöglichkeiten eröffnet, dann schenkt es die Kraft der Verwandlung. Die Armutsbewegung macht diese Erfahrung. Daher schreibt Mechthild:

»Das Gebet hat große Kraft, das ein Mensch verrichtet mit all seiner Macht: Es macht ein bitteres Herz süß, ein trauriges Herz froh, ein armes Herz reich, ein törichtes Herz weise, ein zaghaftes Herz kühn, ein schwaches Herz stark, ein blindes Herz sehend, eine kalte Seele brennend.« (FLG V,13; HK) In diesem Gebet geht es nicht darum, für andere Menschen etwas von Gott zu erbitten. Vielmehr steht die Wandlung der eigenen Person an, die im Glauben an die Auferstehung geschieht. Nicht nur die anderen, sondern auch man selbst hat Verwandlung nötig, damit die Bitternis des Herzens schwindet, die Trauer sich in Lebensfreude wandelt, die Törichten weise und die Zaghaften kühn werden – eine im Alltag verwurzelte Erfahrung der Auferstehung.

2.2.4 »Die Liebe gebietet mir« – eine streitbare Kultur des Teilens

Im Teufelskreis schränkt der Tunnelblick den Handlungsspielraum ein. Fällt aber Licht in den Tunnel, so eröffnen sich andere Aktivitäten. Eingespielte Verhaltensmuster werden durchbrochen, neues Verhalten wird möglich. Dies betrifft den Umgang mit Reichtum genauso wie mit Armut. Im gesellschaftlichen Normalfall gilt, dass Armut so bedrängend ist, dass sie nicht zu Wort kommt. Sie ist beschämend und wird verschwiegen. Nun aber stellt man fest, dass jeder Mensch Armut erfährt. Nicht alle in derselben Form und wahrlich nicht alle in derselben Intensität. Aber es gehört unausweichlich zu den menschlichen Erfahrungen, dass die Zerbrechlichkeit des Lebens zugreift und dass dringend benötigte Ressourcen fehlen.

Kranke heilen, Trauernde trösten, Hungernden Essen und Heimatlosen Obdach zu geben, das gehört zu den alltäglichen Aufgaben einer Begine. Die freiwillige mindert die erzwungene Armut, indem sie eigene Ressourcen teilt. Mechthild schreibt sogar: »In der Bedürftigkeit macht man von allen Dingen den richtigen Gebrauch; die gute Armut nämlich ist bedürftig, deshalb ist sie heilig, weil da der Überfluß keine Finsternis in die Seele bringen kann.« (FLG VI,4) Armut mit ihren vielen Gesichtern wahrzunehmen und ins Wort zu bringen, das gehört zur christlichen Kultur des Teilens. Auch die finanziell Reichen sagen, was ansonsten verschwiegen ist, nämlich wo ihre eigenen Erfahrungen von Not und Bedrängnis liegen. Reichtum kann arm machen. »Je reicher sie wird, desto ärmer ist sie.« (FLG I,22) Haben die finanziell Reichen diese Armut erkannt genauso wie die mögliche Pluralität der Reichtümer des Lebens, können sie ihre finanziellen Ressourcen leichter teilen. So sagt der Apostel und Mystiker Paulus, als er bei den Korinthern Spenden sammelt für Jerusalem: »Wie ihr aber an allem reich seid, an Glauben, Rede und Erkenntnis, an jedem Eifer und an der Liebe, die wir in euch begründet haben, so sollt ihr euch auch an diesem Liebeswerk mit reichlichen Spenden beteiligen.« (2 Kor 8,7) Wo Armut geteilt wird, können sich Reichtümer potenzieren. »Güter« verschiedenster Art kommen so in Umlauf: Zeit und Geld, Bildung und Handwerkskunst, Poesie und Musik, Glaube und Hoffnung. Und je mehr Güter in Umlauf kommen, desto mehr kann wachsen und sich gegenseitig potenzieren.

Indem die Kultur freiwilliger Armut vielfältige Reichtümer des Lebens unter die Leute bringt, stoppt sie die Spirale der Gewalt. Dies zeigt sich besonders gut bei Elisabeth von Thüringen, die für Mechthild ein großes Vorbild ist. In Marburg wendet sich die ehemalige Landgräfin den Kranken zu und schätzt sie nicht nach ihrem Geldbeutel ein, sondern erinnert sie an das, was sie über ihre Armut hinaus wert sind. Wer freiwillig arm ist, teilt nicht nur Geld, sondern auch andere Lebensressourcen: Zeit für jemanden haben, sich jemandem zuwenden und nach dem zu fragen, was dieses Leben wertvoll macht. Wer finanziell arm ist, muss nicht auch noch sozial ausgegrenzt werden. Daher werden diejenigen gezielt einbezogen, die von sozialer Ausgrenzung bedroht sind. Elisabeth entwickelt großes Talent, die verborgenen Reichtümer derer hervorzulocken, die als arm gelten. So ist es nur konsequent, dass nach ihrem Tod Kranke und Arme aller Art zu ihrem Grab strömen, sie verehren und zu einer Volksheiligen machen, die mit ihrer Kultur des Teilens bis heute bekannt und beliebt ist.[11]

Die große Leistung der Armutsbewegung liegt darin, dass sie mitten in einer Kultur des Hortens eine Kultur des Teilens etabliert. Teilen ist hier nicht nur ein individuelles, isoliertes Handeln, sondern eine gesellschaftlich wirksame Kraft, eine Kultur eben. An dieser Stelle ist ein kleiner Exkurs zum Thema Kultur aufschlussreich. Etymologisch ist »Kultur« eine Metapher aus dem Agrarbereich (vgl. Herkunftswörterbuch 1989, 398) und meint die Pflege des Landes, wo Getreide, Obst und Gemüse wachsen und wo Haus- und Nutztiere gedeihen. Bei diesem Landbau ist die Gestaltungskraft menschlicher Gemeinschaften gefragt. Wildnis wird gerodet, Samen werden gesammelt, gezüchtet, ausgesät. Was bisher auf den Feldern nicht zu finden war, das wird nun gezielt dort angesiedelt. Dieses kulturelle Wirken hat allerdings eine Kehrseite. Landbau funktioniert nur mit Ausschließungen. Nur wenige auserwählte Arten dürfen auf einem Feld wachsen oder in den Stallungen leben. Auf dem Getreidefeld duldet man kein Mutterkorn, denn es macht aus dem Lebensmittel Brot ein tödliches Gift. Im Hühnerstall toleriert man keinen Fuchs. Zum Aufbau einer Kultur gehört die gezielte Inklusion, aber zwangsläufig auch die konsequente Ausgrenzung. In diesem Wettstreit entstehen nahrhafte Lebensmittel, blühende Rosengärten, fruchtbare Weinberge.

Dass eine Kultur über Ausschließungen funktioniert, gilt auch für gesellschaftliche Kulturen wie die Armutsbewegung. Als diese eine Kultur des Teilens etabliert, hat sie es daher mit brisanten Ausschließungen zu tun. Bestimmtes Verhalten kann sie nicht tolerieren. Dies birgt ein Konfliktpotential, das sich allerorten bemerkbar macht. Mechthild von Magdeburg wird zeitweise von den Sakramenten ausgeschlossen, die Beginen haben Ärger mit den wirtschaftlich orientierten Zünften, Franziskus eckt nicht nur in seiner Heimatstadt an. Kulturen beziehen Standpunkt und sprechen sich dezidiert für etwas und gegen etwas aus. Wenn Mechthild gegen Hass und Gier, Hochmut und Eitelkeit wettert, so geht es darum, dieses Verhalten aus der Lebenskultur ihrer Gemeinschaft auszuschließen. Nur so entsteht ein Profil, das die Kultur der Armutsbewegung auszeichnet.

Aber diese Ausschließungen sind für diejenigen nicht akzeptabel, die dieses andere Verhalten praktizieren. Mechthild greift explizit Menschen an, die in der Öffentlichkeit für die Kultur des Hortens stehen. Beispielsweise repräsentiert das Magdeburger Domkapitel aus ihrer Sicht eine Kirche, die auf finanziellen Reichtum setzt und keine Option für die Armen kennt. Die Kultur des Teilens ist streitbar.

Aber auch ein gezieltes Einbeziehen, eine Inklusion dessen, was andernorts ausgeschlossen wird, ist für die Begründung einer neuen Kultur notwendig. Diese Inklusion bezieht sich auf die Armen aller Art. Und sie geschieht durch eine Aktivität, die im Mittelpunkt des Neuen Testaments steht: die Liebe. Gezielt wenden sich die Menschen denjenigen zu, die von Armutserfahrungen gebeutelt sind. In ihrer Spiritualität steht die Liebe im Mittelpunkt: die Liebe zu Gott, den Nächsten und sich selbst. Die Mystik begreift die Liebe als die wichtigste Ressource überhaupt. Aus dieser Ressource lebt die Armutsbewegung.

Mechthild schreibt: »Der Reichtum vergänglicher Dinge ist ein untreuer Gast, die heilige Armut fördert zu Gott eine kostbare Last.« (FLG IV,4) Dass der Reichtum an Dingen vergänglich und untreu ist, diese Erfahrung haben auch finanzkräftige Manager in der Finanzkrise des 21. Jh.s gemacht, als sie plötzlich und unerwartet ihr Geld verloren. Mechthild setzt der Vergänglichkeit des Geldes entgegen, dass allein die Liebe eine *unerschöpfliche* Lebensquelle darstellt. Wer aus diesem Reichtum lebt, kann zwar nicht auf alle, aber doch auf manche irdische Reichtümer verzichten. »O liebende Seele, dann wirst du so reich, daß dich niemand arm machen kann, und magst du auch die Allerärmste sein.« (FLG III,24) Wer Gott und die Mitmenschen lieben will, hängt sein Herz nicht an Geld, sondern setzt auf die Liebe, die zum Verzicht befähigt.

Die Liebe birgt aber auch Zumutungen und ist manchmal schwer erträglich. Sie erfordert Opfer. Nahrung zu teilen, die knapp ist, hat eigenen Hunger zur Folge. Franziskus muss sich überwinden, um den Aussätzigen küssen zu können. Ihren Höhepunkt findet das Gebot der Nächstenliebe in der Feindesliebe. Menschen zu lieben, die mir sympathisch sind, zu denen ich eine spontane Zuneigung habe und die diese Liebe auch erwidern, mag noch einfach sein. Aber die Liebe zu denjenigen, die keine solche Zuneigung hervorrufen, ist eine Herausforderung. Interessanter Weise kommt das Gebot der Feindesliebe im Lukas-Evangelium unmittelbar nach den Seligpreisungen der Armen. Dort heißt es: »Liebt eure Feinde; tut denen Gutes, die euch hassen.« (Lk 6,27) Hier wird ein ungewöhnliches Verhalten zum Grundgebot christlicher Nächstenliebe erhoben. Spontan würde man die Menschen, die nicht zur eigenen Gemeinschaft oder zum eigenen Leben gehören, ausschließen. Die Anderen könnten um Lebensressourcen konkurrieren, die man selbst braucht oder gerne zur Verfügung hätte. Sie werden fern gehalten wie der Fuchs vom Hühnerstall. In der christlichen Armutsbewegung geht es hingegen darum, diese Ausgeschlossenen einzubeziehen.

Aber wie ist die Liebe zu den Armen mit der Feindesliebe verbunden? Zunächst mag dies abstrus klingen. Aber auf den zweiten Blick zeigen sich durchaus Verbindungen. Die Armen sind die Marginalisierten einer Gesellschaft. Sie werden zu deren Sündenböcken gemacht, indem ihnen die Schuld für drohende wirtschaftliche Verschlechterungen zugeschoben wird. Dagegen heißt es im Lukasevangelium: »Dem, der dir den Mantel wegnimmt, lass auch das Hemd« (Lk, 6,29).[12] Zwischen Armen und Reichen besteht vielerorts eine Feindschaft. Man grenzt sich vehement gegeneinander ab, will nichts miteinander zu tun haben und zückt demonstrativ die Waffen. Diese Kluft zwischen Arm und Reich zu überwinden, ist Ziel jeder christlichen Armutsbewegung. Daher gehört die Feindesliebe wesentlich zu ihrer Kultur des Teilens. Denn die Liebe ist jener Schatz, der das Leben lebenswert macht. Sie geht durch Körper und Geist und beflügelt den Alltag.[13] Die Gegengabe der Liebe ist größer als die Opfer, die sie erfordert. Daher ist nicht das Geld, sondern die Liebe die Herrin des Lebens: »denn die Liebe gebietet mir; was sie will, das muss geschehen, und worauf Gott seine Hoffnung setzt, das will ich wagen.« (FLG III,3)

2.2.5 Unerhörte Gottesrede – die poetische Kraft der Armutsbewegung

Mechthild von Magdeburg kommt aus heutiger Sicht eine besondere Bedeutung zu, weil sie ein poetisch und theologisch hochwertiges Gottesbuch verfasst. Sie ist eine Mitbegründerin und Hauptzeugin jenes *theologischen* Diskurses, den die Armutsbewegung initiiert. Ihr Werk gibt jenen Menschen eine Stimme in der Theologie, die sich von der Armut ihrer Zeit bewegen lassen. Dies ist ein entscheidender Punkt, denn andernfalls bleibt die Armut verschwiegen. Armutsfragen führen bei Mechthild nicht nur zu einer sozial orientierten Armenfürsorge, sondern zu einem umfangreichen theologischen Werk. Sie provozieren neue Diskurse über Gott. Sie sind theologieproduktiv. Mechthilds Werk steht für eine Beunruhigung in Gottesfragen, die für ihre Zeit signifikant ist. Denn nicht nur Mechthild, sondern viele Menschen ihrer Zeit sind beunruhigt von der Frage, wo Spuren der Präsenz Gottes im Alltag der Menschen zu finden sind. Und wie kann diese Präsenz *so* ins Wort kommen, dass sie wirksam ist – dass sie mitten in Resignation und Verzweiflung den Glauben an die Auferstehung stärkt und neue Handlungsperspektiven eröffnet?

Die Beginen spüren alltäglich, dass ihre städtischen Erfahrungen und die vorhandene Gottesrede nicht zusammenpassen. Sie sind in dieser besonderen geschichtlichen Situation herausgefordert, anders von Gott zu sprechen. Mechthild stellt fest, dass die verfügbare Sprache für *das fließende Licht* zu grob, zu unbeweglich ist. Die Sprache versagt. »Nun gebricht mir mein Deutsch, Latein kann ich nicht« (FLG II,3), stellt sie lapidar fest. Andererseits drängen ihre Erfahrungen dazu, ins Wort zu kommen. Sie sagt sogar sehr deutlich: »dass ich es nicht zu verschweigen wagte« (FLG IV,2). Die Präsenz Gottes will zur Sprache kommen, benannt und diskutiert werden. Auf diesem Weg kann sie zu einer Macht werden, die dem persönlichen und gesellschaftlichen Leben neue Orientierung gibt.

In Armutsfragen ist dies besonders wichtig. Welche Rolle Gott hier spielt, ist eine heftige Streitfrage. Sind Menschen arm, weil Gott sie verworfen hat – oder steht Gott auf der Seite derer, die Armut und Gewalt erfahren? Das Neue Testament positioniert sich eindeutig, wenn es die Armen selig preist und im Magnificat den Hungernden ein reiches Beschenktwerden verheißt. Aber was das für die eigene Zeit bedeutet, das ist noch nirgendwo benannt und muss sich erst noch zeigen. Wo konkret setzt Gott Zeichen der Hoffnung, wo schenkt Gott die Kraft des Glaubens und bewirkt Taten der Liebe? Dies herauszufinden ist Aufgabe der sozialen Praktiken genauso wie der intellektuellen Debatten der Armutsbewegung.

Die Antwort auf die beunruhigende Frage der Mystik, wo Gott zu finden ist, ist nicht in den kostbaren Handschriften der Bibliotheken zu finden – auch wenn sie für das Vorantreiben des Diskurses wertvoll sind. Die Bücher sind unverzichtbar, aber nicht hinreichend. Es braucht die Verortung Gottes in den neuen Diskursen der neuen Zeit, die in einer neuen Sprache spricht. Daher erfordern Armutsfragen eine Erneuerung der Gottesrede. Wer sich mit dem Evangelium in der Hand bedrängenden Fragen der Armut stellt, steht neu vor der Frage, wie Gott hier ins Wort kommen kann.

Die neue städtische Kultur bringt neue Orte hervor, an denen Gottesfragen kontrovers diskutiert werden. Theologie steht neu zur Debatte. Worüber spricht sie, was sind ihre Themen – und worüber schweigt sie, was verschweigt sie und wofür fehlt ihr die Sprache? Aus den Klosterschulen heraus entwickeln sich Universitäten, die einen spezifischen wissenschaftlichen Gottesdiskurs führen. Für die Scholastik ist die intellektuelle Herausforderung schlechthin *»der Philosoph«*, Aristoteles, dessen Texte gerade erst über Vermittlung der arabischen Kultur Eingang in den christlich-theologischen Diskurs gefunden haben.[14] Die Theologien der Armutsbewegung jedoch, die heute zur Mystik gerechnet werden, diskutieren andere Fragen. Sie konstituieren sich in Abgrenzung zu Theologien, die Armutsfragen eher randständig behandeln. Daher beharren sie darauf, dass sich Fragen der Theologie nicht nur in abgeschirmten Klöstern oder privilegierten Universitäten, sondern auch in den Straßen und Gassen einer Stadt stellen. Umstrittene Gottesfragen sind in geistlichen und sozialen Bewegungen virulent, die sich andernorts entwickeln.

Mechthild tritt mitten in jenen Diskurs, der im Hochmittelalter um Theologie und Macht, Spiritualität und Politik, Gottesrede und Kirchenkritik geführt wird. Als Begine lebt sie ja gerade nicht in einem abgeschlossenen Ort wie dem Kloster oder der Universität, sondern mitten im quirligen, diskussionsfreudigen, sich mit vielen anderen Diskursen kreuzenden Ort, wo sich die Franziskaner und Dominikaner bereits niedergelassen haben, wo Geißlerzüge Konflikte hervorrufen, wo Menschen in der Pluralität seelsorglicher Angebote auswählen und wo pastorale Konkurrenz zu brisanten Machtfragen führt. Inwiefern macht die Liebe den Kern des Evangeliums aus? Kann die Kirche zugleich dem Reichtum frönen und Christus verkünden? Was bedeutet die Dreifaltigkeit, die keine Hierarchie kennt, für den Aufbau der Kirche? Eine Gottesrede ohne soziale Verortung läuft ins Leere.

Mechthild geht als Frau, die weder von einem Orden noch von einer einflussreichen Familie geschützt wird, ein hohes Risiko ein. Der Kirchenhistoriker Bernard McGinn nennt sie »die dreifach Ungeeignete« (McGinn 1999, 400): nicht männlich, nicht gelehrt, nicht einem Orden zugehörig. Die Begine ist sich über das Wagnis ihrer Wortmeldung völlig im Klaren. »Ich wurde vor diesem Buch gewarnt, und man brachte folgendes vor: Wenn man es nicht zurückhielte, könnte es ein Feuer verzehren.« (FLG II,26) Dass sie schreibt und was sie schreibt, ist »unerhört« – so sagen es auch ihre Beichtväter (FLG III,1).

Der mittelhochdeutsche Ausdruck *»ungehörte Ding«* ist genauso wie im heutigen Deutsch mehrdeutig. Es geht darum, dass etwas erstmals zu Gehör kommt und daher Staunen hervorruft. Dieses Nicht-Gehörte hat sich noch nicht etabliert, seine Wahrheit steht noch zur Debatte und es hat etwas Dreistes, es zu äußern. Wie kommt diese Begine, die kein Theologiestudium vorzuweisen hat, dazu, ein Gottesbuch zu schreiben? Das ist unerhört. Also schenkt man ihm keinen Glauben. Diese Gefahr besteht immer bei einer Gottesrede, die Verschwiegenes zum Thema macht. Das Unerhörte ist un-erhört, weil es unerhört ist: dreist, riskant, empörend.

Mechthild kommentiert dieses Unerhörte: »Nun fürchte ich Gott, wenn ich schweige, und fürchte andererseits unverständige Menschen, wenn ich schreibe.« (FLG III,1) Wahrscheinlich wird die Begine zeitweise von den Sakramenten ausgeschlossen und vor das Magdeburger Domgericht gestellt. »Die rechtschaffene Menschen zu sein scheinen, werfen von hinten Steine nach mir. Dann laufen sie weg und wollen nicht, daß ich die geringste Ahnung davon habe, daß es mir von ihnen angetan wurde. Gott hat es dennoch gesehen.« (FLG II,24) Aber sie hat auch einflussreiche Verteidiger und wird nicht verurteilt, sondern kann ihren Lebensabend später friedlich im Kloster Helfta verbringen.

Trotz des hohen Risikos, das sie sehenden Auges eingeht, will die Begine den Gottesfragen ihrer Zeit nicht ausweichen. Ihre Arbeit mit den Armen treibt sie unweigerlich in theologische Fragen hinein. Denn in der Armutsbewegung macht sie Erfahrungen, die zur Sprache kommen müssen, wenn die Kirche zukunftsfähig bleiben soll. Dabei wird ihr Gottesbuch auch deswegen als unerhört empfunden, weil es einen neuen Ton anschlägt. Es spricht anders von Gott: nicht in der diskursiven Sprache der Wissenschaft, die theologische Fragen »traktiert«. Als pastoral orientierte Theologin ist es ihr ein Anliegen, das Evangelium als Frohe Botschaft der Gottes- und Nächstenliebe zur Sprache zu bringen, und zwar in den alltäglichen Nöten ihrer eigenen Zeit. Dem wissenschaftlichen Diskurs fehlt zunächst die Sprache, um solche Fragen anzugehen. Er ist mit anderen Themen befasst.

Der neue Ton, den »Das fließende Licht der Gottheit« anschlägt, entsteht in der Erotik ihrer Gottesrede. »Wird ein Mensch zu einer Stund von wahrer Liebe gänzlich wund, so wird er nie mehr recht gesund – er küsse denn denselben Mund, der seine Seele machte wund.« (FLG II,15) Mechthild verwendet den überaus erotischen Minnesang ihrer Zeit sowie das Hohelied des Alten Testamentes, um ihre überwältigenden Gotteserfahrungen zur

Sprache zu bringen. Auch Bernhard von Clairvaux hatte in seinen berühmten »Sermones super Cantica Canticorum« über das Hohelied geschrieben. Seine Sprache über diesen erotischen Text ist jedoch eher hölzern. Bei Mechthild ist das anders. Um Gott zu beschreiben, jenes fließende Licht, das die Dunkelheiten des Lebens erhellt, verwendet sie erotische Metaphern.

»Du bist eine Lust für meine Gottheit, ein Trost für meine Menschennatur, ein Bach für meine Glut!« (FLG 1,19) Dieser Text richtet sich nicht an die Hochgestellten, sondern an die Erniedrigten, Marginalisierten, Armen. Andernorts werden sie mit Schmähungen bedacht und von den gesellschaftlich bestimmenden Orten fern gehalten. Hier aber stehen sie im Zentrum des Interesses. Wenn die »Frau Minne«, die Stimme Gottes, in Mechthilds Werk auftritt, so spricht sie die Seele mit »Frau Königin« an. Hoch gestellt sind vor Gott die Erniedrigten.

2.3 Unsäglichen Machtzugriffen widerstehen: »Gott allein genügt«

Franziskus und Mechthild, Eckhart, Elisabeth und viele andere Bekannte und Unbekannte machen die Armutsbewegung zu einem Zeichen ihrer Zeit. Ihre Auseinandersetzungen, Konflikte, Debatten und Aktionen sind signifikant für das, was im Hochmittelalter geschieht. Denn sie verändern ihre Zeit so gravierend, dass sie die Weichen in die Zukunft neu ausrichten. Die Armutsbewegung stellt Fragen nach Gott und Geld, Armut und geistlichem Leben, Widerstand und Spiritualität, die für die Zukunft relevant sind. Wenn Kirche und Gesellschaft heute zukunftsfähig bleiben oder werden wollen, ist es empfehlenswert, in besonderer Weise auf diese Zeichen zu achten. Zeichen der Zeit bergen Zukunftspotential.

Dabei zeichnet sich die Mystik der Armutsbewegung dadurch aus, dass sie soziale Fragen und Spiritualität, Pastoral und Theologie innerlich miteinander verbindet. In sozialen Fragen greift sie auf theologische Ressourcen zurück – und beharrt umgekehrt auf der Bedeutung sozialer Fragen für die Theologie. Sie sorgt dafür, dass theologische Debatten sich nicht um Armutsfragen herum drücken. Ihre Gottesrede lässt sich daher nicht auf das Stichwort »Innerlichkeit« reduzieren, wie dies mancherorts heute noch in Bezug auf die Mystik geschieht. Vielmehr ist sie mitten in den Anliegen ihrer Zeit verwurzelt und hat etwas Innovatives, Waches, Widerständiges.

In den neunziger Jahren des 20. Jh.s war es das Anliegen von Dorothee Sölle, die Verbindung zwischen Mystik und Widerstand herauszuarbeiten (vgl. Sölle 1997). Mit Armutsfragen im Focus lässt sich dieses Verhältnis aus einer spezifischen Perspektive neu bestimmen. Hier ist es offensichtlich, dass der Mystik eine eigene Widerständigkeit innewohnt. Sie will Menschen dazu befähigen, die existentielle Herausforderung zu bestehen, die in der Bedrängnis unfreiwilliger Armut liegt. Ob es um eine Krankheit geht, um finanziellen Mangel oder den Abbruch einer Liebesbeziehung – Armut kommt mit einer Bedrängnis einher, der Menschen nicht ohne weiteres gewachsen sind. Sie stellt eine spirituelle Herausforderung dar.

In der Mystik der Armutsbewegung geht es darum, aus dem Schatten jener unsäglichen Machtzugriffe herauszutreten, die die Armut mit sich bringt. Machtfragen spielen daher eine wesentliche Rolle in der Mystik. Dies kommt nicht zunächst aus politischem Interesse, sondern schlichtweg, weil man mit unsäglichen Machtzugriffen konfrontiert wird, sobald man die Welt der Armut betritt. Die Not von Hunger und Durst ist ein unsäglicher Machtzugriff, der Menschen ohnmächtig macht und bis in den Tod treiben kann. Auch Krankheiten und schlichtweg das Alter rauben Lebenspotentiale, was als sehr bedrängend erfahren werden kann. Angesichts des drohenden Todes alltäglich intensiv zu leben, das ist eine Fähigkeit, die die mystische Tradition auszeichnet.

Aus dieser Kraft einer mystischen Lebenshaltung entsteht einer der faszinierendsten Aspekte der Armutsbewegung. Die strahlende Lebensfreude des Franziskus und die leidenschaftlich erotische Gottespoesie Mechthilds repräsentieren das lebendige

Herzstück einer ganzen Bewegung. Diese Menschen werden mit Armut grausamster Art konfrontiert in Krankheit und Elend, in unvorstellbaren hygienischen Zuständen, mit bitterstem Hunger und bohrendem Schmerz. Wenn Mechthild schreibt, dass das Fleisch vom Körper »verfallet«, so ist das eine realistische Beschreibung dessen, was sich den Beginen alltäglich zeigt. Ausgerechnet hierhin gehen die Beginen, und zwar nicht mit Jammern, sondern mit schwungvoller, tatkräftiger Begeisterung. Sie stecken sich nicht gegenseitig an mit Resignation und Verzweiflung, sondern fragen nach der Hoffnung Gottes, die es gerade hier zu wagen gilt. Diese Hoffnung Gottes, die aus dem Glauben an die Auferstehung wächst, gibt im Leben den Ton an. »Sangmeisterin ist die Hoffnung, sie erfüllt mit heiliger demütiger Andacht, dass des Herzens Ohnmacht im Sange vor Gott gar wunderschön klingt, dass Gott die Noten minnt, die tief im Herzen singen.« (FLG VII,36)

Allein die freiwillige Konfrontation mit der Armut ist eine Zumutung. Verschärfend kommt hinzu, dass diejenigen, die eine klare Option für die Armen treffen und sich entschieden auf ihre Seite stellen, kirchlich und politisch ein hohes Risiko eingehen. Sie werden selbst bedrängt, wenn beispielsweise Mechthild vor das Domkapitel gestellt wird oder wenn Eckhart es mit der Inquisition zu tun bekommt. Hier gegenwärtig zu leben, sich nicht vom Zugriff drohender Gewalt die Standfestigkeit rauben zu lassen, das ist eine eigene Leistung.

Wie aber erlangen die Mystikerinnen und Mystiker ihre Kraft zum Widerstand? Einige Jahrhunderte später bringt dies eine Theologin in wenigen Worten auf den Punkt. Es ist Teresa von Avila (1515–1582), die sich mit unsäglichen Machtzugriffen ebenfalls gut auskennt. Ihr Großvater war vom Judentum zum Christentum konvertiert, was die Familie unter die Hermeneutik der Verdächtigung stellte. Schon bald, nachdem sie ihren eigenen spirituellen Weg gefunden hat und öffentlich hierfür einsteht, gerät sie ins Visier der Inquisition. Ihre Lebensbeschreibung »Vida« wird zunächst beschlagnahmt. Dass sie als Frau die Reform ihres Ordens tatkräftig angeht und dass bei ihr auch diejenigen willkommen sind, die nicht von Geburt, sondern durch Berufung zum christlichen Glauben kommen, verstärkt den Verdacht gegen sie.

Diese Frau, in unsäglichen Machtzugriffen bewandert, schreibt ihr »Nada te turbe«: »Nichts soll dich ängstigen, nichts dich erschrecken. Alles geht vorüber. Gott allein bleibt derselbe. Alles erreicht der Geduldige, und wer Gott hat, der hat alles – Gott allein genügt.« Vor dem Hintergrund der Inquisition gelesen, zeigt dieses Wort seine überwältigende Stärke. Gott allein genügt. Wer hieran glaubt, kann in aller Angst und allem Zweifel standfest sein und den schmerzlichen Widrigkeiten des Lebens widerstehen. Die Mystik eröffnet einen Widerstand, der nicht bitter macht, sondern frei.

Anmerkungen

1 Der Begriff »Zeichen der Zeit« wird hier im Sinne von Papst Johannes XXIII. und dem 2. Vatikanum (GS 11) gebraucht: Es sind Zeichen, die für eine Epoche markant sind und die auf eine verborgene, aber wirksame Gegenwart Gottes in der profanen Welt hinweisen. Zeichen der Zeit sind Zeichen der Hoffnung, da sie zukunftsweisendes Handlungspotential freilegen (vgl. Keul 2012a).

2 Welchen Einfluss die sozialen Unruhen in italienischen Städten und die Veränderungen der Geldwirtschaft auf Franziskus nehmen, beschreibt der französische Historiker Jacques Le Goff in seiner sehr lesenswerten Franziskus-Biografie (Le Goff 2007).

3 Zit. nach Sartory 1999, 56.

4 Der französische Historiker Georges Duby sagt sogar, dass sich die damalige Gesellschaft »aufmerksamer denn je darum bemühte, die Armen an den Grenzen der Dürftigkeit zu halten.« (Duby 1997, 166)

5 Zit nach Le Goff 2007, 81.

6 Franziskus von Assisi: Der Sonnengesang. Aus dem Italienischen von Hans Leifhelm. In: Wüstner 2006, 53–55.

7 Nicht nur in Deutschland, sondern auch in Frankreich gibt es seit einigen Jahren eine unerbittlichen Auseinandersetzung um die Wiederansiedlung der Wölfe, besonders in den Pyrenäen; vgl. hierzu den Artikel »Räuber und Gendarm« in der Süddeutschen Zeitung (Nr. 165, 19. Juli 2013, 3).

8 Vgl. Kindlers Neues Literaturlexikon Bd. 11, 1988, 420; sowie Mechthild von Magdeburg 2010.

[9] Mehr hierzu vgl. Keul 2007.

[10] Das Duden-Herkunftswörterbuch besagt, dass das Wort »arm« zunächst die Bedeutung von »verwaist, vereinsamt, bemitleidenswert, unglücklich« hat. Es beschreibt also menschliche Not und Bedrängnis, die ganz verschiedene Gründe haben kann. Erst später erfolgt die Einschränkung von *arm* auf *finanziell arm*, besitzlos. »Im Sinne von ›besitzlos‹ wurde ›arm‹ im Westgermanischen Gegenwort zu ›reich‹.« (Herkunftswörterbuch 1989, 44/2.) – Das Mittelhochdeutsche Wörterbuch von Matthias Lexer besagt ebenfalls, dass »arm« bedeutet: *»arm, besitzlos, dürftig* mit gen (*gotes arm* von gott verlassen; sehr arm); ärmlich, armselig, elend; von geringem stande, leibeigen.« (Lexer 1992, 7/3). Im Blick auf Mechthild ist hier die Konnotation von arm und leibeigen, d. h. sozial marginalisiert, interessant.

[11] Die Sorge für die Kranken empfiehlt Mechthild insbesondere den Führungskräften, denn sie sind durch ihre Machtausübung in der Gefahr, sich über andere Menschen zu erheben. Macht, die die Amtsgewalt verleiht, »gibt Anlass zu großer Besorgnis«. Um der Gefahr zu begegnen, empfiehlt Mechthild: »Du sollst jeden Tag in das Krankenhaus gehen und die Kranken mit dem Trost der Worte Gottes salben und sie freundlich mit irdischen Gaben erquicken, denn Gottes Reichtum steht über allen Kosten. Du sollst stets bei den Kranken saubermachen und sollst, vereint in Gott, herzlich mit ihnen lachen. Ihre Notdurft sollst du selbst wegtragen und sie voller Anteilnahme und Freundlichkeit fragen, welcher Art ihre verborgene Krankheit sei, und ihnen dann getreulich zur Seite stehen.« (FLG VI,1) Die Kranken brauchen Heilkräuter. Sie brauchen aber auch das herzliche Lachen, das den Tunnelblick öffnet, den Trost des Gotteswortes, das die Seele stärkt, und die seelsorgliche Kompetenz, die behutsam nach dem Verschwiegenen fragt. So werden die Machtwirkungen der Armut durchbrochen.

[12] Dies ist äußerst provozierend im Blick auf das heutige Europa. Hierher fliehen Menschen aus purer Not, weil sie im Heimatland keine Lebenschancen haben – und werden auf Lampedusa oder und an anderen Orten der Welt abgefangen und weggesperrt.

[13] Auch die Gottesliebe geht durch alle Sinne. »Die Liebe strömt durch die Sinne und stürmt mit allen Kräften auf die Seele ein. Solang die Liebe in der Seele wächst, steigt diese voll Verlangen auf zu Gott und strömt, sich öffnend, dem Wunder entgegen, das auf sie zukommt. Schmelzend sucht sie sich einen Weg durch die Seele in die Sinne; so kann der Leib auch sein Teil erhalten« (FLG V,4).

[14] Vgl. hierzu die Einführung von Marie-Dominique Chenu zum Werk des Thomas von Aquin (Chenu 1982).

3. Teil: »Besonders die Armen und Bedrängten aller Art« – der Meilenstein des 2. Vatikanischen Konzils

Armut bleibt auch in den Jahrhunderten nach dem Hochmittelalter ein zentrales Thema. Im 19. Jahrhundert erlangt es besondere Virulenz in den sozialen Bewegungen, die auf die Umbrüche der Industrialisierung antworten. Im Katholizismus steht der Handwerker, Priester und Publizist Adolph Kolping exemplarisch für die vielen Menschen, die hier aktiv werden und persönlich viel riskieren. Der himmelschreienden Not vieler Arbeiterinnen und Alleinerziehenden, Arbeitsmigrantinnen und Elendsprostituierten folgend, gründen Frauen damals zahlreiche neue Ordensgemeinschaften, die sich der freiwilligen Armut verpflichten. »Eines der erstaunlichsten Phänomene des 19. Jh.s [...] war der Zulauf, den die religiösen Gemeinschaften, v.a. die Frauenkongregationen, erfuhren. [...] Die sozialen Nöte und die ungelöste Armutsfrage im Zeitalter der Industrialisierung wurde immer drängender, und sie traf zusammen mit einem wachsenden Selbstbewusstsein vieler tief religiöser Frauen und Männer, die diesen Nöten entgegen treten wollten.« (Leimgruber 2011, 73f) Sie rufen Kommunitäten ins Leben, die die Marginalisierung von Frauen wahrnehmen und im Namen des Evangeliums auf Veränderungen hinwirken. Auch Querdenkerinnen wie die Schriftstellerin Bettina von Arnim (1785–1859), katholisch sozialisiert und evangelisch verheiratet, eine Grenzgängerin der Konfessionen, engagieren sich poetisch wie politisch in sozialen Fragen.

In der ersten Hälfte des 20. Jahrhunderts bringen Kriege, Menschenrechtsverbrechen und Völkermord in unglaublicher Weise Verelendung und Tod über unzählige Menschen. Nach dem 2. Weltkrieg steht der Wiederaufbau verbrannter Städte, verwundeter Landschaften und zerstörter Kulturen an. Aber die Machtwirkungen der Kolonialisierung, die Abhängigkeit marginalisierter Länder des Südens sowie Kalte Kriege zwischen Ost und West lassen die Schere zwischen Arm und Reich erneut auseinander klaffen. Die Globalisierung der Wirtschaft macht die Welt zur »global village«, in der die Lebensräume und Lebensressourcen aufs äußerste ungerecht verteilt sind.

In den sechziger Jahren weckt die Befreiungstheologie öffentliche Aufmerksamkeit für die Bedrohung von Menschen an so vielen Orten, vor allem in den explodierenden Mega-Slums der Welt. Sich mit dem Evangelium in der Hand aktuellen Armutsfragen zu stellen, wird in der katholischen Kirche öffentlich zur Debatte gestellt. Papst Johannes XXIII. spricht in seiner berühmten Rundfunkansprache vier Wochen vor der Eröffnung des 2. Vatikanischen Konzils, am 11. September 1962 von einer »Kirche aller und besonders der Armen«[1]. Damit setzt er ein Leitwort, das den Debatten und Entscheidungen des Konzils eine neue Richtung weist. Die Vorbereitungskommissionen des Vatikans hatten für das Konzil 70 Beschlussvorschläge erarbeitet, die dem Konzil als Vorlage zur Verabschiedung dienen sollten. »Die ›Kirche der Armen‹ war kein Thema, auf das irgendeiner der Entwürfe, fast ausschließlich von Theologen der ›Ersten Welt‹ verfaßt, auch nur angespielt hätte.« (Hebblethwaite 1986, 535) Kardinal Lercaro aber greift das Leitwort des Papstes am Ende der ersten Konzilssession auf und verleiht ihm Gewicht in den weiteren Debatten. Das »Belgische Kolleg« wird zum Treffpunkt jener Bischöfe, die Armutsfragen für vordringlich halten. Sie wirken auf eine Positionierung der katholischen Kirche hin, die sich an der Bibel orientiert und die in der Gegenwart klare Worte spricht.

Papst Paul VI. wünschte sich dann einen Bericht über die Armut in der Welt, um die Situation besser einschätzen zu können. In der dritten Sitzungsperiode verfassten die Vertreter einer »Kirche der Armen« diesen Bericht und übergaben ihn dem Papst, unterzeichnet von 500 Konzilsvätern – das sind immerhin 20 %. Dabei thematisierten sie auch, welche Anforderungen die christliche Armut an die Bischöfe selbst richtet, die mit ihrer

Kleidung und ihren Ehrentiteln, ihrem Lebens- und Führungsstil dem evangelischen Rat zu entsprechen haben. Diese Initiative zeitigte eine wichtige Nebenwirkung im sogenannten »Katakombenpakt«, den einige Bischöfe kurz vor dem Abschluss des Konzils im November 1965 abschlossen. 40 Konzilsväter trafen sich in den Domitilla-Katakomben und verpflichteten sich als Erstunterzeichner zu einem einfachen Lebensstil. Dabei griffen sie das Leitwort von Papst Johannes XXIII. von der »Kirche der Armen« auf. Ein Initiator war der italienische Bischof Luigi Bettazzi, der sich im Kontext der 50-Jahr-Feiern des Konzils nochmals entschieden für dessen Belange einsetzte (vgl. Bettazzi 2012).

Drei Jahre nach dem Armutsbericht setzt das Konzil dann tatsächlich einen weithin sichtbaren Meilenstein. Die berühmte Eröffnung von »Gaudium et spes« stellt fest: »Freude und Hoffnung, Trauer und Angst der Menschen von heute, besonders der Armen und Bedrängten aller Art, sind auch Freude und Hoffnung, Trauer und Angst der Jünger Christi. Und es gibt nichts wahrhaft Menschliches, das nicht in ihrem Herzen seinen Widerhall fände.« (GS 1)

Das ist ein großartiger Satz, vor dessen prägnanter Formulierung man nur den Hut ziehen kann. Er steht programmatisch zu Beginn der Pastoralkonstitution »Kirche in der Welt von heute«. Damit hat er sowohl pastorale Bedeutung als auch dogmatischen Rang. Nirgendwo sonst im Verlauf der Dogmengeschichte spricht die katholische Kirche dies so klar und mit so großem lehramtlichen Gewicht aus: es gehört unverzichtbar zur christlichen Berufung, sich von Armut bewegen zu lassen. Nur so ist der Glaube an die Auferstehung zu realisieren. Die Jüngerinnen und Jünger Christi sind mit den Menschen von heute, besonders mit den Armen und Bedrängten aller Art, aufs innigste verbunden. Sie können nicht wegschauen, wenn Menschen Armut erfahren und in Bedrängnis geraten. Vielmehr sind sie herausgefordert, ihre Aufmerksamkeit gezielt dorthin zu richten – auf die Freude über das, was im Leben geschenkt wird und gelingt; auf die Hoffnung, auf die Menschen in Armutserfahrungen setzen; auf ihre Trauer um geraubtes Leben; sowie auf ihre Angst vor den schmerzlichen Brüchen, mit denen Armut ihr Leben bedroht.

Erst nach einem zähen Ringen der Kirche um die Menschenrechte ist das Konzil in der Lage, diesen Schlüsselsatz zu formulieren. Er folgt der Argumentationslinie von Papst Johannes XXIII., dass das Konzil sich nicht nur »ad intra« mit innerkirchlichen oder innertheologischen Fragen zu befassen hat.[2] Vielmehr geht es darum, was das Evangelium in der Welt von heute zu sagen hat und mit welchen Themen und Positionierungen es mit den Menschen von heute ins Gespräch kommen will: Kirche »ad extra«. Der programmatische Satz der Pastoralkonstitution vollzieht eine dogmatische Vergegenwärtigung der biblischen Option für die Armen. Sein Leuchtfeuer setzt einen Meilenstein, der in den Herausforderungen des 21. Jahrhunderts neue Wege weist. Hinter diesen Satz kann die Kirche nicht mehr zurück, auch wenn er sie in Situationen bringt, denen sie vielleicht lieber ausweichen würde.

Das Konzil drückt die innere Verbundenheit der Jüngerinnen und Jünger Jesu mit allen Menschen in dem schlichten Wort »sind« aus. Aber wo genau »sind« Freude und Hoffnung, Trauer und Angst der Menschen von heute wirklich Freude und Hoffnung, Trauer und Angst der Kirche? Die Antwort des Konzils lautet: in ihrer göttlichen Berufung. Von dieser Berufung kann man abweichen, man kann sie verfehlen oder verraten. Aber in der göttlichen Berufung ist diese Verbindung tatsächlich gegeben. Eine appellative Formulierung wie »sollen sein« würde den Kern der Aussage verfehlen. Denn diese Verbundenheit, die nochmals als »wirklich engstens« betont wird, ist christologisch begründet.

»Tatsächlich klärt sich nur im Geheimnis des fleischgewordenen Wortes das Geheimnis des Menschen wahrhaft auf. [...] Denn er, der Sohn Gottes, hat sich in seiner Fleischschwerdung gewissermaßen mit jedem Menschen vereinigt.« (GS 22) Weil Gott sich in Christus dem verletzlichen Leben als Mensch ausgesetzt und so mit jedem Menschen vereinigt hat, ist auch das

Volk Gottes mit allen Menschen verbunden. Christus folgend, liegt die höchste Berufung in der Menschschwerdung im Fleisch, und das heißt: in den verwundbaren Realitäten der eigenen Zeit. Die göttliche Berufung ist nichts Außerirdisches, sondern eine inkarnatorische, »im Fleisch« verortete Größe. Sie ist eine Berufung zur Menschwerdung mitten in Armut und Bedrängnis. Sie erfordert die Hingabe in der Verantwortung für die Gestaltung der Welt und vollzieht sich in sozialen Verortungen, politischen Herausforderungen und kulturellen Diskursen.

Im Duktus dieser inkarnatorischen Argumentation sagt das Dekret über die Missionstätigkeit der Kirche im Anschluss an den Korintherbrief (2 Kor 8,9): »So hat der Sohn Gottes die Wege wirklicher Fleischwerdung beschritten, um die Menschen der göttlichen Natur teilhaft zu machen; unseretwegen ist er arm geworden, da er doch reich war, damit wir durch seine Armut reich würden.« (AG 3) Das Stichwort »wirkliche Fleischwerdung« spricht die Verwundbarkeit des Menschseins an. Menschen werden von Armutserfahrungen gebeutelt und verletzt. Wegen dieser erzwungenen Armut stellt sich Gott freiwillig der Verwundbarkeit menschlichen Lebens und liefert sich bis in den Tod der Erfahrung aus, beraubt zu werden. Das Lukas-Evangelium bringt dies in einer eindrucksvollen Metapher zum Ausdruck, als Jesus von sich selbst sagt: »Die Füchse haben ihre Höhlen und die Vögel ihre Nester; der Menschensohn aber hat keinen Ort, wo er sein Haupt hinlegen kann.« (Lk 9,58)

Gott gibt in Jesus Christus ein Sacrifice, das Leben eröffnet. Die freiwillige Armut Gottes soll die Menschen ja nicht weiter in die Spirale der Gewalt hineinziehen, sondern den Reichtum des göttlichen Lebens eröffnen. Hierzu aber braucht es die Verbindung von Inkarnation und Auferstehung, von Verwundbarkeit und Erlösung. Folgerichtig sagt das Konzil weiter, dass Jesus Christus »ein für allemal durch seinen Tod und seine Auferstehung in sich selbst die Geheimnisse unseres Heils und der Erneuerung von allem vollzogen« hat (AG 5).

Leider beschreibt das Konzil den Zusammenhang von Armut und Auferstehung nicht genauer. Aber immerhin zeigt es die Richtung auf, in die hier zu gehen ist. Weil Gott in aller Konsequenz – außer der Sünde – Mensch geworden ist und weil Jesus Christus auferstanden ist, können Christinnen und Christen ihr Leben aus der Kraft der Auferstehung gestalten. Sie sind sogar dazu berufen, diese Kraft in ihre konkreten Lebenskontexte einzubringen.

Was dies bedeutet, zeigt das Glaubensbekenntnis, das das Konzil in seiner Pastoralkonstitution ablegt. Bereits seit dem Konzil von Nizäa gehört die Formulierung eines Glaubensbekenntnisses zu den klassischen Aufgaben eines Konzils. Dabei geht es darum, den tradierten christlichen Glauben »Jesus ist Christus« (vgl. Apg. 9,22) in den Herausforderungen der Gegenwart zu verorten. Glaubensbekenntnisse sind zum einen nach innen für die eigene Religionsgemeinschaft relevant. Sie dienen dazu, die Kernthemen der eigenen Gemeinschaft zu formulieren, die Gläubigen auf diese Positionierung auszurichten und sie auf jene Praktiken zu verpflichten, die aus dieser Positionierung folgen. Zum anderen richtet sich ein Credo nach außen an andere Menschen und Gruppen. Es zeigt jenes Profil, das den Charakter der Gemeinschaft ausdrückt und damit Kommunikation und Kooperation mit Anderen ermöglicht. Es steht an der Schwelle von innen und außen und ermöglicht Grenzüberschreitungen.

Das 2. Vatikanische Konzil legt sein großes Glaubensbekenntnis im Anschluss an seine Option für alle Menschen, besonders die Armen und Bedrängten, ab. Das ist signifikant. »Als Zeuge und Künder des Glaubens des gesamten in Christus geeinten Volkes Gottes« drückt das Konzil seine »Verbundenheit, Achtung und Liebe gegenüber der ganzen Menschenfamilie« aus und bekundet seinen entschiedenen Willen, in einen Dialog über die Probleme der Gegenwart einzutreten. Denn:

> »Es geht um die Rettung der menschlichen Person, es geht um den rechten Aufbau der menschlichen Gesellschaft. Der Mensch also, der eine und ganze Mensch, mit Leib und Seele, Herz und Gewissen, Vernunft und Willen steht im Mittelpunkt unserer Ausführungen.

Die Heilige Synode bekennt darum die hohe Berufung des Menschen, sie erklärt, daß etwas wie ein göttlicher Same in ihn eingesenkt ist, und bietet der Menschheit die aufrichtige Mitarbeit der Kirche an zur Errichtung jener geschwisterlichen Gemeinschaft aller, die dieser Berufung entspricht.« (GS 3)

Es ist der Kirche nicht ins Belieben gestellt, die Anliegen der Armen und Bedrängten aller Art wahrzunehmen und die kirchliche Praxis an ihrer Freude und Hoffnung, Trauer und Angst auszurichten. Dies gehört vielmehr zu den Kernaufgaben des Gottesvolkes. Pastoral und Dogmatik gehören zusammen und begründen sich wechselseitig. Daher ist es dem Konzil wichtig, die pastorale Option für die Armen und die Christologie innerlich miteinander zu verbinden. Auch hier erfolgt eine christologische Begründung. »Dabei bestimmt die Kirche kein irdischer Machtwille, sondern nur dies eine: unter Führung des Geistes, des Trösters, das Werk Christi selbst weiterzuführen, der in die Welt kam, um der Wahrheit Zeugnis zu geben; zu retten, nicht zu richten; zu dienen, nicht sich bedienen zu lassen.« (GS 3)

Indem das Credo des Konzils »den einen und ganzen Menschen« in den Mittelpunkt rückt, öffnet es eine Verbindung zu allen Menschen, die konkret realisiert werden will. Die Grenzen der Kirche können von beiden Seiten her überschritten werden. Denn die göttliche Berufung, Mensch zu werden, human zu handeln und sich von Armut bewegen zu lassen, gilt allen Menschen. Diese Positionierung eröffnet der Kirche die Kooperation mit all jenen Menschen, die sich für die Humanisierung inhumaner Zustände einsetzen. Damit die Kirche dieses Angebot einlösen kann, zur Rettung der menschlichen Person und zum rechten Aufbau einer humanen Gesellschaft beizutragen, rücken diejenigen in den Fokus, die von Armutserfahrungen bedrängt werden. Ihnen gilt die besondere Aufmerksamkeit und Solidarität der Jüngerinnen und Jünger Christi.

Wie dies geschehen kann, benennt das Konzil anschließend, indem es »die Zeichen der Zeit« zum Schlüsselbegriff heutiger Pastoral macht. »Zur Erfüllung dieser Aufgabe obliegt der Kirche durch alle Zeit die Pflicht, die Zeichen der Zeit zu erforschen und im Licht des Evangeliums auszulegen, so dass sie in einer der jeweiligen Generation angemessenen Weise auf die beständigen Fragen der Menschen nach dem Sinn des gegenwärtigen und des zukünftigen Lebens und nach ihrem gegenseitigen Verhältnis antworten kann. Es ist deshalb nötig, dass die Welt, in der wir leben, sowie ihre Erwartungen, Bestrebungen und ihr oft dramatischer Charakter erkannt und verstanden werden.« (GS 4)

Die Zeichen der Zeit verweisen die Kirche auf die Welt, in der sie selbst lebt. Diese Zeichen findet man nicht im Kirchenraum, sondern draußen in Flüchtlingslagern und Fabriken, in Elendsvierteln und Gefängnissen. Hier schaut die Kirche auf »die ganze Menschheitsfamilie mit der Gesamtheit der Wirklichkeiten, in denen sie lebt« (GS 2). Die Frage nach der vielgesichtigen Armut hat dabei eine Schlüsselrolle, da hier die heilsame Gegenwart Gottes gefragt ist. Deswegen ist auch der 2. Punkt entscheidend, nämlich dass die Zeichen der Zeit im Licht des Evangeliums gedeutet werden. Erst dann kann die Kirche »auf wirklich humane Lösungen« hinwirken (GS 11).

Das Konzil hat eine Weichenstellung vorgenommen, die Kirche und Theologie in besonderer Weise herausfordern. Es sagt, dass Dogma und Pastoral innerlich verbunden sind und dass die Zeichen der Zeit jenen Schlüssel bieten, mit dessen Hilfe dieser Zusammenhang ins Wort kommen kann. Wer Theologie im Zeichen der Gegenwart betreiben will, sorgt dafür, dass sich die Zeichen der Zeit im Licht des Evangeliums in die eigene Theologie einschreiben. Dies gilt nicht nur für die praktischen Fächer, sondern auch für die Systematische Theologie. Das Konzil erfordert von ihr eine prinzipielle Neuausrichtung. Denn Fragen nach Armut, Migration und Inklusion gehören nicht zu ihren traditionellen Themenschwerpunkten. Sie aus systematischer Sicht anzugehen, gehört zu der bleibenden Herausforderung des Konzils.

Die Verbindung von Armut und Auferstehung zu beleuchten, erscheint dabei als besonders aufschlussreich. Denn diese Verbindung könnte den »garstig breiter Graben«[3] überwinden, der sich im Jesus-Bild der Gegenwart etabliert hat. Auf der einen Seite steht hier der biblische Jesus, der sich für Arme engagiert. Was er in den Evangelien sagt und tut, hat heute noch Überzeugungskraft. Auf der anderen Seite erstrahlt Christus, der von den Toten auferstanden ist und von der Kirche verehrt wird. Zwischen dem Engagement für die Armen und dem Glauben an die Auferstehung klafft ein Graben. Bei dieser Entgegensetzung schneidet die Auferstehung schlecht ab. Von konkreten Lebensfragen getrennt, erscheint sie oft blutleer und lebensfern, steif und beinahe absurd, eine Vertröstung ins Jenseits hinein. Der Trennung von Armut und Auferstehung, historischem Jesus und Christus des Glaubens, steht jedoch die innere Verbindung der Liebe zu Gott, den Nächsten und sich Selbst entgegen. Wenn sie untrennbar sind, kann man auch Armut und Auferstehung nicht voneinander trennen. Nur wenn sie innerlich verbunden werden, kann der Glaube an die Auferstehung wirksam werden, und zwar in Lebensfragen der eigenen Gegenwart.

Anmerkungen

[1] Zit nach Hebblethwaite 1986, 535. Zur »Kirche der Armen« vgl. auch Chenu 1977; Gauthier 1966; Kaufmann / Klein 1990, 50–69.

[2] Die beiden Blickrichtungen »ecclesia ad intra« und »ecclesia ad extra« hat Kardinal Suenens formuliert und als Strukturprinzip in den Verlauf des Konzils eingebracht; vgl. hierzu Klinger 1990, 87–90.

[3] Die ausdrucksstarke Metapher vom garstig breiten Graben, die auch über theologische Fragen hinaus anwendbar ist, hat Gotthold Ephraim Lessing im historischen Streit um den historischen Jesus kreiert (Lessing / Reimarus 2010).

4. Teil
Armut und Auferstehung heute – Gott in Marzahn

Es gehört unverzichtbar zum Christentum, sich aus dem Glauben an die Auferstehung heraus von Armut bewegen zu lassen. Daher stellt sich die Frage, wo dies heute tatsächlich geschieht. Viele Bewegungen lassen sich hier aus guten Gründen nennen – von Caritas und Bahnhofsmission über Obdachlosenarbeit, Eine-Welt-Initiativen, Projekten mit Migrantinnen bis hin zur Hospizbewegung. Diese große Bandbreite kann hier nicht ausführlich ins Wort kommen. Aber im Folgenden wird ein Beispiel beleuchtet, das in Ostdeutschland verortet und theologisch besonders aufschlussreich ist: die Arbeit der Missionsärztlichen Schwestern. Sie sind eine kleine Ordensgemeinschaft, die 1992 eine Niederlassung in Berlin-Marzahn gründete. Mit dieser Entscheidung und der Art, wie sie Armut und Spiritualität verbindet, ist ihre Arbeit signifikant für die Verortung des Evangeliums in heutiger Zeit.

Berlin-Marzahn gehört zu den zahllosen Orten der Welt, wo die Präsenz Gottes nicht auf den ersten Blick zu erkennen ist. Kapellen und Klöster, Wallfahrtsstätten und Pilgerwege – solche Orte stehen ausdrücklich und weithin sichtbar für seine Gegenwart. Aber mitten in den Plattenbauten Ostberlins ist es nicht naheliegend, sondern eher befremdlich, nach Gottes Spuren zu suchen. Gott scheint besonders weit entfernt zu sein. Denn die allermeisten Menschen leben hier »a-theistisch« und gehören keiner Religionsgemeinschaft an. Nur selten ist eine Glocke zu hören oder ein Kreuz zu sehen. Ist Marzahn gottlos?

Diese Frage stellt sich in einem Berliner Stadtteil, wo soziale Umbrüche, ökonomische Verwerfungen und kultureller Wandel mit Händen zu greifen sind. Die Verwerfungen rufen auch in Fragen der Religion scharfe Brüche hervor. Aber die Bruchlinien *hier* sind nicht regional begrenzt. Sie machen vielmehr Aussagen über Auf- und Umbrüche andernorts. In Ostdeutschland werden Bewegungen sichtbar, die sich überall in Europa ereignen und für Turbulenzen sorgen. In diesem Sinn ist Marzahn überall. Daher lohnt es sich, dort Seismografen des Umbruchs zu installieren. Denn Seismografen registrieren Bewegungen, schreiben Erschütterungen nieder und zeigen die Stoßrichtung von Kraftwirkungen an.

Von katholischer Seite haben einige Orden solche Seismografen installiert. Sie wollen die Zeichen der Gegenwart erkennen an Orten, wo die Bewegungsmelder früher und deutlicher ausschlagen. Im Folgenden werden jene Bewegungsmeldungen beschrieben, den der Seismograf der Missionsärztlichen Schwestern verzeichnet. Sie betreiben in Marzahn-Hellersdorf eine Beratungsstelle, sie sind in der Notfallseelsorge aktiv, führen ein kleines, aber wirkungsvolles Stadtkloster und sind mit ihrem Orden global vernetzt. Michaela Bank, Angelika Kollacks und ihre Mitschwestern folgen im Osten Berlins, »kurz vor dem Ural«, wie sie selbst sagen, den verschwiegenen Spuren Gottes. Ihr Seismograf ist auf die Frage geeicht, was Armut in Bewegung bringt und was der Glaube an die Auferstehung hier zu sagen hat.

4.1 Wohin die Armut ruft – was haben die Missionsärztlichen Schwestern in Marzahn zu suchen?

1992, drei Jahre nach dem gewaltfreien Umbruch in Ostdeutschland und dem widerständigen Sturz der Mauer, eröffnen zwei Missionsärztliche Schwestern in Marzahn eine Lebensberatungsstelle. Bescheiden, aber nicht zaghaft ist ihr Anfang. Schwester Angelika Kollacks ist hauptberuflich Musiktherapeutin und vielerorts als Geistliche Begleiterin tätig. Auch ihre Ausbildung als Gestalttherapeutin bringt sie in die Arbeit ein. Schwester Michaela Bank ist Theologin, Betriebswirtin und Logotherapeutin. Sie hat von 1986 bis 1991 in Peru am Aufbau einer Basisgemeinde gearbeitet. Beide sind in der Begleitung von

Menschen erfahren und waren viele Jahre im Ausland aktiv. Nun arbeiten sie im Osten Berlins.

Warum sind die Missionsärztlichen Schwestern ausgerechnet hierhin gekommen? Gern erzählen sie von ihrem ersten Besuch in Marzahn. Ihr Orden hatte zuvor entschieden, dass er nach dem Sturz der Mauer eine Niederlassung in Berlin gründen will. Zu diesem Orden gehören derzeit etwa 625 Frauen aus allen Regionen der Welt. Sie engagieren sich in der seelsorglichen Begleitung, in Jugendarbeit, Kranken-, Alten- und Gefängnisseelsorge bis hin zu Projekten für Obdachlose oder Aidskranke. 1925 hat die österreichische Ärztin Dr. Anna Dengel (1892–1980) in Washington / USA die »Medical Mission Sisters« gegründet. Sie und ihre Mitschwestern kümmerten sich zunächst vor allem um die medizinische Versorgung von Menschen aus unteren sozialen Schichten, besonders um Frauen, die sich häufig aus religiös-kulturellen Gründen nicht von Ärzten behandeln lassen durften. Darüber hinaus verfolgten sie die Idee einer ganzheitlichen Heilung, die Leib und Seele umfasst. Heute sind die MMS in 18 Ländern aktiv – in Afrika: Ghana, Uganda, Kenia, Äthopien, Malawi; in Asien: Indien, Pakistan, Indonesien, Philippinen; in Europa: England, Niederlande, Deutschland, Belgien, Italien; in Nord-Amerika: Vereinigte Staaten, Mexiko; Süd-Amerika: Venezuela, Peru. In Deutschland haben sie Niederlassungen in Essen, Frankfurt, Bottrop und Berlin.

Auf der Suche nach dem passenden Ort kamen zwei Stadtteile in Frage, der Prenzlauer Berg und Marzahn. An einem verregneten, durch und durch trüben Novembertag 1991 sind die beiden Frauen erstmals nach Marzahn gefahren. Beim Anblick des damals noch durchweg grauen Betonmeers hatten sie gemischte Gefühle. Es war sofort klar, wie anonym das Leben hier ist und wie schwierig es werden würde, Menschen offen und persönlich zu begegnen. Günter Kunert hat das Betongraue der DDR mit folgenden Worten auf den Punkt gebracht:

Auf der Flucht
vor dem Beton
geht es zu
wie im Märchen: Wo du
auch ankommst
er erwartet dich
grau und gründlich
(Kunert 1980, 79)

Das Betonharte wirkt auch nach dem Sturz der Mauer weiter. Als die beiden Schwestern die riesige Plattenbausiedlung mit den vielen Menschen sehen, da sagen sie sich: »Wenn wir etwas ganz Verrücktes tun wollen, dann gehen wir hierhin.« Also tun sie etwas Verrücktes und gehen nach Marzahn.

4.1.1 Marzahn – ein in jeder Hinsicht herausfordernder Ort

Blickt man vom Turm am Berliner Alexanderplatz in Richtung Osten, so liegt ein Häusermeer vor Augen, das mehrere Stadtteile umfasst: Lichtenberg, Hohenschönhausen und schließlich das große Stadtgebiet Marzahn-Hellersdorf. Plattenbauten, eng auf eng gebaut, bilden ein graues, nach oben strebendes Betonmeer. Geht man in die Orte hinein, so kann man entdecken, dass die Betonsilos um alte Dorfkerne herum, Alt-Marzahn und Hellersdorf, entstanden sind. Die beiden Stadtteile bilden seit 2001 eine Gemeinde. Auch weiter südlich sind Biesdorf und Mahlsdorf aus alten Dörfern erwachsen. In den siebziger Jahren wurden die neuen Siedlungen hier sehr schnell hochgezogen, weil Wohnungen knapp waren. Auflockernde Grünanlagen, Spielplätze und die »Gärten der Welt« steigerten die Wohnqualität. Die Plattenbauten hatten Zentralheizung und fließend heißes Wasser, sie galten als praktisch und gut eingerichtet, deshalb waren sie damals sehr begehrt. Noch zu Beginn der neunziger Jahre war es ein Glücksfall, eine solche Wohnung zu bekommen.

Das änderte sich nach der Wendezeit jedoch sehr schnell. Die neue Hauptstadt Berlin wurde vielen Menschen zum Hoffnungsort. Nicht nur die Politik, auch Kunst und Kultur verlagerten sich hierher. Der Immobilienmarkt boomte und erzielte enorme Gewinne. Stadtviertel, die vor 1989 an der Berliner Mauer und damit randständig lagen, bildeten plötzlich das Stadtzentrum. Die Sozialräume gerieten in Bewegung, Wanderungsprozesse brachten neue angesehene Lebensorte hervor. Zugleich entstanden neue Bruchlinien und soziale Unruhen. Ganze Stadtviertel erlebten das, was die Stadtsoziologie »Gentrifizierung« (von englisch gentry = niederer Adel) nennt, das heißt eine sozial-ökonomische Umstrukturierungen hin zu einem zahlungskräftigeren Wohnmilieu. Die Gentrifizierung verändert das Ansehen von Stadtvierteln wie Berlin Mitte, Friedrichshain, Prenzlauer Berg radikal. »Entmietungs- und Mieterhöhungsmanagement« werden genauso zu Reizworten sozialer Konflikte wie die Frage nach »Sanierungs- und Milieuschutzgebieten«. Verschiebungen von Ost nach West stellten vor die Frage, ob aus dem ehemals geteilten Berlin nun eine sozial gespaltene Stadt wird (vgl. Häußermann / Kapphan 2000).

Ruf und Realität der Plattenbausiedlungen änderten sich in diesen Verwerfungen rapide. Aus begehrten Wohnräumen werden Notlösungen mit zweifelhaftem Ruf. Marzahn-Hellersdorf ist von dieser Kehrtwende erheblich betroffen, denn es ist die größte Plattenbausiedlung Berlins. 1991 lebten in Marzahn 166.000 Menschen, 1998 nur noch 142.000. »Die Fortziehenden haben sich vor allem für größere Wohnungen oder für ein Eigenheim entschieden, die geringe Wohnungsgröße war auch wichtigster Kündigungsgrund« (Häußermann / Kapphan 2000, 164). Schulen und Freizeiteinrichtungen mussten in der Folge geschlossen werden. Junge Familien, die es sich irgendwie leisten können, ziehen seitdem weg, meist Richtung Westen. Ende 2011 lebten im neuen Gesamtbezirk etwa 253.079 Menschen – meist auf engstem Raum und in Verhältnissen, die von vielfältiger Armut gezeichnet sind. Seit 1989 hat sich auch hier viel getan: Plattenbauten wurden saniert und mit bunten Farben versehen, Grünanlagen und die »Gärten der Welt« wurden erweitert, öffentliche Plätze neu gestaltet.

Die Sanierungen haben jedoch den Nachteil, dass sie für Menschen, die auf preiswerten Wohnraum angewiesen sind, nicht mehr finanzierbar sind. Die Armutskluft wird im Wohnungsraum prekärer. »Das größte Problem ist der Fortzug der mittleren und höheren Einkommensgruppen, während als Zuzügler vor allem Sanierungsvertriebene aus den Innenstadtgebieten und Aussiedler in Frage kommen.« (Häußermann / Kapphan 2000, 165) So stehen in Marzahn einladend gestaltete Plattenbauten neben zerfallenden Gebäuden, wo hinter zerbrochenen Fensterscheiben dennoch Menschen hausen. Viele Wohnungen stehen mittlerweile leer und verfallen.

Das »Monitoring soziale Stadtentwicklung«[1], eine Studie unter Leitung des Stadtsoziologen Häußermann, zeigt, dass die Erwerbslosigkeit, insbesondere die Jugend- und Dauerarbeitslosigkeit, in keinem Berliner Stadtteil so hoch ist wie im Norden von Marzahn/Hellersdorf. Mehrere tausend junge Menschen sind hier ohne Job und meist ohne Perspektive. Die Kinderarmut ist leicht gesunken, aber mit 9,6 % noch immer viel zu hoch (Durchschnitt Gesamtberlin 5,8 %). In der medialen Öffentlichkeit ist Marzahn geradezu ein Synonym für prekäre Arbeitsverhältnisse, kulturellen Niedergang, soziale Verelendung und überall lauerndes Gewaltpotential.

Dass dies nicht nur mediale Inszenierung ist, zeigt ein Besuch in Marzahn. Wenn man mit der S-Bahn vom Ostbahnhof hierher kommt, springen die vielfältigen Formen der Armut geradezu ins Auge. Man sieht sie an der Kleidung der Menschen, aber auch an ihren Bewegungen, ihrem Blick. Oft riecht man sie, wenn sich jemand in der S-Bahn auf den Nachbarplatz setzt. Resignation, Unmut, Verzweiflung oder Wut sind hier vielerorts anzutreffen. Enttäuschung und das Gefühl, zu kurz gekommen zu sein, sind in Marzahn fast mit Händen zu greifen. Die soziale Isolierung in den anonymen Wohnblocks und die Überforderung in der Spirale der Armut nagen am Lebensmut.

Ein weiteres Charakteristikum des Ostberliner Stadtteils ist seine klare Positionierung in Fragen der Religion. Sie ist über weite Strecken negativ. Denn hier bestreitet die überwältigende

Mehrheit der Bevölkerung, dass Religion für sie von Bedeutung wäre.[2] Der Gottesname bietet keinen Schlüssel in den Lebenskonzepten hiesiger Menschen. Institutionell verfasste Religion ist eine marginale Größe, mit der weder Geld noch Staat zu machen ist. Daher wecken christliche Projekte, die bei diesen Menschen ankommen und von ihnen akzeptiert werden, umso größeres theologisches Interesse.

4.1.2 Berufen sein – den Ort wechseln in die Armut hinein

Der erste Besuch von Sr. Angelika und Sr. Michaela war ein Schlüsselerlebnis. Es macht deutlich, was im Christentum »Berufung« genannt wird. Mit innerer Klarheit und fester Überzeugung können beide sagen: Hier gehören wir hin, hier schlägt unser Herz, hier wollen wir Menschen in Armut und Bedrängnis beistehen. Es mag sein, dass der eingeschlagene Weg in eine Sackgasse führt. Aber er will gegangen werden. Mit Umwegen ist zu rechnen. Denn Berufungen haben religiösen Sinn und säkulare Bedeutung. Sie liegen nicht zweifelsfrei auf der Hand, sondern haben sich in sozialen Fragen und kulturellen Kontexten zu bewähren.

Dabei zeigt die Geschichte des Christentums, dass Berufungen meist mit Ortswechseln verbunden sind. Berufung ist Berufung zum Aufbruch. Denn Gott beruft Menschen, dorthin zu gehen, wo Armut die Menschen in Bedrängnis bringt. In einem missionsärztlichen Orden ist dies besonders stark ausgeprägt. Denn Mission bedeutet, eine Sendung zu haben und sich deswegen von zuhause weg an einen fremden Ort aufzumachen. Grenzüberschreitungen stehen an und man muss auf Überraschungen gefasst sein. Denn niemand missioniert in christlichem Sinn, ohne selbst eine Bekehrung zu erfahren und missioniert zu werden.

Mit dieser Erfahrung, die sie bereits andernorts gemacht hatten, ist es für die Missionsärztlichen Schwestern in der Startphase bis heute eine zentrale Frage, was denn in Marzahn tatsächlich gebraucht wird. 1992 wollten sie dies zunächst in vielen Gesprächen herausfinden. Was den Schwestern passt, aber niemandem weiterhilft, wollen sie nicht anbieten. Aus diesem Grund gehen sie behutsam vor, schauen sich im Stadtteil erst einmal um und stellen sich persönlich vor. Ihr Anliegen ruft Erstaunen und Skepsis hervor. Die »Cindy aus Marzahn« gehört zweifellos hierher. Aber was haben Ordensschwestern hier zu suchen? Religiös lebende Frauen in einem der atheistischsten Stadtviertel der Welt! Ihre Erfolgsaussichten werden gering eingeschätzt: nach ein paar Monaten werden sie aufgeben. Aber von diesen Prognosen lassen sie sich nicht entmutigen. Sehr schnell wachsen Verbindungen über die katholischen und evangelischen Pfarrgemeinden, aber auch über den sozialpsychiatrischen Dienst und die Schulpsychologie. Diese säkularen Institutionen sind froh darüber, dass hier zwei Frauen mit Fachkompetenz arbeiten und ihr Engagement honorarfrei anbieten können. Menschen am Rande der Gesellschaft haben im medizinischen Bereich nur selten die Chance, von der bestmöglichen Kompetenz zu profitieren.

Dieses entgegenkommende Vertrauen ist kein Einzelfall. So ermöglicht es die Gleichstellungsbeauftragte Christine Rabe, ein Mitglied von Bündnis 90/Die Grünen, dass die Ordensschwestern ihre Sprechstunden anfangs in einer Volkshochschule abhalten können. Im Kontakt mit Menschen, die schon länger in Marzahn leben, entwickeln die Schwestern nun ein »niederschwelliges« Angebot, das möglichst wenige Hürden hat. Dabei spielt der Ort eine wichtige Rolle. Er soll möglichst vertraut sein, so dass sich die Menschen nicht fremd fühlen und eher bereit sind, sich zu bewegen. Aus diesem Grund war die Lebensberatungsstelle bis 2010 in einem Plattenbau, in einer unscheinbaren Erdgeschosswohnung in der Zossener Straße. Markant war allein schon, dass sie nicht leicht zu finden war. Keine Werbung weckte die Aufmerksamkeit, kein Hinweis zeigte den Weg. Lediglich ein kleines Schild an der Wohnungstür wies auf diesen besonderen Ort hin.

Obwohl Frauen und Männer in die Beratungsstelle eingeladen sind, kommen überwiegend Frauen. Deren soziale Stellung ist unterschiedlich, eine Lehrerin kommt genauso wie eine Ärztin oder eine erwerbslose Mutter. Viele Frauen sind sehr gut ausgebildet. In den ersten Jahren war die Beratung an Fragen orientiert, die mit der politischen Wende verbunden waren. Die Anforderungen an die Menschen in Ostdeutschland waren damals sehr groß, denn die Eckpunkte, an denen sie jahrzehntelang ihr Leben ausgerichtet hatten, lösten sich 1989 in Nichts auf. Der Boden geriet ins Schwanken. So fragwürdig dies heute auch ist: Die Ideologie der DDR hat vielen Menschen zuvor Orientierung gegeben. Ob man auf der Seite des Protestes, des passiven Tolerierens oder aktiver Mittäterschaft stand, die Verhältnisse schienen klar geregelt. Zudem hatte ein Teil der Bevölkerung in den ersten Jahren daran geglaubt, eine neue, gerechtere Welt aufzubauen – die Schriftstellerin Christa Wolf ist hierfür ein beredtes Beispiel. Obwohl die Gewaltsamkeit der sozialistischen Utopie von Jahr zu Jahr deutlicher wurde, bewegten sich doch viele Menschen in ihrem Rahmen. Es ist ja kein Scherz, die Menschen haben tatsächlich gesungen: »Die Partei, die Partei, die hat immer Recht!« Wenn aber die Ideologie »der Partei« wegfällt, so stellt sich die Frage nach Wahrheit, Gerechtigkeit und Lebensorientierung ganz neu. Eine tiefgreifende Unsicherheit und Angst vor dem, was kommen wird, machte sich in den neunziger Jahren breit.

Die Missionsärztlichen Schwestern erzählen, dass damals viele Frauen, die zuvor mit Kirche nichts zu tun hatten, gern in die kleine Beratungsstelle gekommen sind. Hier konnte offen über persönliche Krisen gesprochen werden. Viele Frauen wussten dabei gar nicht, dass die Beraterinnen christlich sind. An deren Kleidung sieht man es nicht direkt, und es gab damals in der Beratungsstelle keine offensichtlichen Symbole, die darauf hinwiesen. Einige Frauen kamen aber auch gezielt, weil sie sich sicher waren, dass die Ordensfrauen aus dem Westen nicht in Stasi-Seilschaften verstrickt sind. Ironie der Geschichte: diejenigen, mit denen diese Menschen vor ’89 nicht gesprochen hätten, waren nun besonders vertrauenswürdig. Von Mund zu Mund verbreitete sich daher rasch, dass Frauen hier sehr gut beraten werden, wenn sie im Alltag nicht mehr weiter wissen, in einer Krise stecken und Orientierung suchen.

Auch heute kommen die meisten Menschen nicht mit explizit religiösen Erwartungen. Das Wort »Spiritualität« gehört nicht zum aktiven Wortschatz der Ostdeutschen. Die meisten leben vielmehr in einer Situation, die die Religionssoziologie »forcierte Säkularität« (Wohlrab-Sahr 2009) nennt. Das Wort »Missionsärztliche Schwestern« verstehen sie zunächst säkular: *ärztlich* ist bekannt, *Schwestern* werden mit *Krankenschwester* assoziiert, *Mission* ist höchstens aus Kinofilmen bekannt. Dennoch merken die Frauen in der Beratung, dass hier etwas anders ist: der entgegenkommende Umgang, die ungeteilte Aufmerksamkeit, der freundliche Ton und ein Mehr, das sich kaum in Worte fassen lässt. Die Schwestern stellen ihren christlichen Hintergrund nicht heraus, verschweigen ihn aber auch nicht. Manchmal ist es für die Therapie hilfreich, ihn explizit zu benennen. So kam einmal eine Frau, die im Bezirk öffentlich bekannt war, deren Ehe kurz vor dem Zerbrechen stand. Auf die Frage, warum sie zu einer christlichen Beratungsstelle kommt, antwortete sie: »Ich weiß, dass Sie mich nicht sofort zum Rechtsanwalt schicken, damit ich die Scheidung einreiche, sondern dass Sie mit mir gemeinsam suchen, ob ich meine Ehe retten kann.«

Mittlerweile haben die Missionsärztlichen einen Handzettel, der die Lebensberatungsstelle vorstellt: »Für Menschen, die auf der Suche nach Sinn in ihrem Leben sind oder die in einer akuten Krise stecken und seelische und körperliche Belastungen nicht mehr allein tragen können und wollen.« Menschen verschiedener Überzeugungen sollen sich an diesem Ort frei fühlen. Das verstehen die MMS als Zeichen christlicher Toleranz. Sie geben auf Anfragen gerne Auskunft darüber, wer sie sind, zu welcher Kirche sie gehören und wie sie als Ordensschwestern leben. Häufig werden sie gefragt, manchmal gar nicht. Das Schild der Beratungsstelle sagt: »Lebensberatungsstelle – Missionsärztliche Schwestern«.

2010 ist die Beratungsstelle umgezogen, da die alten Räume zu klein waren für die stetig wachsende Nachfrage. Nun ist die Beratungsstelle in der Peter-Weiss-Gasse im belebten Marktplatz-Center Hellersdorf, wo öffentliche Verkehrsmittel Erreichbarkeit garantieren. Das Beratungszentrum besteht aus einem Raum für Einzelberatungen sowie einem Gruppenraum, der andere Formen des Arbeitens ermöglicht. Auch die Musikinstrumente haben mehr Klang- und Wirkungsraum. In den letzten Jahren sind neue Schwestern und sogenannte Assoziierte Mitglieder in der Arbeit hinzugekommen. Sr. Thekla Schönfeld und Sr. Monika Ballani sind in Sonderpädagogik und Sozialarbeit tätig. Dr. Cornelia Kalz, im Hauptberuf Zahnärztin, bietet Kurse in medizinischem Qi Gong an. Im Handzettel heißt es weiter: »Wir bauen auf die Selbstheilungskräfte, die in jedem Menschen sind. Dies geschieht, indem wir dabei helfen, gesunde Anteile bei sich zu finden, wieder Vertrauen ins Leben zu bekommen und mit einer veränderten Lebenssituation leben zu lernen.«

Die Beratungsstelle in Marzahn-Hellersdorf ist ein Angebot der Kirche. Das Erzbistum Berlin finanziert einen Gestellungsvertrag, der den Schwestern eine Grundsicherung gibt. Außerdem zahlen die Menschen, die zur Beratung kommen, meist freiwillig einen Beitrag zwischen fünf und zehn Euro; oder sie geben Naturalien. Sr. Michaela erzählt: »Ich kenne das aus Peru. Wenn die Obsternte gut ist, dann bekommen wir jede Menge Obst. Oder wir kriegen Gemüse aus dem eigenen Garten. Wir nehmen das gerne an, weil es den Menschen wichtig ist, dass sie uns etwas zurück geben können. Sie sind nicht nur Beschenkte, sondern auch Schenkende.«

4.1.3 Armut verwundet – ein unsäglicher Machtzugriff

Die Einführung der Geldwirtschaft und die Ökonomisierung der Gesellschaft hatten im Hochmittelalter zu einer Verengung der Begriffe von arm und reich geführt. Dies hat bis heute Auswirkungen, die auch in Marzahn zu spüren sind. Armut wird zunächst und primär als finanzielle Armut verstanden. Aber wenn man genauer hinschaut, zeigen sich viele Gesichter von unfreiwilliger Armut. Es gibt materielle Armut mit Hunger und Obdachlosigkeit; Armut in bedrängender Krankheit; Armut aus Überforderung im Beruf; Armut in Kinderlosigkeit; Armut, die in den Brüchen menschlicher Beziehungen spürbar wird; Armut im Erleiden von Gewalt; Armut in der Erfahrung von Ungerechtigkeit. Jede Verletzung der Menschenrechte produziert bittere Armut.

Die Weite des Wortes ist heute noch in dem Ausdruck »arm dran sein« bewahrt. Dies kann ein Kranker sein, eine Trauernde, ein Opfer von Gewalt oder jemand, der mit burn out einen Zusammenbruch erleidet. Wenn man allein auf die finanzielle Armut schaut, dann übersieht man den Teufelskreis der Gewalt, der in weitere Formen von Armut hineinzieht. Gewalt verwundet. Dies ist am besten an obdachlosen Menschen zu sehen, die auch mit körperlichen Wunden überzogen sind. Wunden aber schränken die Beweglichkeit ein. Als Schwester Michaela das erste Mal das Stichwort »Armut bewegt« hört, reagiert sie spontan mit einem Gegenwort: »Armut lähmt«. Mit diesem Widerspruch bringt sie auf den Punkt, was in Marzahn-Hellersdorf vorherrschend ist.[3] Erzwungene Armut treibt in eine Spirale der Gewalt hinein. Sie frisst sich nach und nach durch sämtliche Lebensbereiche. Zunächst verliert man die Arbeit, dann den täglichen Lebensunterhalt, die Krankenversicherung, das Dach über dem Kopf. Doch es bleibt nicht dabei, sondern soziale Ausgrenzung kommt verstärkend hinzu. Die ehemaligen Arbeitskolleginnen melden sich nicht mehr, die Ehe zerbricht, die Kinder gehen auf Distanz. Das Leben auf der Straße, der Mangel an Nahrung und Hygiene, die Kälte der Nacht öffnen Krankheiten Tür und Tor. Dies hat zur Konsequenz, was die Caritas betont: Armut versteckt sich. Sie verkriecht sich in die dunkelsten, hintersten Winkel, in U-Bahn-Schächte, in verwahrloste Wohnsilos, in elende Hütten. Armut lähmt.

Diese Lähmung geht in Marzahn so weit, dass eine große Zahl von Menschen ihre Wohnungen nicht mehr verlässt. Die meiste Zeit verbringen sie in ihrer Schlafstelle und raffen sich nicht mehr dazu auf, ein Tagewerk zu beginnen. Sie sind darauf angewiesen, dass andere ihnen Nahrung, Kleidung und Lebensmittel bringen. Sie reagieren nicht mehr auf Briefe, selbst wenn sie Rechnungen oder Mahnungen für Strom, Wasser und Energie enthalten. Diese völlige Lähmung ist die Spitze, die auf einen viel größeren Eisberg hinweist. Bis es soweit kommt, waren viele kleinere, kaum sichtbare Lähmungen am Werk, die den Handlungsspielraum Zug um Zug einengen.

Armut ist in Marzahn sehr persönlich und zugleich eine sozial bestimmende Größe: eine hohe Erwerbslosigkeit, Alkohol- und Suchtproblematik, Isolation und wachsende finanzielle Armut. Viele Menschen leiden daran, dass die Schere zwischen Arm und Reich weiter auseinander geht. Sie erleben dies als ungerecht und sehen sich selbst als Opfer im Sinne von Victim. Das wiederum bereitet den Boden für eine politisch radikale Einstellung. 2006 erhielt die NPD bei der Wahl zur Bezirksverordnetenversammlung 6,4 % und hatte kurzfristig Fraktionsstatus. »In Marzahn existiert eine starke rechtsradikale Jugendszene, die vor allem mit jugendlichen Aussiedlern immer wieder in Konflikt gerät. Dies führt dazu, dass die Aussiedlerjugendlichen nur wenig Berührungspunkte zu anderen Jugendlichen im Stadtteil aufbauen können. Die kulturellen und ethnischen Abgrenzungen verstärken sich in dieser Konfliktsituation und führen zu ethisch segregierten Jugendmilieus.« (Häußermann / Kapphan 2000, 164)

Besondere Aufmerksamkeit hat Hellersdorf im Sommer 2013 geweckt, als Bürgerinnen und Bürger – offensichtlich zusammen mit ortsfremden Neonazis – verhindern wollten, dass dort ein Heim für Asylbewerber/innen eröffnet wird. Armut stellte sich gegen Armut. Daraufhin gründete sich »Hellersdorf hilft«, eine Gruppe junger Menschen, die gegen die Feindseligkeiten um die neue Flüchtlingsunterkunft aktiv wurde. Zu Recht haben sie 2013 einen Zivilcourage-Preis der Jüdischen Gemeinde Berlins erhalten. Armut bewegt.

Solche Bewegung ist dringend notwendig, denn in den letzten Jahren verschärft sich vor allem die Situation der Familien, besonders der Alleinerziehenden. Die Kinderarmut wächst. Hier machen sich die Lähmungserscheinungen zunächst in den kleinen Dingen des Lebens bemerkbar. Wenn die Klasse einen Ausflug macht und z. B. in den Tierpark geht, so können die Mütter ihren Kindern das Eintrittsgeld nicht geben. Dann werden die Kinder plötzlich krank und können nicht am Ausflug teilnehmen. Dabei sollte der Ausflug das Miteinander verbessern und die Kinder animieren, sich gegenseitig beim Lernen zu unterstützen. Die Armut der Eltern schließt die Kinder aus der Gemeinschaft der Lernenden aus. Markant ist dabei auch, dass die Armut verschämt verschwiegen wird. Die Eltern melden ihre Kinder stillschweigend krank. Wo Armut wiederum verschwiegen wird, da ist es schwieriger, ihre Machtwirkungen zu durchbrechen. So können die Kinder das nicht erlangen, was sie bräuchten, um aus der finanziellen Armut heraus zu kommen: Bildung.

Auch in Marzahn gilt Armut als Schande. Daher ist Armut oft keine Selbst-, sondern eine Fremdbeschreibung. Niemand will zu »den Armen« gezählt werden. Offensichtlich stigmatisiert das Wort Menschen als Victim und reduziert sie auf die passive Opferrolle. Die Betroffenen fürchten, dass die anderen heimlich mit Fingern auf sie zeigen und sagen: es ist deine eigene Schuld. Hartz IV-Empfängerin zu sein, ist ein großer Makel. Man kann die eigenen Kinder nicht gut versorgen und hat versagt. Auf die Frage: Was kann ich tun? gibt es immer weniger Antworten. Die eigenen Handlungspotentiale verringern sich rapide. Wenn noch eine gewisse Beweglichkeit da ist, so geht sie gerade bei Jugendlichen manches Mal in die falsche Richtung und führt in ein Drogen- und Dealer-Milieu. Wenn sie einer Sucht verfallen, so potenziert sich der Teufelskreis.

Die stumme Ohnmacht von Menschen, die sich selbst als Opfer einer Gesellschaft sehen, ist gefährlich. Sie kann Wut und Rachsucht wecken und hat in jedem Fall ein Gewaltpotential, das sich gegen sich selbst oder andere richtet. Man bleibt in der Rolle als Victim gefangen. Friedrich Nietzsche vertritt in seiner »Genealogie der Moral« sogar die These, dass die ohnmächtigsten Feinde die bösesten sind (Nietzsche 1999, 266f). Sie wollen aus dem Lebensverlust des Victim herauskommen, indem sie andere zum Zweck ihres eigenen Lebensgewinnes opfern. Soziale Victimisierung kann in einem Stadtviertel hoch brisant werden und bis zu gewaltsamen Unruhen führen. Oder aber die Gewaltsamkeit richtet sich gegen die Opfer selbst. Sie saugt dem Leben alle Kraft aus. Ein Spruch, der Francis Bacon zugeschrieben wird, sagt: »Wer nach Rache strebt, hält seine eigenen Wunden offen.« In der Beratungsarbeit haben es die Missionsärztlichen Schwestern häufig mit Menschen zu tun, die in einer Victimisierung gefangen sind. Dabei gilt es zunächst, diese Ohnmacht mit ihren perfiden Machtwirkungen wahrzunehmen. Die Menschen sind nicht mit Stricken gefesselt, aber dennoch innerlich gelähmt. Auf den ersten Blick sind vielleicht keine offenen Wunden sichtbar, aber sie sind dennoch »angefressen«, wie es die deutsche Alltagssprache so treffend sagt. Armut lähmt, sie lässt Menschen verstummen und macht sie ohnmächtig. Dieses Lähmende, das aus der Verwundung resultiert, ist ein unsäglicher Machtzugriff. Nur wenige Menschen haben die Kraft, diesem Zugriff von sich selbst her zu widerstehen.

Die Missionsärztlichen Schwestern erzählen, dass ihre Arbeit in Marzahn ihren Blick auf das, was Armut und Reichtum sind, verändert. Sie erhalten regelmäßig Besuch von Mitschwestern aus Peru, Indien, Pakistan oder anderen Ländern der südlichen Welt, die in Elendsvierteln von Megastädten arbeiten. Eine ihrer Fragen lautet: Wo ist denn hier die Armut? Die Menschen haben ein Dach über dem Kopf. Sie können an Essen rankommen und erhalten eine medizinische Grundversorgung, wenn sie sich darum bemühen. Bisher verhungern nur wenige Menschen in Deutschland. Das ist in den Elendsvierteln von Lima, Delhi und Bombay ganz anders. Da schlafen Menschen im Dreck auf der Straße, völlig ungeschützt, sterbenshungrig, todkrank und von Gewalt bedroht. Die Todesrate unter jungen Menschen ist enorm hoch. In Marzahn-Hellersdorf ist das anders. Dennoch halten die Missionsärztlichen Schwestern es für sinnvoll, hier von Armut zu sprechen. Sie machen die Armut an dem Lähmenden fest; daran, dass Menschen ohnmächtig werden, resignieren oder verzweifeln.

Diese Erfahrung aus der Praxis korrespondiert mit Debatten, die auch in der Politik geführt werden. Die EU spricht mittlerweile durchgängig von »Armut und soziale Ausgrenzung«. Beides hängt wegen der Victimisierung, die sie bewirken, eng zusammen. Weder bei Armut noch bei Ausgrenzung geht es ausschließlich um Finanzen. Der Rat der Europäischen Gemeinschaft hat 1984 definiert, dass jene Personen, Familien und Gruppen als arm gelten, »die über so geringe (materielle, kulturelle und soziale) Mittel verfügen, dass sie von der Lebensweise ausgeschlossen sind, die in dem Mitgliedsstaat, in dem sie leben, als Minimum annehmbar ist.«[4] In den Wissenschaften hat die Soziologenschule von Chicago schon zu Beginn des 20. Jahrhunderts Armut über Ausgrenzung definiert. Arm ist, wer von zentralen sozialen Bezügen, kulturellen Aktivitäten und politischen Gestaltungschancen ausgeschlossen ist. Diese Definition hat den Vorteil, dass sie den Blick auch auf größere Zusammenhänge richtet. Für die Beratungsarbeit ist es entscheidend, Armut mit ihren vielen Gesichtern wahrzunehmen und danach zu fragen, welche unsägliche, weil lähmende Macht sie ausübt. Wie man mit diesem Machtzugriff umgeht, ist auch heute eine entscheidende Frage.

4.1.4 Freiwillige Armut – Lebenszeichen der Hoffnung

Beschenkte und Schenkende zu sein, daraus wächst eine Kultur des Teilens. Die Soziologie nennt das »Gabe und Gegengabe«. Der Ethnologe Marcel Mauss hat dieses Prinzip des Austauschs vor nun fast einhundert Jahren in archaischen Gesellschaften untersucht (vgl. Mauss 1990). Es funktioniert bis heute, wie das heikle Schenken an Weihnachten zeigt: das Geschenk darf nicht vergessen werden oder zu klein ausfallen. Aber wehe, wenn es zu pompös ist – auch das kann unterschwellig an Freundschaften nagen und Liebesbeziehungen zerstören. Denn jede Gabe verkörpert eine Macht. Wenn sie nicht erwidert werden kann, weist sie auf die Ohnmacht der Beschenkten hin und verstärkt sie. Daher können auch wohlgemeinte Gaben in Abhängigkeit führen und Menschen marginalisieren.

Wer jedoch etwas empfängt und dann von den eigenen Lebensressourcen zurückgibt, erfährt eine eigene Stärke. Man hat es nicht nur anderen, sondern auch sich selbst zu verdanken, dass die Armut nicht mehr lähmt. Daher ist es für die Ordensschwestern selbstverständlich, dass sie auch Äpfel oder Salat annehmen. Dabei geht es jedoch nicht um ein Gegenrechnen. Die Beratungsarbeit will ja gerade die rein ökonomische Orientierung von Gabe und Gegengabe durchbrechen. Die Kultur des Teilens, die sie vor Augen haben, ist eine Art Anti-Ökonomie. Daher ermuntern die Schwestern die Frauen dazu, das Erhaltene an Andere weiter zu geben – an ihre Nachbarin, den Arbeitskollegen, die eigenen Kinder.

Hier zeigt sich eine Erfahrung, die schon die Armutsbewegung im Mittelalter gemacht hat. Eine Kultur des Teilens bringt die pluralen Reichtümer des Lebens in Umlauf. Je mehr gegeben wird, desto mehr kommt ins Fließen. Teilen lädt Andere dazu ein, ebenfalls großzügig zu handeln. Selbst Geld wird mehr wert, z. B. wenn man es in soziale Projekte investiert. Fünfzig Euro sind für eine Frau, die finanziell in Bedrängnis ist und für drei Kinder sorgt, viel mehr wert als für eine Managerin, die gar nicht spürt, dass sie sie nicht mehr hat. Das Geld wird mehr wert im wahrsten Sinn des Wortes. Es kann viel mehr bewirken.

Auf diese Macht des Teilens setzen die Missionsärztlichen. Auch wenn sie nicht immer sehen, *wie* dies außerhalb der Beratung passiert, so vertrauen sie darauf, *dass* es passiert. Zu ihrem Gelübde als Ordensfrauen gehört die freiwillige Armut, einer der drei sogenannten »evangelischen Räte«. Es sind Lebensempfehlungen aus dem Evangelium, die im Fall der Armut für alle Christinnen und Christen gelten. Freiwillige Armut zu praktizieren, indem man eine Kultur des Teilens praktiziert, gehört zum Kernprofil des Christentums. Heute erhält es in säkularen Kontexten neue Zugkraft.

Sr. Michaela: »Mit unserer Präsenz in Marzahn wollen wir ein Zeichen setzen, und die freiwillige Armut gehört wesentlich dazu. Für unser Ansehen unter den Marzahnerinnen ist es ganz entscheidend, dass wir nicht hinter dem Geld her sind. Und es wirft sie völlig um, wenn wir sagen, dass wir in einer Gütergemeinschaft leben. Dass wir uns zu ›freiwilliger Armut‹ entschieden haben, das ist jenseits des Denkbaren. Und das kann in der Beratung ein Ansatzpunkt sein, um miteinander ins Gespräch zu kommen. Man kann sehr glücklich leben, auch wenn man weniger materielle Güter hat. Ohne materielle Güter geht es natürlich auch nicht, aber mit Weniger zu leben, da ist viel mehr möglich, als wir gemeinhin denken. Wir wünschen uns, dass Ordensleute ein Vorbild hierfür sind. Es geht anders, und es ist nicht das Schlechteste, wenn man einmal etwas gibt und nicht direkt etwas zurückbezahlt bekommt.

Aber das sage ich als jemand, die sich freiwillig dazu entschieden hat, so zu leben. Die Menschen hier haben sich nicht freiwillig entschieden. Sie sind oft auf tragische Weise in die Armut gestürzt oder auch gestürzt worden. Wenn ich an den großen Abbau der Arbeitsstellen denke, an Kurzarbeit und die Mindestlohndebatten – wir müssen diese Bedrängnis sehr aufmerksam wahrnehmen, die mit finanzieller Armut einhergeht. Eine Friseuse beispielsweise bekommt keine fünf Euro die Stunde, und man kann sich ausrechnen, was ihr im Monat zur Verfügung steht. Sie tut das keineswegs freiwillig, sondern sie hat keine Alternative.«

Hier zeigt sich die Notwendigkeit, zwischen freiwilliger und erzwungener Armut, zwischen Victim und Sacrifice, zu unterscheiden. Die Friseuse ist ein Victim, wenn sie unterbezahlt wird – zumal wenn Andere sich an ihrer Unterbezahlung bereichern. Sie ist ein Opfer von ungerechten Strukturen, von der Gleichgültigkeit der Bürokratie, vielleicht sogar von der Grausamkeit anderer Menschen. Aber wenn sie die Tatsache, dass sie zum Victim gemacht wird, zum Leitbild ihrer Identität macht, dann gerät sie immer tiefer in die Armutsspirale hinein. Für das Gelingen des Lebens ist es entscheidend, dass man nicht im Status des passiven Opfers gefangen bleibt. Dass der Weg aus dem Victim-Status hinaus über ein Sacrifice geschieht, zeigt sich auch in Ostdeutschland.[5] Viele Frauen gehen hier prekäre Arbeitsverhältnisse ein, weil sie gut für ihre Kinder sorgen wollen – *prekäre* Arbeit ist immer noch besser als *keine* Arbeit. Damit geben sie ein Sacrifice und praktizieren freiwillige Armut. Eltern sind häufig bereit, für ihre Kinder ihr letztes Hemd zu geben. Wo Menschen aber bereit sind, ihre Ressourcen zu teilen, da werden sie zu aktiv Handelnden. Sie wirken an einer Kultur des Teilens mit und werden im wahrsten Sinn des Wortes zu Kulturschaffenden.

Victim und Sacrifice hängen zwar zusammen, müssen aber auch unterschieden werden – »unvermischt und ungetrennt«, um es mit einem Spezialausdruck der Dogmengeschichte zu sagen.[6] Wenn Eltern ihre knappen Ressourcen mit ihren Kindern teilen, so können sie diese nicht mehr für sich selbst verwenden, obwohl sie diese selbst gut und gern brauchen könnten. Sie setzen sich einem hohen Armutsrisiko aus. Dennoch macht diese Gabe die Eltern nicht zum Victim. Denn sie sind hier nicht passiv, sondern aktiv und entwickeln eine große Stärke. Das Sacrifice überschreitet die Identität als Victim. Man hat vielleicht nur bescheidene Mittel, aber diese stellt man ohne Zögern zur Verfügung. Man verausgabt alle Kräfte, damit das Leben mit den Kindern so intensiv und glücklich wie nur immer möglich wird.

Im Sacrifice schaffen Menschen eine Kultur des Teilens, die jede Gesellschaft zum Überleben braucht. Zugleich bleibt die Notwendigkeit, sich selbst vor den Verwundungen der Armut zu schützen. Victim und Sacrifice bilden miteinander ein Spannungsfeld, das jederzeit aus dem Lot geraten kann. Auch das Sacrifice kann in eine Victimisierung umschlagen, wenn bspw. Eltern, die viel für ihre Kinder getan haben, sie deswegen aber nicht loslassen können; die sich selbst als Victim fühlen und ihre Kinder damit victimisieren. Bei jedem Sacrifice ist es entscheidend, wofür man es gibt, welches Ziel man damit verfolgt. Man gibt etwas, weil man zu etwas Größerem beitragen will. Wo man aber in diesem Sinn freiwillig gibt, da empfängt man mehr, als man gibt – das ist die geheime Kraft des Sacrifice. Welchen Lebensgewinn Eltern von ihren Kindern erhalten, lässt sich mit Geld gar nicht bezahlen.

Dem Evangelium folgend, muss die Kirche entschieden gegen die Victimisierung durch prekäre Arbeitsverhältnisse vorgehen.

Darüber hinaus geht es in der Beratung darum, den unsäglichen Machtzugriff einzudämmen, den die Victimisierung auf die einzelne Person ausübt. Auch in erzwungener Armut gibt es Raum für ein dankbares Nehmen genauso wie für Freiwilligkeit und Verzicht. In der Beratung wird dieser Bewegungsraum ausgelotet und möglichst geweitet. Ohne das Opfern von Zeit und Energie, materiellen Gütern und persönlichem Einsatz kann das Leben nicht aufblühen.[7] Ob jemand etwas in der Rolle eines Victim tun muss oder aktiv ein Sacrifice gibt, macht den Unterschied von freiwilliger und erzwungener Armut aus. Das Sacrifice trägt zur aktiven Weltgestaltung bei.

Freiwilliger Verzicht ist mitten im säkularen Marzahn zu finden. Er gehört zwar unverzichtbar zur christlichen Glaubenspraxis, ist aber weder den Ordensleuten noch Religionsgemeinschaften vorbehalten. Aber bei allen ist es entscheidend, wofür das Sacrifice gebracht wird, welches höhere Ziel man damit verfolgt und in welchen Dienst man sich damit stellt. Dient man der Liebe oder schürt man Hass? Gerade die Liebe erfordert es, sich selbst aufs Spiel zu setzen für das, was man liebt. Das gilt für die Liebe unter Menschen genauso wie für die Gottesliebe. Das hat Sr. Angelika erfahren, als sie bei den Missionsärztlichen eingetreten ist. Sie hat eine große musikalische Begabung und eine wunderbare Stimme, die jahrelang professionell ausgebildet wurde. Als junge Frau hätte sie eine erfolgreiche Opernsängerin werden können, vielleicht sogar eine berühmte. Ganz bewusst hat sie auf diese Karriere verzichtet. Das ist schon ein großes Opfer.

Sr. Angelika: »Ja, ich wäre sehr gerne Opernsängerin geworden. Als ich 1972 bei den MMS eintrat, habe ich mich für das Leben in einer Ordensgemeinschaft entschieden, die die heilende Liebe Gottes unter den Menschen präsent machen will. Mit einer Opernkarriere ist das erst mal nicht zu vereinbaren. Die Entscheidung für das Ordensleben ist eine Entscheidung gegen eine solche Karriere. Ich wünschte mir damals ein Leben in der Gemeinschaft gleichgesinnter Frauen, die, spirituell verwurzelt, miteinander das Charisma der Heilung leben. Diesem

Ruf nachzugehen, war mir den Verzicht wert. Es hat etwas mit innerem Frieden zu tun, den ich sonst nicht fand. In der Bibel gibt es die Erzählung von einem reichen Jüngling, der Jesus nachfolgen will und fragt, wie er das tun kann (Mt 19,16–30). Jesus antwortet ihm: ›Geh, verkauf deinen Besitz und gib das Geld den Armen‹. Ich hatte damals tatsächlich das Gefühl, dass meine Stimme ein ›Schatz‹ war, den ich zurücklassen musste, um den Weg mit und auf Gott zu radikaler gehen zu können. Natürlich habe ich dabei etwas eingebüßt: der Musik hätte ich gerne einen größeren Raum in meinem Leben eingeräumt. In diesem Sinn fühlte ich mich in der Tat arm.

Es hat viele Jahre gedauert, bis ich diese Entscheidung innerlich eingeholt habe. Es war ein langer spiritueller Weg, der mich erst in der Lebensmitte dazu führte, im Singen meine schöpferische Kraft neu zu erschließen und so mit Gott zu kommunizieren. Als Kind habe ich das intuitiv gemacht, später habe ich diese spontane Art verloren und mich auch mir selbst entfremdet. Und es gab Zeiten, in denen ich mich gefragt habe, ob meine Entscheidung für das Leben als Missionsärztliche Schwester das Opfer wert war. Letztlich war eine Krise die Herausforderung, spirituell zu wachsen. Heute singe ich gerne und habe dabei das Gefühl, ›ganz‹ zu sein. Hier erlebe ich persönlich die heilende Präsenz Gottes. Ich habe in den letzten 20 Jahren auch konzertant in Kirchen gesungen und kann mich daran freuen. Die Opernbühne ist es nicht geworden, aber dennoch erlebe ich meine Stimme als Gabe, die mir geschenkt worden ist. Und wenn ich gelegentlich in die Oper eingeladen werde, bin ich sofort dabei!

In der Tat war meine Antwort auf die Einladung Gottes, arm zu leben, in diesem Sinne recht speziell. Nicht jede Ordensfrau kommt wie ich aus einem wohlhabenden Elternhaus und verzichtet auf die damit verbundenen finanziellen Möglichkeiten. Das Beglückende ist, dass mir mit dieser Entscheidung auch Reichtümer zugeflossen sind, die ich sonst nie hätte erleben können. Freiwilliger Verzicht betrifft ja nicht nur das Geld. Wir überlegen uns beispielsweise auch sehr genau, wofür wir unsere Zeit alltäglich einsetzen – wieviel wir fernsehen oder welche Bücher wir lesen. Da fragen wir: lohnt sich dieser Einsatz von Zeit? Auch hier geht es darum, auf etwas bewusst zu verzichten, weil man damit etwas anderes gewinnt.

Heute bin ich wieder in der Welt der Klänge zuhause und erreiche Menschen mit Musik. Manchmal geschieht dadurch Heilsames. Die Verknüpfung von Musik und Spiritualität lässt mich Vieles neu entdecken. Ich habe gelernt, mit der Körpertambura Töne zu spielen, die einen Menschen in Schwingung bringen. Klientinnen können sich dann vorstellen, was Mechthild von Magdeburg schreibt. ›Fließe, gutes Gotteslicht.‹ ›Jetzt habe ich es erlebt, ich spüre das Fließen des Gotteslichtes!‹ sagte mir eine Klientin. Das ist für mich ein Geschenk. Solche Erfahrungen helfen mir in den letzten Jahren, meinen Ruf, heilende Präsenz durch Musik zu praktizieren, neu zu entdecken und anzunehmen.«

Verzicht und Gewinn, Opfer und Ekstase hängen zusammen. Das Werkzeug von etwas Heiligem zu sein, vermag überraschende Kräfte freizusetzen. Im Sacrifice erhalten Menschen mehr, als sie geben, denn ihr Leben erlangt Orientierung und Intensität, Aufschwung und Zugkraft. »Je ärmer sie wird, desto mehr fließt ihr zu«, so hatte Mechthild von Magdeburg die Erfahrung der Armutsbewegung auf den Punkt gebracht. Es ist der Kern einer Spiritualität, die aus dem biblischen »Halte mich nicht fest!« lebt. Freiwillige Armut setzt besondere Lebenszeichen. Sie zeigt Alternativen auf zu den gesellschaftlich vorherrschenden Handlungsweisen der Ökonomie. Sie setzt Zeichen der Hoffnung mitten ins Leben hinein.

4.2 Aufbrechen aus der Lähmung: christliche Spiritualität in heilender Präsenz

Wie kommt Bewegung in das Lähmende der Armut? Wie können Veränderungen bewirkt werden, die lösen, heilen und befreien? Manche Menschen freuen sich an Veränderungen und leben engagiert in ihnen, weil sie sich für eine Sache begeistern.

Das ist die Seite freiwilliger Wandlung. Oft aber steht ein Leidensdruck am Anfang, der Bewegung anschiebt. In der Lebensberatung ist dies häufig der Fall. Hier melden sich diejenigen, die eine Veränderung wollen, weil sie merken, dass es *so* nicht weiter geht. Wenn das Leiden zu groß wird und zugleich die Gewissheit entsteht, dass man etwas ändern muss, wenn man nicht nur überleben, sondern wirklich leben will, dann machen Menschen einen ersten Schritt.

Bei den Missionsärztlichen Schwestern finden Sie hierin Unterstützung. Ihr Anliegen bringen sie mit wenigen Worten auf den Punkt: christliche Spiritualität in heilender Präsenz. Im Arbeitsalltag sprechen sie zwar nicht von Spiritualität, weil dies für die Menschen in Ostdeutschland ein gar zu befremdliches Fremdwort ist. »Heilende Präsenz« drückt verständlich aus, worum es geht: mit größtmöglicher Intensität präsent, wirklich gegenwärtig zu sein, mit allen Sinnen des Körpers und des Geistes. Nur so kann Beratung gelingen. In welcher Situation steht die Frau, von welchen Verwundungen ist sie gezeichnet, welchen Machtwirkungen ist sie ausgesetzt, woher kommt das Lähmende ihrer Situation – und wo ist sie beweglich, wo zeigt sich ihre Kraft, die Heilung eröffnet?

In solcher Intensität präsent zu sein, ist ein Anliegen der Mystik. Mechthild von Magdeburg hatte hierfür den Ausdruck *»gegenwúrtekeit«*, Gegenwärtigkeit, geprägt. Dabei ist den Missionsärztlichen die Verbindung von persönlicher Lebenssituation und sozialen Fragen nach Gerechtigkeit, Ausgrenzung und Inklusion wichtig. Sr. Michaela sagt: »Das größte Glück meines Lebens liegt darin, dass ich Jesus von Nazareth und seine Vision von einem gerechteren Leben kennen gelernt habe. Er hat mich schon als Kind fasziniert. Ich habe mein ganzes Leben auf diese eine Karte gesetzt und habe dies bis heute nicht bereut. Jesu Einsatz für die Kleinen, die Menschen am Rande, für die Frauen und alle, die in der Gesellschaft unter die Räder geraten, die verletzten und gebrochenen Menschen, ist mir Vorbild und Richtschnur meines Lebens. Er zeigt mir, was ›heilende Präsenz in Wort und Tat‹ bedeutet.«

Die Botschaft vom humanen Heilswillen Gottes, für die die Missionsärztlichen Schwestern stehen, war im christlichen Abendland über lange Zeit persönlich überzeugend und gesellschaftlich akzeptiert. Das Christentum hatte, etwas überspitzt ausgedrückt, ein Heilsmonopol. Dies hat sich im letzten Jahrhundert erheblich verändert. Zwar sind die unheilvollen Heilsversprechen der DDR kläglich gescheitert. Dennoch ist das Christentum längst nicht mehr die einzige Gemeinschaft, die mit Heilslehren auftritt. Der Markt der Heilsangebote hat sich enorm pluralisiert.

4.2.1 Utopische Heilsversprechen – ein religiöses Thema in säkularen Kulturen

Mit dem Verlust der Vorrangstellung des Christentums in Europa ist dessen Kernthema »Heil und Heilung« nicht obsolet geworden. Im Gegenteil erfährt es heute einen Aufschwung, der sich allerdings in säkularen Kontexten bewegt. Menschen sehnen sich nach Heilung, denn sie sind selbst verwundbar und leben in einer verwundeten Welt. Sie erleiden Brüche, kommen im Alltag nicht zurecht, werden körperlich verletzt, sind überfordert, erfahren Krankheit, Gewalt und Tod. In Europa öffnen sich daher immer mehr Menschen den Heilsangeboten verschiedener Religionen. Sie ziehen sich aus den klassischen Religionen jene Traditionen und Praktiken heraus, die sie in ihren Lebensfragen weiterführen (vgl. Baer / Müller 2009).

Ostdeutschland bildet insofern eine Ausnahme, als hier explizit religiöse Angebote weniger genutzt werden, zumindest im Alltag. Aber auf dem Feld säkularer Heilsversprechen sind Ostdeutsche ebenfalls aktiv. Sie schauen Astro-Sendungen im Fernsehen und setzen auf die Weisheit der Karten und Sterne; sie folgen den Versprechungen der Kosmetik-Industrie und versuchen mit Hilfe von Pendeln einen Blick in ihre Zukunft zu werfen; sie fiebern mit ihrer Fußballmannschaft und hoffen auf den Sieg der Deutschen bei der WM. Säkulare Heilsversprechen sind in ganz Deutschland gefragt. Auch die Super-Model-

Casting-Shows agieren hiermit, das zeigt jeweils der Moment, wo das Urteil verkündet wird: Weiterkommen oder Ausscheiden, überwältigender Jubel oder totaler Zusammenbruch, Himmel oder Hölle. Hier geht es um eine säkulare Variante dessen, was Rudolf Otto »das Heilige« genannt hat (Otto 1987). Es ist eine Erfahrung von »fascinosum, tremendum et augustum«: die jungen Menschen sind fasziniert und völlig im Bann des bevorstehenden Urteils, sie fürchten nichts so sehr wie den Rauswurf und hoffen sehnlichst, den Sieg davon zu tragen.

Das Thema »Heil« hat einen ganzen Markt von Heilsversprechen hervorgebracht, die sich im religiös-säkularen Grenzbereich bewegen. Dieser Markt ist unüberschaubar groß und hart umkämpft, denn er ist ein erheblicher ökonomischer Faktor. Längst vagabundieren Heilsversprechen aus den Klöstern und Kirchen hinaus und gehen an ganz andere Orte. Viele Industriezweige spielen auf der Klaviatur der Heilshoffnung. Dabei kommt es zu erstaunlichen Kombinationen säkularer Angebote im religiösen Format.[8] In der Werbung erscheint eine junge Familie rundum glücklich, nachdem sie endlich das richtige Waschmittel gekauft hat. Ohne Heilsversprechen wären weder die Arzneimittel-Industrie[9] noch die ungeheure Autoproduktion denkbar. Auch der Buchmarkt geht dem großen Wurf nach oder folgt den kleinen verborgenen Wünschen. »*Du siehst gut aus!* Fit und gesund in die Fünfzig.« Solche Buchtitel verkaufen sich, weil Menschen ihre Gebrochenheit spüren, das Altern ahnen und sich nach Heilung sehnen. Und nicht zuletzt gelingt es dem Finanzmarkt immer wieder, mit Heilsversprechen Menschen zu riskanten Finanzaktionen zu verleiten. Allerorten treten Profis des Heils auf und bieten ihre im wahrsten Sinn »vielversprechenden« Leistungen an. Offenbar gilt: die Menschen von heute haben ein offenes Ohr für Heilsversprechen aller Art.

Die Qualität solcher Angebote ist so verschieden wie ihre vielfältige Herkunft. Gemeinsam ist ihnen allen, dass sie auf die menschliche Verwundbarkeit reagieren. Heilsversprechen haben es mit bereits geschehenen Verwundungen zu tun, aber auch mit solchen, die man in der Zukunft befürchtet. Verwundet zu werden ist schmerzlich. Daher ist es ein alter Traum der Menschheit, nicht verwundet zu werden. Achill wurde zwecks Unverwundbarkeit als Kind in den Unterweltfluss Styx getaucht. Siegfried badete im Blut des Drachen, um dessen alles abwehrende Schutzschilde zu erlangen. Der zeitgenössische Matrix-Held Neo ist sogar kugelresistent, nachdem er seine geheimnisvollen Kräfte entdeckt hat.

Angesichts der Schmerzlichkeit von Wunden ist die Sehnsucht nach Unverwundbarkeit verständlich. Aber sie ist utopisch und damit zugleich gefährlich. Utopien führen Handlungen und Ereignisse vor Augen, die außerhalb des Realisierbaren liegen. Im Kinofilm »Matrix« prallen die feindlichen Kugeln vor dem Hauptthelden ab wie von einer unsichtbaren Wand. Es mag genussvoll sein, sich in seine Situation hineinzuversetzen. In einer tatsächlichen Bedrohung durch Schusswaffen hilft das jedoch gar nichts. In einer verwundbaren und verwundeten Welt führt es nicht weiter, von Unverwundbarkeit zu träumen. Man läuft Gefahr, jene Handlungsmöglichkeiten zu verpassen, die man in der Realität tatsächlich hat. Die Chancen der Gegenwart entgleiten, weil der Blick sich auf das Unmögliche fokussiert. Ach wäre ein Auto schön, das weder mich selbst noch andere verwundet – ich könnte überall mit Höchstgeschwindigkeit fahren. Dies ist die Gefahr der Werbewelt, die das Blaue vom Himmel verspricht. Hochklassige Autos täuschen vor, dass sie automatisch und sofort stehen bleiben, wenn ein Kind plötzlich über die Straße läuft. Wellness-Produkte gaukeln vor, dass die Gesundheit in eigenen Händen liegt. Aber solche utopische Formate des Heils führen dazu, dass man Verwundungen nicht akzeptiert. Ach wie gemein und ungerecht ist es, dass ich so verwundet wurde! Und schon ist man in der Rolle eines Victims, das die eigene Situation nicht zu ändern vermag.

Menschen werden verwundet. Die entscheidende Frage ist, wie sie hiermit umgehen. In Heilsfragen ist es daher wichtig, die Verletztheit der Welt und der Menschen nicht zu verdrängen. Wenn man Heilung will, muss man sich die Wunden anschauen – Wunden, die man selbst erleidet, und auch jene, die man anderen zufügt. Dass Heilsversprechen eine riskante Sache sind und extrem gefährlich werden können, hat in besonderer Schärfe das »Heil Hitler« gezeigt. Wer auf falsche Heilsversprechen setzt, ruft Unheil hervor. Politische genauso wie religiöse Heilsversprechen erfordern daher Aufmerksamkeit und Vorsicht, denn sie können verheerende Konsequenzen haben. Auch die Kirche muss sich ihrem eigenen Unheilspotential stellen. Die öffentliche Aufdeckung des sexuellen Missbrauchs von Amtsträgern der katholischen Kirche sowie des Verschweigens durch kirchliche Führungskräfte hat dies besonders krass gezeigt. Die Kirche sagt von sich selbst, dass sie das Heil Gottes bringt – aber ihre Vertreter brachten den Opfern des Missbrauchs verheerendes Unheil. Der große Verlust an Glaubwürdigkeit der Kirche beruht auf diesem himmelschreienden Widerspruch: Heil verheißen, aber Unheil bringen.[10] Dieser Widerspruch bleibt prinzipiell eine Gefahr und ist daher gezielt im Blick zu halten. Die christliche Heilslehre darf nicht dazu führen, für selbst erzeugtes Unheil blind zu werden. Aus diesem Grund gilt es, utopische Elemente zu überwinden. Nur dann kann die christliche Heilsbotschaft glaubwürdig zur Geltung kommen.

4.2.2 Heilung durch »hearing to speach«: Verstummte zu ihrer Stimme erhören

Was ihre Heilslehre angeht, so bewegt sich die katholische Kirche heute in einer herausfordernden Situation. Auf der einen Seite steht in der öffentlichen Debatte das Unheil, das ihre eigenen Führungskräfte im Widerspruch zur christlichen Botschaft erzeugt haben; auf der anderen Seite stehen die zahlreichen Heilsangebote, die andere Religionen oder säkulare Institutionen anbieten. Beides macht es erforderlich, dass sich die Kirche der Frage stellt, was sie tun muss, damit das Heilsangebot Gottes in der heutigen Gesellschaft wirksam werden kann. Die Missionsärztlichen Schwestern leisten zu dieser Kernfrage einen Beitrag. Entgegen den Utopien des Heils versuchen sie, realistische Wege der Heilung zu eröffnen. Sehr bewusst verwenden sie nicht das abstrakte Wort »Heil«, sondern das konkrete Wort »Heilung«. Sie wollen, dass das, wofür das Christentum einsteht, nicht im Reich der schönen Ideen verharrt, sondern in konkreten Erfahrungen Realität wird.

Das spezifische Apostolat des Heilens hat die Ordensgründerin der Missionsärztlichen Schwestern, Dr. Anna Dengel, im Blick auf die südliche Welt entwickelt. Menschen, deren Leben von Rissen und Brüchen gezeichnet ist, brauchen Heilung, und zwar an Leib und Seele. Hierauf verweist das »ärztlich« im Ordensnamen. Krankheiten, Verletzungen und Brüche im Leben greifen nicht nur auf den Körper zu. Sie sind ein Machtzugriff, der die gesamte Existenz trifft. Im Buch Exodus des Alten Testaments heißt es daher von Gott: »Ich bin Jahwe, dein Arzt.« (Ex 15,26) Dieser biblische Rückbezug war Anna Dengel wichtig. In einer zerbrechlichen Welt, die von Unheil aller Art verwundet ist, setzen die Ordensschwestern auf Heilungschancen. »Aktive, heilende Präsenz« ist ihre Mission.

Dabei verstehen sie unter Heilung bei weitem nicht nur medizinische Hilfe. Ihr Charisma liegt darin, die heilende Präsenz Gottes vor allem unter jenen Menschen zu entdecken, die am Rande der Gesellschaft stehen. Sie fragen nach den Ursachen von Unheil und Ungerechtigkeit und wollen zu ihrer Beseitigung beitragen. Insofern hat ihr religiöses Engagement eine politische Dimension. Sie suchen Wege für Frieden, Gerechtigkeit und Bewahrung der Schöpfung in dieser schmerzlich zerrissenen, aber doch Einen Welt. Wie kann man dazu beitragen, dass Wunden heilen und die unsägliche Macht der Verwundbarkeit gebrochen wird? Das geht nicht ohne Beachtung der politischen Situation, der von der Kirche geschlagenen Wunden, der Ungerechtigkeiten im menschlichen Zusammenleben. Dass das Reich Gottes ein Reich der Gerechtigkeit, des Friedens und der Liebe ist, das hat konkrete Bedeutung in konkreten Realitäten des Lebens.

Heilungswege brauchen Sensibilität sowohl für sozial-politische Kontexte wie für die individuelle Situation einzelner Menschen, denn beides beeinflusst einander. Das zeigt sich an dem, was Sr. Anglika als spezifische Form der Armut in Ostdeutschland benennt. Aus der DDR-Zeit heraus wirkt bis heute eine starke Orientierung am Materiellen nach. Dieser Materialismus verkörpert sich als Tunnelblick auf Finanzielles. Einige Frauen rechnen in der Beratung anfangs gar nicht damit, dass es über greifbare Wertgegenstände hinaus noch eine ganz andere Lebensqualität gibt. Verständlicherweise sind Wohlstand und Besitz hier, wo sie fehlen, besonders wichtig. Aber ein Tunnelblick auf Materielles verdunkelt das, was darüber hinausgeht. Im Christentum sind »glauben, lieben und hoffen« entscheidende Praktiken. In Ostdeutschland sind sie äußerst brüchig. Die Fähigkeit, aus einer nicht-materiellen Quelle zu leben, kommt gar nicht in Betracht. Sr. Angelika erlebt in Therapien die Überraschung, wenn der Tunnelblick sich lockert und etwas anderes aufbricht. Zunächst haben die Frauen keine Worte für das, wovon sie plötzlich zutiefst berührt sind. Wenn das jedoch geschieht, kann man ganz anders über das Leben sprechen und neue Handlungsperspektiven entwickeln. Die wichtigen Dinge des Lebens erscheinen in einem neuen Licht.

Das Leitwort »Spiritualität in heilender Präsenz« stellt einen Anspruch, der viel erfordert. Aber die Schwestern betonen zugleich, dass es ihnen eine Kraftquelle ist zu wissen, dass sie gebraucht werden und wofür sie leben. Im Dienst einer höheren Sache zu stehen, setzt auch bei ihnen Lebensenergie frei. Präsenz ist also nicht ein passives Dasein, sondern ein aktives Engagement: wahrnehmen, was gebraucht wird, die eigene Kreativität zur Verfügung stellen und einsetzen. Ein entscheidender Punkt ist dabei Sensibilität für die Selbstheilungskräfte eines Menschen. Wo können diese entdeckt, freigelegt und zum Wachsen angeregt werden?

Als Motto der Lebensberatung hat die Berliner Gemeinschaft ein Zitat des Mönchs und Mystikers Thomas Merton (1915–1968) gewählt.

> »Im innersten Kern unseres Lebens gibt es einen Punkt, klein wie ein Nichts, an den Sünde und Illusion nicht zu rühren vermögen. Es ist der Punkt der lauteren Wahrheit, ein Punkt

oder Funke, der ganz Gott gehört. Nie können wir über diesen Punkt verfügen, sondern Gott verfügt von diesem Punkt aus unser Leben.« (Merton 2008, 82)

Merton war ein sehr bewegter und bewegender Mensch. Geboren wurde er in den französischen Pyrenäen, seine Mutter war US-Amerikanerin, sein Vater Neuseeländer. Entsprechend viel ist er gereist, bis er in Kenntucky / USA in einem Orden *seinen* Ort fand. Er war mit allen Wassern des Lebens gewaschen, hat Höhen und Tiefen durchlitten und durchlebt. Er war Trappist und Autor von Bestsellern; leidenschaftlicher Einsiedler und geistiger Führer der US-Friedensbewegung; ein Mann des Schweigens, der in Fragen nach Krieg und Frieden beharrlich das Wort ergriff. Als radikaler Einsiedler und großer Schweiger wurde er aufgrund seiner Schriften zu einem Wortführer der damaligen Friedensbewegung. Er war ein Mystiker, der an die Lebensmacht der Auferstehung glaubt: an den göttlichen Funken, der in jedem Menschen Feuer zu entfachen vermag.

Diese Metapher vom Punkt im Inneren des Menschen, dem göttlichen Funke, den Merton hier ins Wort bringt, stammt von dem mittelalterlichen Mystiker Meister Eckhart. Die Pastoralkonstitution hat sie aufgegriffen, als das 2. Vatikanische Konzil darum gerungen hat, wie es die »hohe Berufung des Menschen« beschreiben soll. Es rückte die nicht sichtbare, aber doch wirksame Berufung aller Menschen durch Gott ins Zentrum. In seinem großen Glaubensbekenntnis erklärt das Konzil, »dass etwas wie ein göttlicher Same in ihn [den Menschen] eingesenkt ist« (GS 3). Weil es diesen göttlichen Samen in Jeder und Jedem gibt, ist die Kirche als Volk Gottes mit allen Menschen religiös verbunden. Daher bietet sie der Menschheit »die aufrichtige Mitarbeit an zur Errichtung jener geschwisterlichen Gemeinschaft aller, die dieser Berufung entspricht.«

Bei diesem göttlichen Samen, dem Punkt, dem Funken wollen die Missionsärztlichen ansetzen. Sie glauben daran, dass es mitten in aller Verwundung und Zerstörung etwas Unzerstörbares gibt, das Auferstehung ermöglicht. Sie nennen es sehr behutsam und in säkularen Worten wie »gesunde Anteile«, »Selbstheilungskräfte« oder »etwas, das stärker ist als die Zerstörung«. Hierauf kommt es in ihrer heilenden Präsenz an, die von der Sorge um Leib und Seele, um das Leben selbst, getragen ist. Ihr Engagement ist Beratungsarbeit, sei dies in Form der Logotherapie, musiktherapeutischer Arbeit oder der Notfallseelsorge. Beratung aber ist ein Sprechakt. Sie geschieht im Gespräch, das Erfahrungen in den Blick nimmt, sie deutet und neue Handlungsperspektiven zu erschließen versucht. Für diesen Gesprächsprozess ist eine Aktivität von besonderer Bedeutung: das Hören.

Die Qualität von Beratung, Seelsorge und geistlicher Begleitung entscheidet sich an dem Verhältnis von Sprechen und Hören, die in einem bewegten, manchmal auch fragilen Wechselverhältnis stehen. Es kommt darauf an, das zu hören, was gesagt wird. Aber auch das will erhört werden, was ungesagt bleibt. Zwischen den Zeilen des Gesagten das Unerhörte zu erhören, gibt der Seelsorge ihre Wirkkraft. Auf das Verborgene, Unsägliche, Verstummte kommt es an: was nicht gesagt werden kann, weil es sprachlos macht; wofür Menschen keine Sprache haben, obwohl es in ihrem Leben machtvoll am Werk ist. Zwischen den Zeilen lesen und Körperhaltungen, Gesten, Reaktionen wahrnehmen und behutsam deuten.

Bei Menschen, die in einer Armutsspirale gefangen sind, ist dies besonders herausfordernd. Denn das Lähmende der Armut trifft auch die Stimme. Ihre Stimme ist gelähmt. Sie können nicht leichtfüßig über das sprechen, was so entscheidend ist in ihrem Leben, sondern sie verstummen gerade in dem, was eigentlich zu Wort kommen soll. Wer verstummt ist, wird handlungsunfähig. Aus diesem Grund ist die Fähigkeit, zwischen den Zeilen zu lesen und das Ungesagte zu erhören, hier so entscheidend. Am Anfang steht das Hören auf das, was gar nicht gesagt wird.

Ein weit verbreitetes Verständnis von Seelsorge geht davon aus, dass hier das Sprechen entscheidend sei. Jemand hat eine bestimmte Lebensweisheit und Glaubensstärke und lässt andere davon profitieren, indem er oder sie Ratschläge gibt. Dabei ist richtig, dass Menschen in Not auf ein Wort hoffen, das ihnen eine verwirrende, bedrängende Situation erhellt. Aber wo kommt dieses Wort her? Die US-amerikanische Theologin Nelle Morton (1905–1986) ist dieser Frage nachgegangen und hat dabei die Bedeutung des Hörens neu entdeckt. Ihr Wort vom »Hearing to Speech« beschreibt das, was in der Beratung geschieht.

Das normale Verständnis vom Sprechen geht davon aus, dass eine Person zuerst redet, und dann von anderen gehört wird. Das Hören folgt dem Sprechen. Nach Morton ist es jedoch umgekehrt: am Anfang steht ein sehr intensives Hören, und dieses Hören ruft das Sprechen hervor. Das Hören geht dem Sprechen voran. Dieses Hören im Sinn heilender Präsenz kann im Deutschen mit einem eigenen Wort ausgedrückt werden: es geht nicht nur darum zu hören, sondern zu »erhören«. »Hearing to Speech« heißt, dass jemand, der oder die verstummt ist, zum Sprechen erhört wird. Zu diesem Erhören gehört, dass die Beraterin hört und spricht. Sie bringt behutsam zur Sprache, was sie wahrnimmt. Entscheidend ist jedoch nicht, dass die Beraterin spricht, sondern dass die in einer Armutsspirale Verstummten zu ihrer Stimme finden. Das Hören und Sprechen der Beraterin dient diesem Ziel. In der Beratung geht es darum, jemanden aus der Stummheit heraus zum Sprechen zu erhören.

»Erhören« in diesem Sinn heilender Präsenz hat lösende und erlösende Kraft. Nelle Morton sagt, dass es »out of our whole selves«, aus unserem ganzen Wesen heraus geschieht. Nicht nur die Ohren, sondern der ganze Körper hört. Hearing to Speech bedeutet: »Lernen, mit dem ganzen Körper zu hören. Lernen, mit dem Auge zu hören und mit dem Ohr zu sehen und mit dem Hören zu sprechen.« (Morton 1985, 83) Das Zentrum des Hörens ist nicht mehr nur das Ohr, sondern der ganze Körper mitsamt seinem Verstand. »Hören dieser Art ist ein ›empowerment‹. Wir ermächtigen uns gegenseitig, indem wir uns zu unserer Stimme erhören. Wir ermächtigen die Enterbten, die AußenseiterInnen, insofern wir fähig sind, sie dazu zu erhören, dass sie auf ihre eigene Weise ihre eigene Unterdrückung und ihr Leiden beim Namen nennen. [...] Hören in diesem Sinn kann politische und soziale Strukturen durchbrechen und ein neues System entwerfen.« (Morton 1985, 128)

Wo Verstummte zu ihrer Stimme finden, widerstehen sie den unsäglichen Mächten, die auf sie zugreifen. Langsam verschieben sich die Machtverhältnisse. Indem Menschen zu ihrer Stimme finden, brechen sie aus ihrer Lähmung auf. Indem die Beratung hierzu einen Beitrag leistet, unterstützt sie den Weg der Heilung. Theologisch ist hierbei die Verbindung zu Maria und ihrem Magnifikat interessant. In der Begegnung mit dem Engel und ihrem Ja-Wort zum Leben wird Maria sprachfähig. Wo Verstummte heute aus der Armutsspirale heraustreten und ihre Stimme finden, offenbart sich eine verschwiegene Spur Gottes – auch mitten in Marzahn.

4.3 Das Leben zum Klingen bringen – spirituelle Ressourcen in der Musiktherapie

Wie aber können Menschen aus der Lähmung des Verstummens heraus in Bewegung kommen und zu ihrer Stimme finden? Die Stummheit kann ja geradezu übermächtig sein. Das Hören und Sprechen der Beraterin kommt hier an eine Grenze. Es erreicht die hilfesuchende Frau vielleicht gar nicht. An diesem Bruchpunkt kommt ein anderes Medium ins Spiel, das die Stimmfähigkeit auf andere Weise weckt: die Musik. Sr. Angelika sagt: »Das Wundervolle an der Musik ist: sie kann Menschen unterschiedlichster Herkunft erreichen und auch Menschen mit ganz verschiedenem (a-)religiösem Bekenntnis. Die Sprache der Musik ist international und kann von jeder und jedem verstanden und gespielt werden. Man muss keine fremde Sprache lernen. Auf unserer ›Lebensreise‹ ist Klang das erste Phänomen, das erwacht, und das letzte, das verschwindet. Musik berührt uns auf einer tiefen Ebene. Sie ruft Erinnerungen und Emotionen hervor und führt aus der Enge der eigenen Welt hinaus in die Weite des Lebens. Sie hilft uns, in Kontakt zu kommen mit dem spirituellen Grund in uns selbst, mit unseren Mitmenschen und der Schöpfung, mit Gott. Musik ist göttlich.«

4.3.1 Musik löst behutsam die Zunge

In der Beratungsstelle gibt es einen eigenen Klang-Raum. Lichtdurchflutet, gibt er dem gesamten Ort eine ganz eigene Atmosphäre. Nirgendwo steht hier ein Schild: »Bitte nicht anfassen!« Im Gegenteil, diese Instrumente sind berührbar. Sie wollen mit all ihren Tönen bespielt werden. Sr. Angelika erläutert: »In unserem Klang-Raum stehen etwa 60 Instrumente mit sehr unterschiedlichen Klang-Qualitäten. Die Gongs treten hervor, denn sie nehmen viel Raum ein. Die ›Sound-creation-Gongs‹ haben verschiedene Tonhöhen und können ganz unterschiedlich gespielt werden. Sie sind teilweise nach Planeten benannt wie der Mond- oder Sonnengong. Der größte hier ist der Universalgong, der die Schwingungen der anderen Gongs insgesamt wiedergibt. Wenn man sich hinter diesen Gong stellt, während er gespielt wird, kann man die filigranen Schwingungen im Raum spüren. Erdet man sich dabei gut, werden durch die Klangwellen eigene Lebensenergien geweckt.

Der indonesische Buckelgong – er heißt so, weil er in der Mitte einen Buckel hat – kann eine Hilfe sein, sich zu zentrieren. In dieser Hinsicht spricht man ihm heilende Eigenschaften zu. Meine Mitschwestern haben ihn von einem Heiler auf der Insel Java erhalten. Die Teilnehmerin einer Musiktherapiegruppe hat beim Spielen festgestellt: ›Sein Klang erweckt in mir das Bild eines Waldes, in dem es ganz still ist. Ich kann diesem Klang in die Stille folgen. Mich beeindruckt, wie sich mir die Welt der Bilder auftut als ein kreativer Raum. Von dieser Welt wusste ich bisher nichts.‹

Die buddhistischen Tempelglocken sind Klangschalen, die in verschiedenen Tonhöhen wie Glocken aus der Ferne klingen. Auch Trommeln und Saiten- und Blasinstrumente erklingen in unserem Raum. Sie kommen aus verschiedenen Kontinenten: die Djemben aus West-Afrika und die Congas aus Lateinamerika. Sie werden rhythmisch gespielt und können eingesetzt werden, um an die eigene Kraft zu kommen, diese zu spüren und z. B. in einer Gruppenimprovisation mit anderen zusammen in Einklang zu kommen.

Als Klanginstrument bietet das Monochord, hier mit dreizehn Saiten, einen immensen Obertonreichtum. Da alle Saiten auf denselben Ton gestimmt sind, schwingen beim Anschlagen einer Saite alle anderen als Resonanzsaiten mit. Wer sich im Lauschen der Ein-Tönigkeit hingibt, wird entdecken, dass sich im Ein-Klang der gesamte musikalische Kosmos verbirgt. Durch gleichmäßiges Streichen der Saiten mit den Fingerkuppen erzeugt man einen intensiven, fließenden Klangteppich, der auch zum Singen einlädt, z. B. für Obertongesang oder modale Improvisationen. Dieser Klang gibt ›Boden‹, wenn man ihm eine Weile lauscht. Manchmal kommen Menschen zur Beratung, die den Boden unter ihren Füßen verloren haben. Sie sind abgehoben, vielleicht in Panik und voller Angst. Im Spielen des Monochords kann dann das Gefühl entstehen, getragen zu werden, manchmal auch geborgen zu sein. Positive Bilder stärken die Klientin, und es wird visionäres Potential geweckt. Das erinnert mich an die Worte der Mystikerin Gertrud von Helfta, die in ihren geistlichen Übungen bittet: »auf dass mich auf rechten festen Boden führe sein lebenspendender Geisthauch, der gut ist.« (Gertrud von Helfta 2001, 47). Etwas davon geschieht hier.

Ebenso wichtig ist die Körpertambura. Sie ist ein in der Klangwerkstatt von Bernhard Deutz in Berlin neu entwickeltes Klanginstrument, das auf den menschlichen Körper aufgelegt wird. Es ist bei den Klientinnen sehr beliebt, weil es Leib und Seele spürbar gut tut. Der sehr leicht gebaute Korpus ist mit einer körpergerecht konkav gewölbten Oberfläche ausgestattet und auf der Rückseite mit 7 x 4 Saiten in der Stimmung der indischen Tambura (A – d – d – D) bezogen. Durch gezieltes, behutsames Auflegen an bestimmten Körperregionen (z. B. Rücken, Brust, Bauch oder Beckenbereich) wird intensive Energie aktiviert. Beim Anstreichen der 28 Saiten durch die Therapeutin entstehen für die Bespielten eine feine Vibration und ein zart einhüllender

Klangraum – die Töne fließen quasi direkt spürbar durch den Leib. Die Durchlässigkeit, Atmung und Körperwahrnehmung werden gefördert. Die Wirkung des zarten Klangs kann auf eine sehr sanfte Weise entspannen und zugleich stimulieren. Blockierungen, Erstarrung und Lähmung können sich behutsam lösen.

Blasinstrumente wiederum ermöglichen es, den eigenen Atem zu stärken. Für mich selbst ist dabei der Glaube wichtig, dass Gottes Atem uns durchströmt. ›Heiliger Geist, du bist mein Atem‹, schreibt Mechthild von Magdeburg (FLG V,6). Atmen bedeutet Leben. Bei Menschen in der Armutsspirale ist gerade auch die Atmung gehemmt, unfrei, gelähmt. Das schlägt sich auf die Stimme nieder. Umgekehrt lockt eine Befreiung des Atems die eigene Stimme wieder hervor. Wer frei atmet, wird ›stimmfähig‹ im tiefgreifenden Sinn dieses Wortes.

Für mich selbst ist es jedes Mal von neuem beeindruckend, wenn wir eine Gruppenimprovisation zu den vier Elementen des Lebendigen machen. Feuer, Wasser, Luft und Erde kommen hier zum Klingen und ergeben miteinander einen großartigen Gesang. In ihm kann die Gruppe eine eigene Beziehung zur Schöpfung aktivieren. Das steht zwar nicht im Mittelpunkt unseres Wirkens hier in Marzahn, aber für unsere Gemeinschaft sind ökologische Fragen sehr wichtig. Dr. Birgit Weiler, eine Mitschwester aus Deutschland, die jetzt in Peru arbeitet, hat 2010 ihre Dissertation hierüber geschrieben. In einer Gruppenimprovisation der vier Elemente können wir die Verbundenheit der Menschen mit der Schöpfung ins Bewusstsein rufen, unsere Vernetzung und die vielen Wechselwirkungen, aus denen heraus Leben entsteht. Wer sich vom Leben abgeschnitten fühlt, kann auf diesem Weg wieder einen Zugang finden.«

Wer zur Marzahner Beratungsstelle kommt, betritt einen Raum, in dem das Leben zum Klingen kommt. Musik ist ein wichtiger Teil des therapeutischen Angebots. Sie bringt in Bewegung, denn sie ist selbst bewegt. Klänge sind in der Lage, Erstarrungen behutsam aufzulösen und eine neue Beweglichkeit zu eröffnen. Sr. Angelika wendet in ihrer Arbeit die Methoden der »Integrativen Musiktherapie (IMT)« an, die tiefenpsychologisch und psychodynamisch ausgerichtet ist. Sie bietet ein gutes Handwerkszeug für die Arbeit in der Beratungsstelle. In der IMT geht es darum, dass die Frauen ein neues Grundvertrauen in ihr Leben entwickeln. Das brauchen sie, um an die eigenen Selbstheilungskräfte heran zu kommen und eigene Ressourcen zu aktivieren.

Sr. Angelika ist davon überzeugt, dass das Leben den Menschen diese Kräfte zur Verfügung stellt. Aber sie sind oft verschüttet und wollen erst ausgegraben werden. Den winzig kleinen Punkt, den Thomas Merton beschreibt, versteht sie als jenen Ort, der eigene Heilungskräfte birgt. In der Therapie wollen die Frauen mit diesem unzerstörbaren inneren Kern in Kontakt kommen. Mit ihren Instrumenten und Klängen erleichtert Sr. Angelika den Weg dorthin, zum Beispiel über die Gongs oder über das Monocordspiel. Neben den bedrängenden Erfahrungen, den Problemen oder Konflikten kann dann etwas Heiles hervorkommen. Sr. Angelika arbeitet als Musiktherapeutin, weil sie davon überzeugt ist, dass Musik heilende Kräfte hat.

»Töne und Klänge spielen eine wichtige Rolle beim Umgang mit Störungen und Konflikten, Ängsten und Blockierungen. Das Lähmende der Armut, die mit ihr verbundene Angst oder sogar Verzweiflung erzeugen einen hohen inneren Druck. Die Menschen sind ja nicht entspannt, sondern gelähmt, und das ist etwas ganz anderes. In der Lähmung liegt vielleicht eine Kraft, aber sie ist blockiert, quasi gefesselt. ›Das Leben zum Klingen bringen‹ trifft gut, was in der Musiktherapie passiert. Im Leben haben wir es ja mit allen möglichen Gefühlen zu tun, die uns gefallen oder missfallen, die uns erstarren lassen oder in Bewegung bringen. Sie können zueinander passen, widerstreiten sich aber auch oft. Trauer, Wut, Jubel, Verzweiflung – dieses große Durcheinander in Worte zu fassen, ist nicht leicht. Aber viele Menschen haben die Möglichkeit, ihre Gefühle spontan mit Klängen auszudrücken. Die Instrumente wirken sehr direkt. Man kommt leichter an Erinnerungen heran, an schmerzliche genauso wie an befreiende. Die Frauen kommen ja hierher, weil sie mit etwas nicht zurecht kommen. Sie wünschen sich, dass etwas anders wird in ihrem Leben; dass sie selbst anders handeln können und nicht mehr so gelähmt sind von dem, was ihnen widerfährt. Aber es fällt ihnen meist schwer, darüber zu sprechen. Sie müssen sich zeigen, sich offenbaren. Und das führt an schwierige Punkte des eigenen Lebens. Daher sind Frauen oft stumm, wenn sie zu uns kommen. Ihnen fehlen Atem und Stimme, und wir erleben Sprachlosigkeit und Verstummen.

Ich erinnere mich gut an eine Frau, die in der Nachwendezeit zu uns kam wegen Stasi-Mittäterschaft. Ja, die Gesichter von Armut sind wirklich sehr vielfältig. Sie zeigen sich auch im Angesicht jener, die auf den ersten Blick als Täterinnen erscheinen. Manche Mitarbeiterinnen der Stasi wissen, dass das, was sie gemacht haben, nicht richtig war. So stand diese Frau Anfang der 90er Jahre vor der Frage, wie sie mit ihrer Schuld umgehen kann. Diese Schuld war nur schwer fassbar, da sie mitten in anonymen politischen Mächten entstand. In der Therapie kam diese Schuld zum allerersten Mal als Schuld zur Sprache. Frau G. war in den frühen Jahren der DDR zunächst nicht politisch aktiv. Aber mit dem Einmarsch russischer Truppen in der CSSR war sie nicht einverstanden. Aus diesem Grund versuchte sie eine »Republikflucht«, wurde aber erwischt und festgenommen. Ihr Urteil lautete siebeneinhalb Jahre Gefängnis, verbunden mit starker sozialer Isolation. Sie war unter anderem in dem berüchtigten Frauengefängnis Hoheneck. Mit perfiden Zwangsmethoden wurde sie davon überzeugt, dass sie mit ihrem Fluchtversuch eine Schuld an der sozialistischen Gemeinschaft auf sich geladen habe. Sie müsse dies wieder gut machen. ›Ich wurde als Individualist und undisziplinierter Mensch sehr negativ beurteilt. Am Ende sah ich mich als Versagerin, weil ich egozentrisch, nur an mich denkend, die DDR verlassen wollte. Die Arbeit für die Stasi wurde als Chance dargestellt, dies wiedergutzumachen. Aber meine Gefühle waren ganz anders. Ein tiefer Zwiespalt nistete sich in mein Leben ein.‹

Die Stasi stellte ihr nur einen Weg aus der angeblichen Schuld vor Augen: Sie solle zur Informellen Mitarbeiterin werden. Das hat sie nach einiger Zeit dann auch getan. Zugzwang und Zwiespalt, diese zwei Worte charakterisieren ihre Situation von

Schuld und Scham. Sie hat einige Jahre für die Stasi gearbeitet. Damit taten sich neue Lebenschancen auf: ihr wurde ein Studium ›gewährt‹, das ihren Begabungen entsprach, und sie schlug eine akademische Karriere ein. Aber der Preis, den sie dafür zahlte, war sehr hoch. Sie hatte schwer damit zu kämpfen, dass sie Freundinnen und Freunde verriet. Sie versuchte, ihre zuwider laufenden Emotionen abzuwehren, und entwickelte eine Art Anästhesierung. Sie fühlte sich eingesperrt und erstarrte innerlich immer mehr. ›Klassenkampf braucht Härte.‹ Diesen DDR-Spruch erfuhr sie am eigenen Leib. Nach der Wende litt sie dann unter Angstzuständen und Depressionen. Ziel meiner therapeutischen Arbeit war es, die Bewältigungskompetenz der Frau zu stärken. Wie kann diese Frau mit ihrer Schuld leben? Kann sie etwas wieder gut machen und Versöhnung bewirken? Welche Schritte kann sie in diese Richtung gehen?

Frau G. hat das Lähmende ihrer Situation mit dem Wort ›Erstarrung‹ zum Ausdruck gebracht. Sie hat die kalte Gefängnisluft mit hinaus genommen, als sie zwar endlich entlassen wurde, die bedrängenden Erfahrungen aber nicht hinter sich lassen konnte. Die Atmosphäre ihres Lebens war ›eingefroren‹. Über Frau G. bin ich als Therapeutin konfrontiert worden mit der psychologischen und spirituellen Realität von Menschen in großer Not, gefangen und blockiert von alten Ideen und Ideologien und nicht in der Lage, sich selbst zu befreien. Aber diese Frau war bereit, sich auf einen langen Heilungsweg zu begeben. Mit ihr konnte ich sehr gut mit unseren Instrumenten arbeiten: Der Universalgong hat sie bei ihrem Schrei unterstützt, der sich endlich einen Weg aus dem Verschweigen und Verstummen bahnen wollte. Das Monochord und die Klangwiege haben ihr Trost und Erdung vermittelt, mit den Trommeln kam sie einem neuen Rhythmus ihres Lebens auf die Spur.

Frau G. hat erzählt, dass sie manchmal in ihrer Wohnung stand und plötzlich alles um sie herum buchstäblich zu erstarren begann. Das ist eine ganz typische Erfahrung. Viele Klientinnen beginnen ihre Erzählungen mit Metaphern von Lähmung, Gefesseltsein, Erstarrung. Sie wollen erst einmal festen Boden unter ihren Füßen spüren. Krisen, Verstrickungen, Schicksalsschläge oder einfach Überforderung im Alltag haben ihnen diesen Boden weggezogen. Deswegen arbeite ich mit der Metapher ›Erde‹. Wer in Umbrüchen lebt und in ihnen – im wahrsten Sinn des Wortes – be*stehen* will, braucht festen Stand. Dabei hilft der Erd-Gong. Er hat einen wunderbar vollen Klang. Wer standfest ist, kann sich bewegen. Wer gelähmt ist, wird schnell aus der Bahn geworfen.

Daher üben wir erst einmal das Stehen und dann den ersten Schritt. Wenn eine Frau zum Beispiel das Wort ›erstarrt‹ verwendet, um von ihrer Lebenssituation zu erzählen, kommt die Wellentrommel ›Ocean Drum‹ zum Einsatz: sie ähnelt dem Klang von fließendem Meerwasser. Frauen, die das Gefühl haben, dass ihr Leben erstarrt ist, lauschen diesem Meeresrauschen gern. Sie sagen, dass sich dann etwas in ihnen löst; dass sie mit ihrer Quelle in Kontakt kommen. Oft heißt es: ›Ich spüre Leben, endlich wieder Leben in mir.‹«

Die Frauen reagieren sehr unterschiedlich, wenn sie das erste Mal mit den Instrumenten in Berührung kommen. Einige schrecken erst einmal zurück, weil sie noch nie eine solche Art von Musik erlebt haben, geschweige denn selbst in der Weise musikalisch aktiv waren. Die Instrumente jagen ihnen eine Portion zuviel Respekt ein. Andere hingegen gehen direkt auf den Gong zu und spielen oder sagen: »Spielen Sie *den* mal für mich.« Die unzähligen Töne, die hier möglich sind, auch die verschiedenen Geschwindigkeiten und Lautstärken bieten eine ganze Palette an Ausdrucksmöglichkeiten. Das Schöne an dieser Methode ist, dass es keine musikalische Vorbildung braucht, weil es darum geht, innere Bilder in Klänge umzusetzen.

Musik kann kleine Pforten und große Tore öffnen, die aus der Erstarrung heraus führen. Denn Klänge lösen behutsam die Zunge. Wenn Menschen so im Streit miteinander liegen, dass die verbale Verständigung abgebrochen ist und unmöglich erscheint, zum Beispiel in einer tiefen Ehekrise, dann kann Musik einen neuen Zugang eröffnen. Wort und Klang hängen in der Marzahner Beratungsarbeit eng zusammen. Dabei arbeitet Sr.

Michaela tendenziell mehr mit Worten, sie ist Logotherapeutin, und Sr. Angelika mehr mit Tönen. Aber trennen kann man beides nicht. Die Therapeutinnen spielen sich deshalb gern die Bälle zu. Sr. Angelika möchte die Frauen dazu bewegen, dass sie das, was sie beschäftigt, in Musik umsetzen. In einem längeren Prozess kann es dann vielleicht gelingen, diese Erfahrungen ins Wort zu bringen. Musik führt dazu, dass Frauen wieder zu Atem kommen, und ihr Atem setzt ihre Stimme frei. So trägt Musik dazu bei, dass sie ihr Verstummen überwinden.

In einer kleinen Abwandlung des Gedichts »Wort und Ding« von Hilde Domin (Domin 1987, 299) kann man auf die Berliner Beratungsstelle hin sagen:

Wort und Klang
Wort und Klang
lagen eng aufeinander
die gleiche Körperwärme
bei Klang und Wort

4.3.2 Spiritualität in der Musiktherapie

Universalgong und buddhistische Tempelglocken – die Namen einiger Instrumente verweisen auf eine religiöse Dimension, die über ein rein profanes Verständnis von Musik hinausgeht. Zwischen Musik und Religion gibt es tiefe, jahrtausende alte Verbindungen. Große genauso wie kleine, klassische genauso wie neue Religionen arbeiten mit Klängen und mit Gesang. Das melodiöse Rezitieren Heiliger Schriften, das Singen spiritueller Texte und konzentrationsfördernde Klänge haben in Judentum, Islam und Christentum einen festen Platz in der rituellen Praxis. Selbst da, wo Menschen heute ihre Spiritualität eher vagabundierend leben, haben Atem, Stimme und Klang besondere Bedeutung.

Die innere Verbindung von Musik und Spiritualität ist Sr. Angelika ein Herzensanliegen und der Dreh- und Angelpunkt ihrer Arbeit. Sie hat ihre Tätigkeit bei den Missionsärztlichen

Schwestern als Krankenschwester begonnen. Zuvor aber war sie Sängerin mit Ausbildung für klassische Musik. Mit den Jahren merkte sie dann, dass sie ihre musikalische Herkunft für ihre Beratungsarbeit brauchen kann. Mit vierzig Jahren studierte sie zusätzlich Musik- und Gestalttherapie und entwickelte dann ihren eigenen Ansatz und eigene kreative Methoden, um Spiritualität und Musik miteinander zu verbinden.

Dabei ist es nicht ungewöhnlich, dass Musik mit etwas Anderem verbunden wird. Musik ist keine magische Praxis, kein Allheilmittel, das automatisch den Weg zum Besseren führt. Sie wird sogar alltäglich als politische Waffe eingesetzt. Kein Krieg ohne Kriegsgeheul und Kampfmusik. »Wo man singt, da lass dich nieder« – dieser Empfehlung ist man in der Nazi-Zeit besser nicht gefolgt. In der DDR war Musik ein alltägliches Instrument in den Händen von Politik und Propaganda. Schon die Kinder wurden mit Liedern traktiert wie: »Wenn Mutti früh zur Arbeit geht, dann bleibe ich zuhaus. Ich binde eine Schürze um und feg die Stube aus.« Musik setzt Kräfte frei. Diese können in Richtung Zerstörung oder Heilung gehen.

Sr. Angelika nutzt die Musik, um Heilung zu eröffnen. Aus diesem Grund sieht sie in ihrer Tätigkeit eine tiefe Verbindung von Musik und Spiritualität. »Die spirituelle Dimension gehört wesentlich zu den musiktherapeutischen Prozessen, die ich anstoße und begleite. Wenn ich mit einer Frau arbeite, dann kann ich nicht trennen: hier die Musik, da die Spiritualität. Beides geht Hand in Hand, wenn die Therapie gut läuft. Mir selbst eröffnet sich Spiritualität auf besondere Weise in der Musik. Musik hat mich in meinem ganzen Leben begleitet. Schon als Kind war sie für mich wichtig, als ich von einem Land zum nächsten gezogen bin: von Deutschland nach Kanada, von dort nach Österreich und wieder nach Deutschland zurück. Ich wechselte Orte, Sprachen, Schulen und Freundschaften. Jeder Länderwechsel bedeutet, verschiedene Sprachen und Kulturen anzunehmen. Aber es war im Hören und Praktizieren von Musik, hauptsächlich im Singen, dass ich bei mir selbst zuhause sein konnte. Wenn ich traurig war oder einsam, fand ich Trost in

Musik. Wenn ich mich freute über eine neue Entdeckung oder Entwicklung, so stellte sich sogleich im Inneren eine Melodie hierfür ein.

Ich weiß heute noch, welche Musik mich in welchen Zeiten begleitet hat und wo ich durch bestimmte Musik Kraft gefunden habe. Dabei ist für mich das Singen besonders wichtig. Der Atem wird frei, das Leben weitet sich. Singen hat heilende Kraft, davon bin ich fest überzeugt, weil ich es alltäglich so erlebe. Ich singe, also bin ich. Aber mehr noch: ›Sie, die singt, betet doppelt.‹ Diese Weisheit stammt aus einem Psalm-Kommentar des Kirchenvaters Augustinus (354–430), wenn auch in der männlichen Form. Es wurde in der Kirchengeschichte vielfach aufgegriffen, u. a. von Martin Luther. Das zeigt den Stellenwert des Gesangs für das religiöse Leben. Beim Singen fließen die Worte durch den ganzen Körper und können so den Geist viel besser bewegen. Deswegen kann das Singen die eigene Gottesbeziehung erfahrbar machen und aktivieren.

Ich selbst komme in der Musik am leichtesten mit Gott in Berührung. Hier erfahre ich Transzendenz, das Überschreiten in eine Dimension hinein, die unserem Leben zugrunde liegt, die es umfängt, nährt und bewegt. Im Singen berührt mich die Geistkraft Gottes mit ihrer unerschöpflichen Lebensenergie und Kreativität. Bis auf den heutigen Tag fühle ich mich mit dieser kreativen Quelle meines Lebens verbunden, wenn ich singe.

In meiner Arbeit möchte ich von dieser Erfahrung weitergeben, weil ich sie als Schatz erlebe: über Musik einen Weg zur Berührung mit Gott eröffnen. Damit erschließt Musik eine spirituelle Ressource, die vielen Menschen, und nicht nur den Katholiken oder den Christinnen, zugänglich ist. Das halte ich für eine zentrale Aufgabe von Kirche, gerade an solchen Orten wie hier in Marzahn, wo Menschen oft so bitter arm sind an spirituellen Ressourcen. Hier gilt es, unsere Ressourcen offen anzubieten und frei zur Verfügung zu stellen. Diese Aufgabe stellt sich auch dann, wenn die Frauen nie von Spiritualität oder von Gotteserfahrung sprechen würden – schon weil ihnen die Worte ganz und gar fremd sind.

In der konkreten Arbeit beginnt der Prozess meist mit ganz einfachen Dingen. Ich lade die Frauen ein, ihre Lieblingsmusik zu hören, auch zuhause. Dann steigen Erinnerungen hoch, Gedanken und Gefühle. Die Frauen kommen in Kontakt mit sich selbst, mit ihrer Vergangenheit und mit ihren Hoffnungen und Sehnsüchten. Wenn sie ihre Musik intensiv gehört haben, dann fühlen sie sich anders, wacher, lebendiger. Sie sagen, dass sich ›ein ganz anderer Mensch‹ zeigt. Welten tun sich auf. In der Therapie verfolge ich diese Spur gemeinsam mit den Frauen weiter. Das kann oft ein langer Weg und ein schwieriger Prozess sein. Die Menschen hier nennen das, was sie erfahren, meistens nicht Gott. Das Wort ist ganz weit weg, es gehört nicht zu ihrem aktiven Sprachschatz. Aber ich glaube, wenn sie aus einer Erstarrung heraus Leben spüren und der Raum sich weitet, dann sind sie auf dem richtigen Weg. Wie sie das nennen, das überlasse ich ihnen. *Ich spüre Leben, neuen Raum, ich kann wieder frei atmen, ich sehe Licht, es kommt etwas in fluss, ich kann wieder lieben* – mit solchen Metaphern beschreiben sie diese Erfahrung.

Ich selbst glaube daran, dass eine solche Erfahrung eine Gnade ist. In dieser befreienden, aufatmenden Erfahrung ereignet sich Auferstehung. Dieser Glaube gibt meiner Arbeit eine tiefe Motivation und Ausdauer auch in Situationen, die anderen ausweglos erscheinen. Aus dieser Quelle beziehe ich meine Kraft – seelisch, therapeutisch, visionär. Das gilt auch dann, wenn die Klientinnen gar nicht auf die Idee kommen, an Gott zu glauben.«

In der Beschreibung von Sr. Anglika sind die Metaphern markant, die die Klientinnen für ihre Erfahrung verwenden, wenn sich die Erstarrung löst. Es sind rein säkulare Metaphern. Zugleich sind es Wortbilder, die die klassische Mystik gerne verwendet, wenn sie von Gott spricht. Mechthild von Magdeburg hat ihr Buch »Das *fließende Licht* der Gottheit« genannt. Meister Eckhart spricht von »Seelen*funken*«. Das Buch Gertruds von Helfta heißt »Gesandter der göttlichen *Liebe.*« Fließen, erleuchtet werden, aufstrahlen, atmen, frei werden, wach und ganz lebendig sein, lieben können – darum geht es in der Mystik. Die Marzahner Frauen nähern sich von der säkularen Seite her jenem Geheimnis des Lebens, das die Mystik aus der Perspektive der Auferstehung beleuchtet: Das Leben steht auf aus dem Tod. Menschen kommen mit dem Geheimnis ihres Lebens in Berührung, wo sie merken, dass das Sichtbare, Greifbare, Benennbare nicht alles ist im Leben; dass es etwas gibt, das tiefer geht und weiter führt. Die Liebe hat hierbei einen besonderen Stellenwert, denn in der Liebe zu sich selbst, zu Gott und den Nächsten erfahren Menschen hautnah das Geheimnis ihres Lebens.

Die christliche Mystik rückt dabei den Glauben an die Kraft der Auferstehung in den Mittelpunkt. Sie ist christologisch orientiert und legt großen Wert auf das verbale, oft im Jubelgesang vorgebrachte Bekenntnis zu Jesus Christus. Diese Dimension fehlt bei Menschen, die sich vom Gottesnamen eher fern halten und für die »Christologie« ein Buch mit sieben Siegeln ist. Dies bedeutet jedoch nicht, dass Gott nicht präsent und wirksam wäre in ihrem Leben. Menschen, die aus der Lähmung des Verstummens heraus in Bewegung kommen, die ihren Atem und ihre Stimme wieder gewinnen, kommen mit dem in Berührung, was der christliche Glaube das Geheimnis der Auferstehung nennt. Ihnen wird Heilung eröffnet. Das ist nichts, was die Therapeutin machen, was sie produzieren kann. Es gibt in der Therapie keine Technik seelischer Heilung. Man kann versuchen, Wege zu eröffnen, aber letztlich bleibt diese heilende Erfahrung, die mit der Auferstehung verbindet, eine Gnade.

Sr. Angelika kennt die Berührungspunkte zwischen ihrer musiktherapeutischen Arbeit und den Anliegen der Mystik. Wo immer es möglich ist, nimmt sie Texte der Mystik zur Hilfe, um im Beratungsprozess voran zu kommen. Manchmal lässt sie sich selbst von einem Gedanken inspirieren und versucht ihn mit der Klientin oder mit einer Gruppe umzusetzen. In der Mystik spielen Musik und Klang ja ebenfalls eine wichtige Rolle. Mechthild von Magdeburg stellt den Heiligen Geist als einen Minnesänger dar, der die Saiten des Himmels »fingert« und damit dem Leben zum Tanz aufspielt. Sie freut sich daran, »wie die Gottheit klingt und die Menschheit singt und der Heilige Geist die Harfen des Himmel spielt, dass alle Saiten erklingen, die da gespannt sind in der Minne!« (FLG II,3)

Für viele Frauen in der Beratung ist es ein weiter Weg, bis sie zu ihrer Musik finden und gute Tänzerinnen ihres Lebens werden. Daher ist es wichtig, ihr visionäres Potential zu fördern. Visionen sind gerade in Krisenzeiten notwendig, weil sie Aufbruch ermöglichen. Das Wort »Vision« kommt aus dem Lateinischen »videre« und heißt: sehen, hinschauen, wahrnehmen. Zunächst geht es darum, wirklich hinzuschauen und den Mut zur Wahrheit auch sich selbst gegenüber aufzubringen. Visionärinnen sind realistische Menschen, die die Brüche im Leben nicht verschweigen. Das allein reicht aber nicht, um weiter zu kommen. Zugleich braucht es den Blick über das hinaus, was jetzt schon offensichtlich ist. Hier kommt es auf die kleinen, noch ganz unscheinbaren Zeichen der Hoffnung an. Um es am Reich-Gottes-Gleichnis Jesu zu verdeutlichen: Wenn das Senfkorn ein großer Baum geworden ist, so dass die Vögel des Himmels in ihm nisten, dann können alle ihn sehen. Aber wenn es noch ein Senfkorn ist, das kleinste unter den Körnern, wer setzt dann darauf, dass dieses Körnchen so groß werden wird – und wer hegt und pflegt es bereits zu diesem frühen Zeitpunkt? Das ist die Frage nach dem visionären Potential. Die Brüche im Leben benennen und zugleich danach fragen, wo sich in den Brüchen ein Aufbruch zeigt. Jeder Mensch, der nicht im Alltäglichen des Alltags untergehen will, braucht solches visionäre Potential.

Sr. Angelika arbeitet gezielt auf dieses Potential hin. Sie sagt, dass es von jedem ihrer Instrumente hervor gelockt und gefördert werden kann. Es gibt kein eigenes Instrument hierfür. Entscheidend ist vielmehr, wie ein Instrument gespielt wird und wie die angeschlagenen Töne mit dem Leben zu sprechen beginnen. Wer wirklich hinschaut und hinhört, entdeckt Zeichen der Hoffnung. So kann eine tragfähige Vision für das eigene Leben entstehen, es kann sich eine Aufgabe zeigen, die dem Leben Orientierung und Zugkraft gibt. Vielleicht entdeckt man auch explizit die eigene Berufung und sieht das eigene Leben mit seinen schweren und seinen fröhlichen Seiten in einem neuen Licht. Für Visionen, die tragfähig sein wollen, sind beide Pole wichtig: geerdet zu sein und den Blick heben zu können. Das Wachstum des winzig kleinen Senfkorns beginnt am Boden.

Bettina von Arnim schreibt über die Seele des Menschen:

> »Aber meine Seele ist eine leidenschaftliche Tänzerin, sie springt herum nach einer innern Tanzmusik, die nur ich höre und die andern nicht.« (Bettina von Arnim 1986, 61)

Klänge dienen in der Lebensberatung dazu, diese innere Tanzmusik zu wecken. Sie will gestimmt werden, damit sie ihren Ort findet in den vielen Tönen und Melodien der Welt. Wie weit jede und jeder dabei kommt, das ist unterschiedlich. Jede muss ihren eigenen Rhythmus finden. Jeder Tanz sieht anders aus. Wo diese Tanzmusik erwacht, entsteht mitten in Bruch und Umbruch Freude an Wachsen und Werden. Kommt die Heilung in Gang, so entdeckt die Seele, dass sie eine leidenschaftliche Tänzerin ist – standfest und leichtfüßig zugleich. Sie findet die Entschiedenheit des Sprungs, um die Leichtigkeit des Schwebens zu erfahren. Aus dem Sprung wird die Schwebe, und die Schwebe geht über in den festen Stand. Kommt das Leben zum Klingen, findet es seine Töne und Klänge, so kommen Menschen aus der Armutsspirale heraus in Bewegung. Sie können sich loslösen und auf einen neuen Punkt zugehen, möglichst festen Stand gewinnen, um den Sprung in ein neues Leben zu wagen.

Besonders wichtig ist diese Beweglichkeit beim Umgang mit eigener Schuld, die erstarren lässt. Es ist ja keineswegs so, dass in einer säkularen Gesellschaft Schuldfragen plötzlich verstummen würden. Zwar geht in der katholischen Kirche die Beichtpraxis drastisch zurück. Auch in der evangelischen Kirche wird Buße nicht mehr so groß geschrieben wie bei Martin Luther – das Wort wird mit repressiver Moral, freudloser Entsagung und kleinmütigem Lebenskalkül assoziiert. Dennoch haben Menschen auch heute mit ihrer Schuld zu kämpfen. Sie ist sogar gesellschaftlich ein zentrales Thema. Das zeigen Talkshows, in denen es um An-den-Pranger-Stellen und Selbstbezichtigung, sich entblößen und öffentlich entblößt werden geht. Mit größter Gnadenlosigkeit beschuldigen Menschen einander und geben vor, selbst das reine Unschuldslamm zu sein – und erzielen damit hohe Einschaltquoten.[11]

Es ist vielleicht auch menschlich, wenn man sich ab und zu aus der Verantwortung stehlen will. Aber manchmal gibt es Schuld, die einem niemand abnehmen kann. Sie meldet sich leise, aber unüberhörbar zu Wort. Und das gilt auch für Menschen, die keiner Religionsgemeinschaft angehören. Sie wissen sich ihren sozialen Beziehungen verpflichtet – den Kindern und dem Lebenspartner, der Nachbarin und dem Arbeitskollegen. Schuld kann an einem Menschen nagen und das Leben zerstören. Dabei stellt das Christentum heraus, wie wichtig es ist, sich ihr zu stellen und am richtigen Ort behutsam, aber ungeschönt über sie zu sprechen. Die Beratung eröffnet hierzu einen Raum. Gern bringt Sr. Angelika hier den christlichen Glauben ein, dass es Vergebung gibt gerade auch dort, wo man sich selbst nur schwer verzeihen kann. Die Schuld, die jemand auf sich geladen hat, ist bleibender Teil einer Lebensgeschichte. Sie kann nicht ungeschehen gemacht werden. Aber ihre Machtwirkungen können eingedämmt werden, wenn man an die Möglichkeit der Vergebung glaubt.

4.4 Seelsorge im Notfall – Ritualkompetenz, die sich aus den Quellen der Mystik speist

Zur Beratungsarbeit der Missionsärztlichen Schwestern gehört auch ihre Tätigkeit in der Notfallseelsorge und Krisenintervention. Wenn in Marzahn-Hellersdorf ein schwerer Unfall passiert, wenn plötzlich und unerwartet eine Katastrophe über Menschen herein bricht, wird oft Sr. Michaela gerufen. Auch das ist markant: Seelsorge ist generell in Ostdeutschland nicht sehr gefragt. Aber in einem Notfall merkt die Polizei, dass andere Kompetenzen gebraucht werden. Diejenigen, die manchmal als »religiös unmusikalisch« beurteilt werden, spüren sehr genau, was jetzt vonnöten ist. Sie fragen die Betroffenen, ob sie eine seelsorgliche Begleitung wünschen. Die meisten Polizisten, die das Angebot unterbreiten, sagen von sich selbst, dass sie nicht religiös sind. Was geschieht in einer solchen Situation?

Sr. Michaela erzählt: »Ich mache da ganz erstaunliche Erfahrungen. So finde ich allein schon die Tatsache überraschend, dass Betroffene dieses Angebot einer Begleitung annehmen. Im Notfall trifft man auf eine Situation, wo Menschen der Boden unter den Füßen weggerissen ist. Das betrifft auch die Polizistinnen und Polizisten. Im Blick auf Verwundete und Tote werden sie häufig sprachlos und wissen nicht, was sie den Überlebenden sagen sollen. Daher sind sie erleichtert, wenn sie auf uns verweisen können. Und sie sind heilfroh, wenn wir dann endlich da sind und mit den Betroffenen sprechen. Das allein ist schon eine gute Erfahrung, wenn die Polizistinnen und Polizisten, die der Kirche gegenüber eher skeptisch sind, uns vertrauen und den Betroffenen sagen: dort sind Sie in guten Händen.

Noch bewegender sind die Erfahrungen mit den Betroffenen selbst. Eines meiner eindrücklichsten Erlebnisse möchte ich gerne schildern. Ich wurde gerufen, weil es in einer Familie einen plötzlichen Kindstod gegeben hat. Das Baby war gerade erst wenige Monate alt. Als ich zu den Eltern kam, saßen dort zwei hochschwangere Frauen mit ihren Männern, das Ehepaar, das ihr Kind verloren hatte, sowie deren Eltern. Zunächst habe ich mich um die Mutter gekümmert, eine junge Frau. Danach ging der Vater, 22 Jahre alt, mich direkt an: ›Jetzt sagen Sie mir, warum das passiert ist. Das kann doch nicht alles gewesen sein. Unser Kind ist noch so klein, es hatte doch noch nichts vom Leben. Warum hat Gott das zugelassen?‹ Ich habe geantwortet: ›Das weiß ich nicht. Die Frage kann ich nicht beantworten.‹ Er wurde dann sehr wütend und schrie: ›Dafür hab ich Sie geholt, und jetzt können Sie noch nicht einmal darauf antworten.‹

Die Polizei wollte schon eingreifen, aber ich habe sie zurückgehalten und habe zu dem Vater gesagt: ›Ich kann Ihnen die Frage nicht beantworten, warum; aber ich kann Ihnen sagen, wohin ich gehen kann mit meinem Leid. Ich glaube, dass es ein Du gibt, das mich hört.‹ Die Antwort löste Erstaunen aus, Irritation und auch Skepsis. Dann habe ich die Familie gebeten, ein Bild des Babys zu holen und eine Kerze, damit wir uns um den Tisch versammeln und nochmals gemeinsam an das Kind denken können. Der Großvater, der auch jünger war als ich, fragte: ›Können wir vorher wenigstens einen Schnaps trinken?‹ Ich habe geantwortet: »Ja, *einen*.« Wir haben uns dann um den Tisch versammelt und ich habe die Kerze angezündet.

Ich habe dann das Bild des Babys auf den Tisch gelegt und habe die Anwesenden eingeladen: ›Jetzt sagen Sie Ihrem Kind noch etwas, das Sie ihm gern mit auf den Weg geben möchten.‹ Was dann passiert ist, das werde ich niemals vergessen. Jeder, auch die jungen Männer, jeder hatte dem Kind noch etwas zu sagen. Alle wollten ihm etwas Gutes mitgeben. Der absolute Höhepunkt war dann die Großmutter, die zu ihrer Schwiegertochter sagte: ›Ich weiß, was es bedeutet, ein Kind zu verlieren. Ich habe nie mit euch darüber gesprochen, aber ich habe zwei Kinder verloren.‹ Das war eine ganz dichte Erfahrung. Und plötzlich stellte sich eine große Stille ein, ein ganz intensives, feierliches Schweigen.

Die Eltern, Großeltern und Freunde – auch die hochschwangeren Frauen – haben sich dann von dem Baby verabschiedet, bevor der kleine Leichnam das Haus verlassen hat. Mit einer Liebe und mit Worten, das war sehr anrührend und bewegend. Ich würde das ohne Zögern Gebet nennen. Das sind ganz dichte Erfahrungen. – Zum Schluss fragte die Großmutter: ›Hören Sie mal, wer sind Sie eigentlich?‹ Diese Menschen spüren, dass ich etwas anbiete, das sie nicht kennen, das ihnen aber weiterhilft in dieser bedrängenden Situation.«

Sr. Michaela bietet etwas an, das die Menschen im Notfall brauchen können. Etwas, das ihnen vonnöten ist im wahrsten Sinn des Wortes, weil es sie aus ihrer Stummheit löst. Die große Stärke von Sr. Michaela liegt in ihrer Ritualkompetenz. Sie hat die Fähigkeit, in alltäglichen Herausforderungen, aber auch in Bruch und Zerstörung spontan die richtigen Worte und Gesten zu finden, die die Herausforderung in ihrem Kern treffen. Wenn das Ritual gelingt, kann es sogar die Gefahr der Situation eindämmen und ein verschüttetes kreatives Potential freisetzen. Obwohl Ostdeutschland von »forcierter Säkularität« geprägt ist, erfährt solche Ritualkompetenz hier eine starke Nachfrage. Dies kommt nicht von ungefähr. Die Nachfrage steht im Kontext der DDR-Vergangenheit und der Erfahrungen der Wendezeit. Dieser Kontext wird im Folgenden beleuchtet, damit der Ort hervortritt, an dem die Ritualkompetenz der Missionsärztlichen Schwestern Wirkung erlangt.

4.4.1 Ritualkompetenz in der Schwellenzeit der Wende 1989

Politische Rituale spielten in der DDR eine wichtige Rolle. Sie zielten jedoch hauptsächlich auf die Durchsetzung ideologischer Ziele, die dem Staat dienten. Fahnenappelle, Feiern zur Staatsgründung, militärische Aufmärsche, Staatsbegräbnisse, Jugendweihen, Spitzeldienste – das öffentliche Leben war durch und durch ritualisiert und griff so rücksichtslos auf das Privatleben zu. Was daher fehlte, waren Rituale, auf die die Menschen in der Zerbrechlichkeit ihres Lebens zurückgreifen konnten. An persönlicher Sterbe- und Trauerbegleitung hatte der Staat aus ideologischen Gründen kein Interesse.

Im Herbst ’89 stieß die politische Ritualisierung der DDR dann auf eine ganz andere, nämlich eine religiöse Ritualkompetenz. Die protestierenden Menschen, die sich für gesellschaftliche Veränderungen einsetzten, brauchten keine Waffen, keine Spitzel, keine Folterkammern. Sie kamen mit Kerzen in der Hand und mit Gebeten auf den Lippen. Der Magdeburger Domprediger Giselher Quast stellt heraus, dass »damals gelungen ist, was niemand für möglich gehalten hätte: eine schwerbewaffnete Macht und eine nahezu perfekte Überwachung zu paralysieren. Mit Kerzen und Gebeten.« (Beratergruppe Dom 1991, 345.)

Rituale sind Praktiken, die mit Hilfe einer bestimmten Form, mit speziellen Worten und Gesten, die Intensität des Lebens erschließen wollen. Dies ist notwendig, weil der Alltag vielen Zerstreuungen und manchen Gefährdungen ausgesetzt ist. Rituale unterbrechen den Alltag und geben dem Leben Konzentration,

Orientierung und neuen Schwung. Rituale, am richtigen Ort und zur richtigen Zeit, können große Macht entfalten. In einer Situation der Liminalität ermöglichen sie einen Weltenwechsel. Wenn Einzelne, Gruppen oder Staaten eine Grenze überschreiten wollen oder müssen, dann befinden sie sich in einem Schwellenzustand. Die alte Ordnung ist nicht mehr tragfähig, aber eine neue Ordnung ist noch nicht in Sicht. Aus einer bekannten, vertrauten Welt herausgerissen zu werden, ist gefährlich. Tradierte Strukturen brechen zusammen, gewohnte Verhaltensmuster bewähren sich nicht mehr, eingespielte Kommunikationswege geraten ins Stocken. Der Herbst '89 war eine Schwellenzeit mit hohem Gewaltpotential. Der Zusammenbruch konnte an jedem Punkt des Übergangs in Zerstörung umschlagen. Welche Kräfte würden sich durchsetzen, welche neuen Strukturen entstehen, welche Türen sich verschließen, welche Perspektiven sich eröffnen? Die »Staatssicherheit« erhöhte den Druck auf jene Menschen, die an Gebeten und Protesten teilnahmen, und steigerte die Repressalien ins Unerträgliche. Die brutale Niederschlagung der Proteste am sogenannten »Platz des himmlischen Friedens« in China nur wenige Monate zuvor hing wie ein Damoklesschwert über den Protestwilligen. Sie riskierten ihre berufliche Zukunft, das Wohl ihrer Familien, ihre eigene Gesundheit und vielleicht sogar ihr Leben.

In dieser Zeit erhielten Kerzen eine besondere Bedeutung für Ostdeutschland. Sie wurden zum gesellschaftlichen Symbol dafür, dass Menschen in dunkler Zeit ein Licht anzünden, es mit anderen teilen und so vereint der Dunkelheit widerstehen können. Als 2002 das furchtbare Schulattentat in Erfurt geschah, konnten die Bürgerinnen und Bürger der Stadt auf dieses Symbol zurückgreifen, um ihrer Sprachlosigkeit angesichts des Schreckens Ausdruck zu verleihen. Das öffentliche Anzünden von Kerzen ist zu einem Kulturgut geworden.

Auch die Gebete fanden in der Wendezeit einen neuen Klang. Menschen, die mit der Form der Fürbitte nicht vertraut waren, standen auf zum Gebet. Fürbitten begannen mit »Sehr geehrte Damen und Herren«, weil viele Bittende die tradierten Rituale der Kirche nicht kannten. »Sie erleben wohl als Atheisten zum ersten Mal auf ganz existentielle Weise, was Gebet heißt und was Beten mit dem täglichen Leben zu tun haben kann. Auch von ihnen gehen viele während des Gebetsteils zum Mikrofon, um ihre Wünsche, Bitten, Hoffnungen und Klagen auszusprechen, wenn nicht vor Gott, dann doch in der Gemeinschaft dieser Menschen. – ›weltliches Gebet‹.« (Anstiftung 1991, 23)

Auch an dieser Stelle zeigt sich eine Verbindung zur Mystik. Wo man der Ausübung von Gewalt entsagt, obwohl die Gewaltanwendung leichter wäre, da blüht das Leben auf. Rituale anzubieten, die Gewaltlosigkeit ermöglichen, ist eine Tat der Nächstenliebe. Das Christentum kann und muss sie in säkularer Gesellschaft leisten.

Die gemeinsamen Gebete von Christen und Menschen ohne Religionszugehörigkeit trugen wesentlich dazu bei, dass die Wende nicht in einer Gewaltorgie endete. Im Mittelpunkt der Gebete stand jeweils ein Bibelwort, das auf die eigene Situation hin ausgelegt wurde. »Gott reißt dich aus dem Rachen der Angst in einen weiten Raum, wo keine Bedrängnis mehr ist.« (Hiob 36,16) Dieses Wort entfaltete Kraft zum gewaltfreien Widerstand, wo die Angst alles zu ersticken drohte. »Lass dir an meiner Gnade genügen; denn meine Kraft ist in den Schwachen mächtig.« (2 Kor 12,9) Eine solche Gottesrede hat in der Ohnmacht eine ermächtigende, zutiefst befreiende Kraft. Zwischen Angst und Hoffnung, Verzagen und Zuversicht kann man auf Wandlung hoffen. Und an diese Kraft haben auch jene Menschen geglaubt, die nie zuvor in einer Kirche waren, die aus politischen Gründen gekommen sind und nun von der erneuernden Kraft des Friedens gepackt wurden. So konnte das Evangelium seine Gravuren des Friedens in das gesellschaftliche und persönliche Leben einschreiben.

Die Friedenserfahrung der Wendezeit prägt die Religionssituation in Ostdeutschland noch heute. Zwar hat sich Enttäuschung eingestellt, weil sich die vollen Kirchen nach der Wende rasch wieder geleert haben. Aber es gibt eine gesellschaftlich gravierende Erfahrung, die nicht so leicht auszulöschen ist. Sie ist deswegen besonders relevant, weil es in Ostdeutschland nach wie vor eine Leerstelle gibt: Ritualkompetenz in Fragen des persönlichen Lebens, die aus Brüchen und Verletzungen resultieren. Tradierte Religionen bieten Rituale, um in den riskanten Wendepunkten des Lebens bestehen zu können. Das Christentum bietet die Taufe zur Geburt eines Kindes, Kommunion und Firmung für die Überschreitung des Jugendalters, Krankensalbung für die Brüche im Leben, das Ehesakrament für das riskante Zusammenleben von Liebespaaren, Beichte für den Umgang mit Schuld, die Beerdigung, um Verstorbene zu betrauern und Abschied zu nehmen. Seit Heilsangebote von säkularen Institutionen stärker zum Tragen kommen, verändert sich auch die Ritualkultur. Für die Bestattung gibt es neue Orte wie die Friedwälder und säkulare Trauerbegleiter, in Krankenhäusern werden Geburtsrituale angeboten und die säkulare, »freie« Hochzeit hat sich längst etabliert.

Die Religionssituation in Ostdeutschland trägt jedoch eine spezifische Gravur. Vom Kerzenritual in der Öffentlichkeit einmal abgesehen, sind die nicht-religiösen Menschen in Ostdeutschland vielerorts *rituell sprachlos.* Sie haben keine Tradition, die ihnen Worte und Gesten zur Verfügung stellt, die in der Liminalität die Überschreitung eröffnen. Diesen Punkt erfahren die Missionsärztlichen Schwestern in ihrer Arbeit immer wieder. Wenn Menschen hier an die Grenzen des Lebens stoßen, z. B. in einer schweren Krankheit oder beim Tod eines geliebten Angehörigen, dann stellen sich Überforderung und Verstummen ein. Das ist natürlich auch in Westdeutschland so. Der Unterschied besteht jedoch darin, dass die Schwellenrituale fehlen, um mit dieser herausfordernden Situation umzugehen. Diese rituelle Sprachlosigkeit führt mancherorts dazu, das Problem auszugrenzen. So erhalten viele Schwerkranke und Sterbende, die im Krankenhaus sind oder auf der Intensivstation liegen, keinen Besuch mehr. Die Anzahl der anonymen Bestattungen ist in Ostdeutschland signifikant höher als andernorts. Man bleibt weg von den Orten des Todes, weil man keine Rituale hat, um ihnen Stand zu halten. Die fehlende Tradition führt dazu, dass die Möglichkeit gar nicht im Blick ist, dass ein Ritual hier hilfreich sein könnte. Aber sprachlos sein heißt nicht, dass jemand nichts zu sagen hat, sondern dass die Sprache noch fehlt für die Vision vom Leben, die in Grenzerfahrungen vonnöten ist. An diesem Punkt setzt die Arbeit der Notfallseelsorge und Krisenintervention an.

4.4.2 Religiös sprachlos, aber mystisch sensibel – säkulare Menschen in Ostdeutschland

In der Notfallseelsorge und Krisenintervention stehen die Berater/innen vor der Frage, wie sie seelsorglich mit Menschen umgehen können, die sich selbst als nicht-religiös verstehen. Gottesfragen gehören zentral zum klassischen Themenfeld der Seelsorge, können hier aber nicht explizit besprochen werden. Dennoch stellen sich religiöse Fragen, allerdings in neuer Form. Sr. Michaela sagt: »Aus der Praxis kann ich diese Tendenz nachdrücklich bestätigen, dass sich religiöse Fragen, gerade auch nach Ritualen, in einem säkularen Umfeld ganz neu stellen. Bei meinen Notfalleinsätzen war ich in all den Jahren noch nie bei einer christlichen Familie, sondern immer bei Menschen, die ansonsten als religiös indifferent bezeichnet werden. Und ich bin sehr beeindruckt, wie sie in dieser Notsituation existentielle Lebensfragen stellen. Hier brauche ich als Seelsorgerin den Mut zu sagen, dass der Glaube nicht auf alle Fragen eine Antwort gibt. Aber dass der Glaube gerade mit seinen Fragen und Zweifeln hält und trägt. Oftmals ist der Glaube oder die Frage nach Gott auch nicht direkt Thema wie in dem oben geschilderten Fall. Die Menschen brauchen einfach ein Ritual, das ihnen hilft, den Notfall zu überleben. Hier leistet die Kirche einen Dienst an den Menschen, ohne heimlich darauf zu schielen, ob dies die Katholikenzahl erhöht.

Rituale mit einer Kerze sind oft hilfreich. Das kennen die Menschen hier tatsächlich aus der Wendezeit, das hat sich nachhaltig eingeprägt. Die Familie, die von dem Plötzlichen Kindstod heimgesucht wurde, hatte tatsächlich eine Kerze im Haushalt. Das ist ja nicht selbstverständlich in einem Umfeld, von dem es heißt, dass es ganz säkular ist und dass hier nichts Religiöses zu finden sei. Bei den Kerzen geht es nicht nur darum, dass der Strom ausfallen könnte – da wäre eine batteriebetriebene Lampe besser geeignet. Kerzen haben hier eine viel tiefer gehende Bedeutung. Hieran kann ich in meiner Arbeit gut anknüpfen.«

Was in dieser Notfallseelsorge geschieht, ist signifikant. Während die Sakramentenpraxis in der katholischen Kirche deutlich erlahmt, wird die christliche Ritualkompetenz in anderen Lebensbereichen dringend gebraucht. Sie ist auch in säkularen Kontexten gefragt. Hier realisiert sich etwas, das das 2. Vatikanische Konzil im Blick auf andere Religionen festgestellt hat. In seiner *Erklärung über das Verhältnis der Kirche zu den nichtchristlichen Religionen* schreibt es: »Die Menschen erwarten von den verschiedenen Religionen Antwort auf die ungelösten Rätsel des menschlichen Daseins, die heute wie von je die Herzen der Menschen im tiefsten bewegen: Was ist der Mensch? Was ist Sinn und Ziel unseres Lebens? Was ist das Gute, was die Sünde? Woher kommt das Leid, und welchen Sinn hat es? Was ist der Weg zum wahren Glück? Was ist der Tod, das Gericht und die Vergeltung nach dem Tode? Und schließlich: Was ist das Geheimnis unserer Existenz, aus dem wir kommen und wohin wir gehen?« (NA 1)

Das Konzil hatte an dieser Stelle eher gläubige Menschen anderer Religionen im Blick. Aber die Aussage trifft auch auf nicht-religiöse Menschen zu, die sich in den Umbrüchen des Lebens solche Fragen stellen. Die Notfallseelsorge wird jedenfalls von Nicht-Gläubigen danach gefragt: Wozu das Ganze? Wie kann ich jetzt noch glücklich sein oder überhaupt noch leben? Bin ich schuld an dem Unglück, das passiert ist? Die Aussage des Konzils zur Religion gipfelt in der Frage nach dem Geheimnis menschlicher Existenz. Damit spielt sie auf die Mystik an, in deren Zentrum das Geheimnis des Lebens steht. Hier zeigt sich eine Verbindung von Mystik und Seelsorge. Denn auch die klassische Mystik des Mittelalters setzt bei Erfahrungen des Zerbrechens und Scheiterns an, die aber gerade nicht in den Tod führen, sondern zu einem Aufbruch, der dem Leben dient.

Die Menschen in Ostdeutschland verfügen aus der DDR-Tradition heraus nur über einen geringen Wortschatz und wenige Gesten, auf die sie in der Zerbrechlichkeit des Lebens, in Konfrontation mit Tod und Gewalt, zurückgreifen können. Aber gerade weil sie religiös sprachlos sind, haben sie ein offenes Ohr für Fragen, die das Geheimnis des Lebens betreffen. Sie sind religiös sprachlos, aber mystisch sensibel. Denn mitten im drohenden Tod hören sie auf das Geheimnis des Lebens, das ihnen einen Weg über das Zerbrechen hinaus eröffnet.

Die Mystik ist in säkularem Kontext wichtig, wo es um Erfahrungen von Gewalt und Zerstörung geht. Wenn das eigene Kind stirbt, so richtet sich die Gewalt gegen das Kind – aber auch gegen die Eltern und die gesamte Familie, denen dieser Tod das Leben vergällt. Der Tod droht dem Leben der anderen alle Kraft auszusaugen. Der Alltag wird schal, bitter, leer. Insbesondere die Eltern sind in großer Gefahr, und es ist nicht übertrieben, hier von Lebensgefahr zu sprechen. Auch hier greift die Gewaltsamkeit unmittelbar auf jene Ressourcen zu, die man eigentlich am dringendsten bräuchte. Eine gute Liebesbeziehung mit dem Partner / der Partnerin könnte über den Schmerz weghelfen, aber gerade diese Beziehung wird angetastet, wenn ein Kind stirbt. Wahrscheinlich martern sich die Eltern in Selbstvorwürfen: Hätte ich doch früher nach dem Kind geschaut … wäre ich nicht so früh schlafen gegangen … hätte ich doch das Angebot meiner Mutter angenommen … und, und, und. Vielleicht suchen die Eltern einen Sündenbock für ihr Unglück und beschuldigen sich gegenseitig, den Tod des Babys nicht verhindert zu haben – selbst wenn alle wissen, dass eine Schuldzuweisung medizinisch und menschlich haltlos ist. Oft verfallen Opfer einer Katastrophe in Depressionen, was die Ehe nochmals erschwert und bedroht.

Auch die Liebe zu den anderen Kindern, den Geschwistern, könnte den Eltern Trost geben. Aber im Trauerfall entfernen sich manche Eltern innerlich von ihnen, weil sie eine erneute Verletzung befürchten. »Wenn einem weiteren Kind etwas passiert, das überlebe ich nicht!« Um sich vor dieser Verletzlichkeit zu schützen, schotten sie sich von den lebenden Kindern ab. In der Katastrophe ist eine zerstörerische Macht am Werk, die in Erfahrungen von Liminalität latent immer vorhanden ist. Sie kann nach dem Kindstod die gesamte Familie, die Liebe der Eltern und die Zusammengehörigkeit mit den Großeltern zerstören. In der haltlosen Panik, die Menschen im Unglück anfällt, wird diese Gefahr sichtbar: vielleicht ist eine nicht zu stoppende Lawine der Gewalt losgetreten, die alles mit sich reißen wird und die nicht einmal einen Rest meines Lebens verschont?

Die Geschichte vom plötzlichen Kindstod zeigt, was in der Notfallseelsorge vor allem gebraucht wird: Ritualkompetenz, die sich aus den Quellen der Mystik speist. In Schwellenerfahrungen, wo das bisherige Leben an seine Grenze gerät, werden Menschen sprachlos, gelähmt und handlungsunfähig. Christliche Rituale setzen hier an. Sie wollen die oft schmerzliche Überschreitung in eine neue, andere Welt ermöglichen, um dort wieder handlungsfähig zu werden. Die jungen Eltern haben nicht mit dem Tod ihres Kindes gerechnet. Sie haben sich auf ein Leben mit dem Kind eingestellt, haben ihren Alltag und ihre Zukunftspläne darauf orientiert und ihre Hoffnungen hierauf gesetzt. Das alles stürzt im Anblick des toten Babys in einen Abgrund. Die von Hoffnung und Glück getragene Welt bricht zusammen. Verzweiflung, Angst und Trauer machen sich breit und werden übermächtig. Hier braucht es ein Ritual, mit dessen Hilfe das Gewaltpotential der Liminalität eingedämmt werden kann.

Rituale zur richtigen Zeit, am richtigen Ort und mit den richtigen Worten sind machtvolle Ereignisse. Sie verleihen dem Leben Orientierung und machen Menschen handlungsfähig auch in Situationen, die bedrohlich sind und Angst auslösen. Das zeigt sich an den abschreckenden Beispielen, wo Kriegsrituale Gewalt anheizen und zu unglaublichen Bluttaten motivieren. Rituale können aber auch Frieden stiften und der Gewaltlosigkeit Bahn brechen. Ihre Macht kann also in Richtung des Todes oder des Lebens gehen. Sr. Michaela hat die besondere Gabe, in einem Notfall Rituale so zu gestalten, dass sie eine Macht in Richtung des Lebens entwickeln. Damit will sie den Menschen in ihrer Bedrängnis beistehen und verhindern, dass sie haltlos in den drohenden Abgrund rutschen. Ein Ritual im Notfall braucht Fingerspitzengefühl auf allen Ebenen, im Schweigen und Zuhören, in den Worten und Gesten. Es ist wichtig,

- ein passendes Symbol in die Mitte zu stellen – hier die Kerze als Licht in dunkler Zeit
- die richtigen Worte zu finden, die kein billiger Trost sind, sondern ein tragfähiges Zeichen der Hoffnung aufzeigen – der Hinweis auf ein Du, das mich erhört
- beredtes Schweigen zu üben, in dem die Betroffenen auf ihr Verstummen hören und ihre eigenen Worte finden – die guten Wünsche für das verstorbene Kind.

Niemand kann das geschehene Unglück rückgängig machen. Aber die Machtwirkungen, die von diesem Unglück ausgehen, können vielleicht begrenzt werden. In diesem Sinn ist das Kerzen-Ritual zu verstehen. Es dämmt die drohende Gewalt ein und wirkt auf diesem Weg friedenstiftend. Die junge Mutter erfährt bei der Großmutter schmerzliches Verständnis für ihr unendliches Leid. Die Frage nach der Schuld, die latent im Raum ist, kommt zum Schweigen in den Wünschen, die die Verwandten und Freunde formulieren. Die Liebe zum Kind findet Worte und stiftet zugleich eine neue Gemeinschaft der Liebenden, die vielleicht nicht für immer hält, die aber in diesem entscheidenden Moment des Lebens trägt.

Sr. Michaela: »Rituale können im Angesicht des Todes Leben stiften. Das merken wir in der Beratung genauso wie in der Notfallseelsorge. Dabei ist ein zentraler Aspekt die Frage, welche Gewalt hier am Werk ist. Ein Notfall hat ja immer etwas Zerstörerisches, das auf die Menschen zugreift. Friedenstiftend zu wirken, gehört zum Grundauftrag aller Christinnen und Christen. In unserer Arbeit ist das eine sehr konkrete Herausforderung. Die Lawine der Gewalt, die im Notfall lauert, richtet sich hier häufig gegen die Opfer selbst. Wir wollen diese Gewalt in Schranken verweisen. Wir haben eine Option für Gewaltlosigkeit und bemühen uns daher, die Spirale der Zerstörung zu durchbrechen und damit dem Frieden ganz konkret in dieser Familie Raum zu eröffnen.«

Die Notfallseelsorge macht deutlich, wie eng Fragen der Armut und der Spiritualität zusammenhängen. Aus Armutsfragen heraus eine spezifische Spiritualität zu entwickeln, die Mystik, ist ein Markenzeichen des Hochmittelalters. Aber die Missionsärztlichen Schwestern zeigen exemplarisch, dass Fragen nach dem Zusammenhang von Armut und Spiritualität heute genauso drängend sind. Vielfältige Erfahrungen mit Armut fordern zu »riskanten Liturgien«[12] heraus. Sie wagen sich aus den Innenräumen der Kirche hinaus an säkulare Orte, weil sie dort gebraucht werden.

4.4.3 Christliche Ressourcen entdecken, bearbeiten und anbieten – ein Dienst an den Menschen der Gegenwart

Christliche Angebote haben sich auch in Ostdeutschland in einer Pluralität von Heilsversprechen und Ritualpraktiken zu bewähren. Nach dem Ende der DDR wird hier weiterhin die »Jugend*weihe*« praktiziert. Das Wort »Weihe« weist darauf hin, dass es hier nicht um ein rein säkulares Phänomen geht. Selbst die militant-atheistische DDR ist nicht ohne religiöse Begriffe ausgekommen, sondern hat sie in ihren politischen Dienst gestellt. Seit dem Ende der DDR floriert die Jugendweihe weiterhin, denn sie antwortet auf eine einschneidende Liminalitätserfahrung: die Pubertät. Pubertierende sind Schwellenwesen. Sie gehören nicht mehr in die Welt der Kinder und können sich nicht mehr wie solche verhalten; aber sie gehören auch noch nicht in die Welt der Erwachsenen, wo andere Regeln gelten. Die Pubertät ist Liminalität pur: nichts läuft mehr seinen gewohnten Gang, alles ist in Frage gestellt, Emotionen brechen sich in Lachen und Weinen plötzlich Bahn. Die Jugendweihe gehört zu jenen Ritualen, die in dieser riskanten Schwellensituation die Überschreitung zum Erwachsensein ermöglichen wollen. Mittlerweile ist die Jugendweihe stark kommerzialisiert, ihre Ausrichtung ist jedoch vielfach noch von der DDR-Ideologie bestimmt.

Die Offenheit von Menschen in Schwellenerfahrungen ist für die Kirche eine chancenreiche Herausforderung. Sie will den Jugendweihen nicht das Feld überlassen, sondern bietet christliche Alternativen im Sinne des Evangeliums an. In den letzten Jahren hat das Bistum Erfurt hier ein großes Potential entwickelt. Unter dem Stichwort »Innovative Projekte« beschreibt die Homepage das Anliegen: »Im Bistum Erfurt sind in den letzten Jahren eine Reihe von Angeboten entstanden, die sich auch und mitunter sogar nur an Nichtchristen wenden. Im Hintergrund steht die Erfahrung, dass jeder Mensch – sei er nun ein Christ oder nicht – Fragen hat, deren Beantwortung den eigenen Horizont übersteigt. Und wie viele Lebenssituationen bedürfen nicht eines guten Wortes, Anstoßes oder der Hilfe von außen?!«[13] Das Bistum bietet christliche Rituale an, die sehr gezielt auf Liminalitätserfahrungen reagieren, auch wenn die Konzepte selbst nicht mit diesem Begriff arbeiten. Hier wird der Valentinstag als Fest der Liebenden gefeiert – ein Projekt, das mittlerweile vielerorts in Ost- und Westdeutschland Fuß gefasst hat. Monatlich werden Trauerrituale angeboten für Menschen, deren Angehörige anonym bestattet wurden und die verzweifelt einen Ort der Trauer suchen. Am bekanntesten ist wohl die »Feier der Lebenswende«, die der heutige Weihbischof Reinhard Hauke 1998 speziell für konfessionslose Jugendliche initialisiert hat. Sie bietet bewusst eine christliche Alternative zur Jugendweihe.

Rituale sind die Lebenspraxis einer jeden Religion. Die katholische Kirche hat sich dabei lange Zeit auf die Sakramente und Sakramentalien konzentriert. Primäre Zielgruppe waren die eigenen Mitglieder. Dies ändert sich in den letzten Jahren. Die Missionsärztlichen Schwestern richten sich in Marzahn gezielt an Menschen, die keine Verbindung zu anderen kirchlichen Institutionen haben. Hier rückt die Frage in den Mittelpunkt, welche spirituellen Ressourcen die Kirche jenen Menschen zur Verfügung stellen kann, die nicht zur eigenen oder zu gar keiner Religionsgemeinschaft gehören. In der Praxis zeigt sich, dass diese Ressourcen nicht einfach schon zur Verfügung stehen. Sie entstehen in einem Wechselprozess von dem, was vorhanden ist, und dem, was gebraucht wird. Beide Seiten prägen das, was hervorkommt.

Diese Wechselseitigkeit haben die spirituellen mit den *materiellen* Ressourcen gemeinsam. Lithium beispielsweise ist zunächst ein simpler Rohstoff. Zur Ressource wird es erst, als es im 20. Jh. für Handys, PCs und andere technische Geräte gebraucht wird. Um verwendbar zu sein, müssen Wertstoffe erschlossen und bearbeitet werden. Bei den *spirituellen* geht es um Ressourcen, die in der Gegenwart weiter führen, weil sie Menschen in neuen Herausforderungen handlungsfähig machen. Ressourcen entstehen im Prozess ihrer Anwendung. Das macht die pastorale Situation der Notfallseelsorge so spannend.

Sr. Michaela: »Je länger ich hier in Marzahn bin, desto klarer wird mir, welch großen Schatz wir in unserem Glauben haben. In unseren Ritualen können wir auf ihn zurückgreifen und aus ihm schöpfen. Damit setzen wir diesen Schatz ein für jene Menschen, denen solche Rituale fehlen. Hier in Marzahn gibt es viele, die niemals die Chance hatten, in der Taufe ein Wasser- und Reinigungsritual kennenzulernen, in der Kommunion ein alltägliches Friedensritual zu praktizieren, in der Firmung mit Geistesgegenwart gestärkt zu werden und beim Tod eines geliebten Menschen Halt zu finden in den Worten am Grab. Ich hätte den Eindruck, dass ich das Evangelium verrate, wenn ich seinen Schatz exklusiv für Mitglieder der Kirche einsetze. Wir haben als Kirche einen Auftrag, der über die Kirche hinausgeht.

Unsere Gründerin Anna Dengel hat sich von der Idee leiten lassen, dass es nicht darum geht, andere Menschen von der Richtigkeit der eigenen Standpunkte zu überzeugen, sondern darum, dass die Armen Heilung erfahren und besser leben können. Ziel unserer Arbeit ist es nicht, Menschen dazu zu bringen, unserer eigenen Religionsgemeinschaft beizutreten. Wir stehen nicht unter dem Druck, jemanden bekehren zu müssen. Menschen wollen um ihrer selbst Willen geachtet werden. Das macht ihre Würde aus. Sie spüren direkt, wenn man nicht sie selbst meint, sondern sie für eigene religiöse Interessen einspannen will. Dies widerspricht zutiefst dem, was das Christentum ausmacht – obwohl in der Kirchengeschichte immer wieder dagegen gehandelt wurde. Gerade die Missionsgeschichte in Lateinamerika hat ja eine schreckliche Blutschuld auf sich geladen. Und ich bin sehr froh darüber, dass diese gewaltsamen Traditionen Widerstand aus den eigenen Reihen erfahren haben.

Heute hat die Kirche gar nicht mehr die Macht, das Evangelium gewaltsam durchzusetzen. Aber sie muss sich auch von der Vorstellung lösen, dass das Ziel der Evangelisierung darin liegen soll, dass Menschen katholisch werden. So arbeiten wir nicht hier in Marzahn und auch nicht an anderen Orten, wo unser Orden aktiv ist. Wenn ich in der Notfallseelsorge oder in der Lebensberatung Rituale anbiete, dann geht es um diese Menschen, die in Bedrängnis sind. Sie stehen ganz entschieden im Mittelpunkt. Es geht nicht darum, dass diese Menschen einen Beitrag zum besseren Funktionieren unserer Institutionen leisten. Daher biete ich den Menschen die Botschaft des Evangeliums an mit Worten und Gesten, die sie verstehen und die sie weiter führen in ihren eigenen Fragen.

Auch in unserer Lebensberatung bieten wir die Schätze der jüdisch-christlichen Tradition an. Ich sage zum Beispiel, dass ich ein Gedicht lesen möchte, das besonders gut zur Situation der Klientin passt. Angelika bringt dann ihre Instrumente zum Klingen und ich lese das Gedicht. Dabei nehme ich einen Psalm, der schon viele hundert Jahre alt ist. Davon wissen diese Leute nichts und reagieren daher unvoreingenommen. Sie sind oft sehr beeindruckt von dem, was diese Gedichte sagen. Diese Erfahrung, dass die Psalmen Menschen ihr Leben erschließen, die mit Kirche nichts zu tun haben, hat auch mir geholfen, noch einmal anders mit den Psalmen umzugehen.«

Der Sprachschatz der Psalmen ist aus der jüdisch-christlichen Ritualtradition nicht wegzudenken. Eine Elisabeth-Schwester, die in der Gefängnisseelsorge von Halle arbeitete, hat 2002 auf dem Magdeburger Pastoraltag eine ähnliche Erfahrung erzählt. Sie ist erschüttert von der Sprachlosigkeit der Menschen, die im Gefängnis mit der eigenen Schuld konfrontiert werden. Ihnen fehlen die Worte, um über das zu sprechen, was sie im Inneren zernagt. Die eigenen Zweifel und die Anklagen der Familie, die eigene Schuld und die Fehler der Anklage, die selbst vollzogenen Brüche und die Zerwürfnisse mit geliebten Menschen – sie sind unsäglich. Manchmal ist hier das Buch der Psalmen hilfreich. »Denn nicht mein Feind beschimpft mich, das würde ich ertragen; nicht ein Mann, der mich hasst, tritt frech gegen mich auf, vor ihm könnte ich mich verbergen. Nein, du bist es, ein Mensch aus meiner Umgebung, mein Freund, mein Vertrauter« (PS 55,13f). Selbst Menschen, die sonst nichts mit Kirche zu tun haben, greifen im Gefängnis auf solche biblischen Klagen und Bitten zurück. Hier finden sie eine Sprache, die ihrer eigenen Sprachlosigkeit ins Wort verhilft. Damit besteht die Chance, dass die Spirale der Gewalt durchbrochen wird, die im Gefängnis droht. Wer das Verstummen benennen kann, kommt in Bewegung und kann sich für Neues öffnen.

Thomas Merton insistiert in seinem Essay »Die Bibel öffnen« darauf, »dass die Bibel eben ein Buch für alle ist. Sie gehört nicht ausschließlich den Kirchen oder den Religiösen, und vielleicht ist der Außenseiter, der sie ernsthaft befragt, in der Lage, in ihr etwas zu finden, was der gläubige Christ nicht entdeckt.« (Merton 2002, 54) Lehramtlich hat sich die katholische Kirche zu dieser Position mit dem 2. Vatikanum durchgerungen. Die Pastoralkonstitution »Gaudium et spes« sagt, dass die Institutionen der katholischen Kirche für die Menschen da sind und nicht umgekehrt. Das Konzil beschreibt es als unverzichtbare Aufgabe der Kirche, in den Dialog mit der Menschheit zu treten, und dass sie »dem Menschengeschlecht jene Heilskräfte bietet, die die Kirche selbst, vom Heiligen Geist geleitet, von ihrem Gründer empfängt.« (GS 3) Dieser Passus beschreibt, was in der Notfallseelsorge geschieht: sie bietet die Heilskräfte der Kirche jenen Menschen an, die sie brauchen, und überall dort, wo es um die Rettung der Person und um den Aufbau einer menschlichen Gesellschaft geht.

Eine zentrale Aufgabe der Kirche ist es bereits und wird es in Zukunft verstärkt sein, sich jene Ressourcen zu erschließen, die aus der Übermacht unfreiwilliger Armut befreien – ob in der

Kranken- und Notfallseelsorge, in der Diakonie und Caritas oder im alltäglichen Gemeindeleben. Wer sich der Not von Menschen stellt, ohne über solche Ressourcen zu verfügen, fällt allzu schnell selbst dem Teufelskreis anheim. Resignation und Verzweiflung sind eine reelle Gefahr. Ihr zu widerstehen braucht mehr als Finanzen, über die die Kirche ja auch immer weniger verfügt. Dass die Kirche mit ihrer langen Geschichte einen solchen Reichtum an Ressourcen eröffnen kann, ist wahrlich eine Gnade. Sie ermöglicht einen Dienst an der Welt von heute. Aber zugleich ist dies eine herausfordernde Aufgabe. Denn wie bei den Bodenschätzen so gilt auch von den spirituellen Ressourcen, dass sie nicht einfach als fertiges Produkt in der Hand liegen. Auch spirituelle Ressourcen müssen entdeckt, ausgegraben und sehr gezielt bearbeitet werden, um in heutigen Herausforderungen verwendbar zu sein. Sr. Michaela bezeichnet dies als »solide Übersetzungsarbeit«: »Wir brauchen ein anderes Vokabular, um das sagen zu können, was in der Bibel gemeint ist.«

Wer in Ritualen, die aus der christlichen Tradition erwachsen sind, Anderen die eigenen Schätze zur Verfügung stellt, gibt sie frei und hat sie nicht mehr unter Kontrolle. Man weiß nicht, was die vom Kindstod betroffene Familie später mit dem Kerzen-Ritual macht. Das Entwickeln solcher Rituale ist eine gewagte Sache. Aber ein solches Wagnis ist notwendig angesichts der pastoralen Situation in Ostdeutschland oder anderen postsäkularen Kulturen. Dabei braucht es so etwas wie eine »Notfalltheologie.« Es gilt die Chance zu *nutzen*, dass Menschen in manchen Situationen ein offenes Ohr für die Botschaft des Evangeliums haben – ohne diese Chance *aus*zunutzen. Das ist ja etwas ganz anderes. Der Schatz des Evangeliums kann auch Menschen außerhalb der Kirche wertvoll sein, wenn er in drängenden Lebensfragen Türen öffnet, den Blick weitet, Handlungsfähigkeit eröffnet. Die Botschaft des Evangeliums lebenspraktisch anzubieten, ist das Anliegen einer jeden christlichen Mystik.

4.5 Auf Schritt und Tritt – wo Gott in Marzahn begegnet

Wie die Kirche auf die Religionssituation der Gegenwart reagiert, hängt davon ab, wie sie die Situation theologisch wahrnimmt und beurteilt. Die nicht vorhandene Bindung an eine Religion wird häufig als Gottesferne wahrgenommen. Manchmal werden Orte wie Marzahn sogar explizit als »gottlos« bezeichnet.[14] Aber ist es tatsächlich so einfach? Wenn Menschen sagen, dass sie religionslos sind, dann heißt das nicht unbedingt, dass sie keine Erfahrungen mit dem Heiligen machen.[15] Wenn sie Gott nicht kennen, so heißt das nicht zwingend, dass Gott nicht präsent sei oder sich von ihnen distanziert. Daher stellt sich die Frage nach dem Verhältnis von Menschen, denen Gott fremd ist, zur Präsenz Gottes in der Welt.

Die Missionsärztlichen Schwestern stellen heraus, dass die Menschen in Marzahn keine explizite Sehnsucht nach Gott haben. Sr. Michaela erläutert: »95 % der Bevölkerung gehört hier zu den sogenannten religiös indifferenten Leuten. Sie suchen nicht nach Gott. Aber sie stellen die Frage nach dem Sinn ihres Lebens, und das ist ein Punkt, an den wir anknüpfen können. Es zählt für mich zu den wichtigsten Erfahrungen meines Lebens, Gottes Gegenwart hier in diesem Stadtteil und im Leben von Menschen zu erfahren, wie ich es vorher nicht kannte. Ja, es gibt eine verborgene, aktive Gegenwart Gottes in Marzahn.«

Sr. Angelika ergänzt: »Wir haben als Christinnen und Christen kein Monopol auf Gott. Wo und wem sich Gott offenbart und welche Erleuchtungen hier geschenkt werden, das müssen wir schon Gott überlassen. Mir ist wichtig, dass wir diesen Menschen nicht mit Ressentiment begegnen. Viele bringen ganz andere, nicht-christliche Praktiken mit, z. B. aus dem Bereich der Esoterik. Ostdeutsche pendeln gern. Es braucht eine innere Haltung der Toleranz, ohne dass die Differenzen vernebelt werden. Außerdem können wir nicht erwarten, dass diese Menschen das Vaterunser kennen oder mit dem Kreuzzeichen vertraut sind. Vielmehr ist die Unkenntnis ein guter Grund, sich an die nötige Übersetzungsarbeit zu machen. Es gilt neu zu überlegen, was das Vaterunser in unserer heutigen Gesellschaft bedeutet und in welche Richtung das Kreuzzeichen weist. Nur auf diesem Weg können die Menschen ›draußen‹ einbezogen werden. Sie sind ein großer Schatz für unsere Kirche.«

Sr. Michaela: »Da fällt mir eine Frau ein, die sozial stark ausgegrenzt war und mit schrecklichen Gewalterfahrungen zu kämpfen hatte. In der DDR-Zeit hatte sie dreimal abgetrieben. Erst nach zwei Jahren in der Beratung erzählte sie von ihrer Sorge, dass die Kinder, denen sie das Leben genommen hat, nicht zur Ruhe kommen. Sie machte dies deutlich anhand von drei Sternen, die sie abends besonders in den Blick nahm. Wir haben dann ein persönliches Ritual ausgearbeitet. Sie wollte ihren Kindern sagen, dass sie sie lieb hat und dass es nicht richtig war, was sie getan hat, dass sie damals aber keine andere Möglichkeit gesehen hat. In dieser Phase habe ich sie gefragt: ›Haben Sie eigentlich nie daran gedacht, sich das Leben zu nehmen?‹ Da war so viel Leidvolles in der Biografie. Sie antwortete: ›Doch, ich bin auf ein Hochhaus geklettert, 25 Stockwerke. Ich stand oben auf dem Dach und wollte springen.‹ Dann wurde sie ganz verlegen und sagte: ›Sie werden mich jetzt bestimmt für verrückt halten – aber es ist eine Hand gekommen, die mich zurückgezogen hat.‹ Ich habe geantwortet: ›Sie wissen, dass ich ein religiöser Mensch bin. Ich würde es so ausdrücken, dass ein Schutzengel Sie zurückgehalten hat.‹ Damit kam sie gut zurecht.

Für mich ist dies ein klares Zeichen des Wirkens Gottes. Und es ist kein Einzelfall. In unserer Praxis erleben wir immer wieder, dass Menschen eine solche Erfahrung machen. Aber sie trauen sich kaum, über eine solche ›merkwürdige‹ Erfahrung zu sprechen. An dieser Stelle sind wir als Ordensschwestern hilfreich. Wir müssen sehr behutsam sein mit Religion. Aber wir halten uns nicht zurück, wenn wir gefragt sind. Ein Satz aus dem Neuen Testament, dem Titusbrief, ist für mich ein Lebensmotto: ›Erschienen ist die Güte und Menschenliebe unseres Gottes‹ (Tit 3,4). Wir möchten, dass die Menschen diese Güte und Menschenliebe erfahren.

Es ist alles entscheidend, es wirklich auszuhalten, dass die Menschen hier kaum Fragen nach Gott stellen. Dabei gibt es dann schon sehr spezielle Situationen. So hatte ich eine schwer kranke Klientin, deren Mutter plötzlich gestorben ist. Die Klientin hatte im Internet ausfindig gemacht, wer ich bin. Sie bat mich: ›Würden Sie zur Beerdigung meiner Mutter kommen?‹ Ich habe gesagt: ›Ja das mach ich gern. Aber warum möchten Sie, dass ausgerechnet ich komme?‹ Da sagte sie: ›Ich weiß, dass Sie an Gott glauben. Ich glaube nicht an Gott. Falls es ihn aber gibt, werden Sie die Einzige sein, die am Grab meiner Mutter betet.‹ Ich habe dann am Grab dieser mir fremden Mutter gebetet. Solche Erfahrungen machen wir immer wieder.«

In der Arbeit der Missionsärztlichen Schwestern zeigt sich, wie behutsam sich die Kirche heute im Spannungsfeld von Anonymität und Benennung bewegen muss. Zu schnell mit dem Gottesnamen aufzuwarten, könnte Ohren verschließen. Aber den Gottesnamen zu verschweigen, wo er zu benennen wäre, ist ebenfalls ein Fehler. Was es in jedem Fall braucht, ist Sensibilität für die anonyme Präsenz Gottes in der heutigen Welt. Es reicht nicht, darauf zu schauen, wo Menschen explizit von Gott sprechen. Die Anonymität der Gottespräsenz, die ins Wort kommen kann, ist vielmehr ein Zeichen der Gegenwart. Wer anonym ist, kann sich einen Namen machen, wenn er oder sie etwas zu sagen hat. Umgekehrt kann das, was man zu sagen hat, verdeckt werden von einem Namen, der keine Überraschung mehr zulässt.

Den Vorteil der Anonymität hat Michel Foucault herausgestellt, als er 1980 in einem Interview als »maskierter Philosoph« auftrat. Er sagte: »Warum ich Ihnen nahegelegt habe, dass wir die Anonymität benutzen? Aus Sehnsucht nach der Zeit, in der – da ich völlig unbekannt war – das, was ich sagte, einige Chance hatte, Gehör zu finden. Die Berührungsstelle mit dem möglichen Leser war nicht vorgezeichnet. Die Wirkungen des Buchs tauchten an unerwarteten Orten auf, und es zeichneten sich Formen ab, an die ich nicht gedacht hatte. Mit dem Autorennamen macht man es sich einfach. Ich schlage ein Spiel vor: das des ›Jahres ohne Namen‹. Ein Jahr lang würde man Bücher ohne Autorennamen veröffentlichen. Die Kritiker hätten mit einer rein anonymen Produktion klarzukommen.« (Foucault 1999, 13f)

Anonymität ermöglicht es den Texten, von sich selbst her zu sprechen. Anonymität setzt Argumente frei. Sie werden geteilt und können wachsen.[16] Die Lesenden bringen sie in andere Kontexte ein, prüfen ihre Tragfähigkeit und entwickeln sie weiter. Der Autor hat keinen störenden Machtzugriff auf den Text. Sein Name lenkt niemanden von dem ab, was gesagt wird. Vielmehr potenziert sich die Sprachfähigkeit, die in den Worten steckt. So werden die Lesenden selbst sprachfähig in den Fragen, die sie bewegen.

Für die heutige Religionssituation ist dies besonders interessant. Eine »Zeit ohne Namen« ist angebrochen. Aber vielleicht hat Gott in postsäkularer Kultur größere Chancen, wenn er anonym spricht. Aus verschiedenen Gründen ist der Name Gottes heute in Verruf geraten. Viele Menschen sind davon überzeugt, dass Gott nichts weiter als eine fromme Einbildung, nicht-existent und damit bedeutungslos sei. Aber einem Trugbild schenkt niemand Gehör. Mit diesem weit verbreiteten Namen kann das Wort Gottes nicht zu Gehör kommen. Aber genauso schwierig ist es mit dem Gottesnamen innerhalb der Kirche, wo er zu vertraut ist und seinen Geheimnischarakter verloren hat. Auch hier meinen Menschen schon zu wissen, was Gott sagen will, bevor sich dieses Wort ereignet hat. Gott erscheint zu bekannt, als dass in seinem Namen etwas Überraschendes gesagt werden könnte.

Anonymität ist hier ein Vorteil und kann manchmal sogar notwendig sein. Gott kommt in der Anonymität zu Gehör, die im österlichen Geheimnis der Auferstehung liegt. In der Namenlosigkeit gilt das, was Gott zu *sagen* hat. Im Mittelpunkt steht jenes Wort, das im Verstummen seine Lebensmacht entfaltet. Es meldet sich, wo niemand damit rechnet, auch mitten in alltäglichen Lebenserfahrungen von Menschen, die sich selbst nicht als Gläubige verstehen. Die provozierende Säkularität der Menschen in den östlichen Bundesländern erfordert es, sensibel zu werden für die Gottespräsenz, die anonym ist und nicht in die Spaltung von *religiös – profan; gläubig – ungläubig* passt. Auch für die Menschen in postsäkularer Kultur gilt, dass sich das Geheimnis des Lebens an seinen Brüchen zeigt und überall dort, wo der Tod nach dem Leben greift. Gott hat hier häufig gar keinen oder einen falschen Namen. Aber mitten im Alltag der Menschen, die lieben und arbeiten, wachen und schlafen, Kinder gebären und Tote zu Grabe tragen, Konflikte klären und das Leben feiern – kann das, was Gott sagt, vom Wort selbst her zu Gehör kommen, wenn es anonym auftritt.

Tomáš Halík, dessen Thesen derzeit breit diskutiert werden, bringt hierzu eine weitere Perspektive ein. Dabei verweist er auf ein Zitat der französische Philosophin und Mystikerin Simone Weil (1909–1943) und interpretiert anschließend: »'Eine der kostbarsten Freuden der irdischen Liebe, nämlich dem Geliebten zu dienen, ohne dass er davon weiß, ist im Falle der göttlichen Liebe nur durch den Atheismus möglich.‹ Beim ersten flüchtigen Lesen dieser Worte verstand ich sie so, dass es sich um ›anonyme Christen‹ und ihre ›implizite‹ Liebe zu Gott handelt. Gleich wurde mir aber bewusst, dass hier von der Liebe Gottes selbst die Rede ist – auch sie braucht Intimität, Diskretion, sie überrascht gerne damit, dass sie sich in Anonymität verborgen hält.« (Halík 2011, 248) Wenn Gott heute im Verborgenen spricht, ohne dass sein Name zutage tritt, so handelt Gott hier als Liebender. Anonymität wird zur Liebestat.

Auf der anderen Seite bedeutet dies jedoch nicht, dass Gott immer nur zu beschweigen wäre. Vielmehr fordert die Anonymität zur behutsamen Benennung heraus. Die Erfahrung, dass eine Hand vom Sprung in den Abgrund zurückhält, bleibt zunächst namenlos. Sie ist eigentlich unsagbar und bleibt verschwiegen. Aber damit droht sie ihre Wirksamkeit zu verlieren. Am Abgrund des Verstummens hatte das Leben zu der Frau gesprochen in einer Geste, die sie am Leben hält und davor bewahrt, in den Tod zu stürzen. Wie erlangt diese Erfahrung Tragfähigkeit? Im religionstherapeutischen Gespräch kann mit der Figur des Engels Gott zur Sprache kommen. Der Glaube an diese Erfahrung, wo in einer Geste der Zuwendung das Leben wieder in fluss kam, wird gestärkt. Auf dem Dach eines Hochhauses, mitten in einer heruntergekommenen Plattenbausiedlung, hatte diese Frau eine mystische Erfahrung, als sie mit dem Geheimnis ihres Lebens in Berührung kam. Im Gespräch mit einer Therapeutin, die in behutsamer Gottesrede erfahren ist, wird diese Erfahrung glaub-würdig.

Marzahn ist nicht gottlos. Traditionen der Mystik durchkreuzen solche Aussagen, die Gott als Schöpfer der Welt überall vermuten, im fraglichen Fall dann aber doch nicht konkret verorten können. Michel de Certeau (1925–86), ein Schüler der Nouvelle Théologie und Anstifter der heutigen Kulturwissenschaften, charakterisiert den heutigen Glauben als einen Glauben, »der weiß, dass er Gott dort suchen muss, wo die Frage nach dem Menschen sich stellt, und der sich weigert, das Ungenügen der religiösen Zeichen für die Abwesenheit Gottes zu halten.« (Certeau 2009, 53) Zwischen Menschsein und Christsein, zwischen Mensch-Werdung und Christus-Verkündigung gibt es keinen Gegensatz. Dies sieht auch Sr. Margaretha Kühn so, die im Don-Bosco-Zentrum Ostberlins arbeitet und Jugendliche in äußerst prekären Lebenssituationen begleitet. In meinem Interview 2009 strahlte sie über das ganze Gesicht, als ich sie fragte, wo Gott ihr in Marzahn begegnet, und sagte ganz einfach: »Auf Schritt und Tritt.«

Anmerkungen

1 Im Auftrag der Senatsverwaltung führt das »Monitoring Soziale Stadtentwicklung« seit 1998 eine kontinuierliche Analyse der sozialräumlichen Entwicklung in Berlin durch. Als eine Art Frühwarnsystem soll es Handlungsbedarf der Sozialen Stadtentwicklung eruieren und Steuerungsmaßnahmen entwickeln (vgl. www.stadtentwicklung.berlin.de/planen/basisdaten_stadtentwicklung/monitoring/index.shtml).

2 Der Religionssoziologe Detlef Pollack sieht die Religionssituation auch in Westdeutschland skeptisch: »Das große Modewort des behaupteten religiösen Aufschwungs – Spiritualität – nimmt etwa ein Viertel der westdeut-

schen Bevölkerung für sich in Anspruch; in Ostdeutschland sind es 13 Prozent, die sich als spirituelle Menschen bezeichnen. Ein Drittel der Westdeutschen und drei Viertel der Ostdeutschen halten sich weder für religiös noch für spirituell.« (Pollack 2010, 3) Dabei stellt sich jedoch die Frage nach dem Religionsbegriff – wenn sich Menschen als nicht religiös bezeichnen, heißt das zwingend, dass sie nicht religiös sind? Woran wird das Religiöse festgemacht? Die vagabundierenden Formen von Spiritualität machen deutlich, dass die Zugehörigkeit zu einer Religionsgemeinschaft nicht das einzige Kriterium sein kann.

3 Dieses Lähmende greift auch auf jene Menschen zu, die selbst nicht von Armut betroffen sind. Die Bereitschaft zu Hilfe und solidarischem Engagement ist keineswegs selbstverständlich. Häufig wollen Menschen von der Armut ihrer Nachbarn nichts hören. Sie schauen weg, übersehen und verschweigen Not und Elend, die andere Menschen knechten. Sie fürchten das Gewaltpotential, das in der Berührung mit der Armut steckt – denn Armut kann »ansteckend« sein.

4 Vgl. 2. Armutsbericht 2005, 9, FN 18. Seit 2001 veröffentlicht die Bundesregierung etwa alle vier Jahr einen »Armuts- und Reichtumsbericht«. Nach eigenen Angaben legen sie das Konzept der Verwirklichungschancen von Amartya Sen zugrunde und gehen vom Armutsbegriff des Rats der Europäischen Gemeinschaft aus. An den Berichten wird kritisiert, dass nur wenige bis gar keine Daten zur oberen Reichtumsspitze vorgelegt werden. Der 4. Bericht vom März 2013 war besonders umstritten, nachdem bekannt wurde, dass die tatsächliche Problemlage durch Umformulierung des Berichts durch Ministerien weichgezeichnet wurde.

5 Das ehrenamtliche Engagement für Kulturdenkmäler und Kirchen ist hier sehr groß und wird auch von Menschen praktiziert, die keiner Religionsgemeinschaft angehören. Dass die Ruinen des Mystik-Klosters Helfta die DDR überlebt haben, verdanken sie einem a-theistischen, hoch engagierten Mann aus dem gleichnamigen Dorf Helfta. Die Ruinen sollten staatlicherseits abgerissen werden, aber er hat dies unter hohem persönlichem Einsatz verhindert.

6 Das Konzil von Chalkedon hat 451 eine Sprachregelung gefunden, die die diffizilen Probleme der göttlichen und menschlichen Natur Jesu zu benennen vermag; es sagt von den »zwei Naturen« Jesu, sie seien »unvermischt, unveränderlich, ungetrennt und unteilbar« (DH 2005, *302). In einer negativen Formulierung – nicht vermischt und nicht getrennt – kommt hier zum Ausdruck, was sich positiv nicht benennen lässt (vgl. hierzu Hoff 1995). Die Stärke dieser Sprachregelung zeigt sich daran, dass sie auch auf ganz andere Spannungsfelder wie die zwischen Victim und Sacrifice anwenden lässt. Es gibt Vieles, das man nicht voneinander trennen, aber auch nicht miteinander vermischen darf.

[7] Leben heißt, sich verschwenden. Leider ist es ein kaum auszurottendes Vorurteil, dass Opfer immer mit Schmerz, Leid und Unterwerfung verbunden sein müssen und dass man erst daran erkennen könne, ob es wirklich ein Opfer sei.

[8] Beispielsweise hat sich in den letzten Jahren eine Kosmetikfirma etabliert, die sich den vielsagenden Namen »Rituals« gegeben hat. Ihre Produkte vertreibt sie europaweit mit Läden vor Ort, auf Flughäfen und in Hotels sowie mit Angeboten im Internet. Ihr Motto lautet: »My Body. My Soul. My Rituals«. Ihre Produkte tragen religiöse Namen wie Infinity, Awakening, Eve's Kiss, Yogi Flow, Massage from Heaven. Die Firma bietet Anleitungen zu Ritualen an, die das Einschlafen erleichtern oder in einen erfrischten Morgen hinein verhelfen – natürlich mit den passenden Rituals-Produkten. »Es ist unsere Leidenschaft, Ihre alltägliche Routine in bedeutsame Rituale zu verwandeln.« (www.rituals.com)

[9] Zum produktiven, aber auch prekären Spannungsfeld von Glauben und Gesundheit in gegenwärtigen Heilsdebatten vgl. Hoff 2010.

[10] Utopien werden schädlich oder gewalttätig, wenn sie alles in den Raum des Unsagbaren ausgrenzen, was der Utopie zuwider läuft: Was dringend besprochen werden müsste, wird hartnäckig verschwiegen. Der Weg hinaus aus der Utopie besteht darin, das Verschwiegene offen und ehrlich zu thematisieren. Fragen der Sexualität und des Zusammenhangs zwischen Macht und spirituellem Leben, Macht und geistlichem Amt, dürfen kein Tabu bleiben. Sie sind ehrlich und realistisch zu besprechen.

[11] Vgl. hierzu die Erläuterungen von Hans-Joachim Höhn über das Thematisieren und Verschweigen von Schuld in unserer Gesellschaft und ihr Bezug zum Sakrament der Beichte; Höhn 2002, 103–113.

[12] »Riskante Liturgien« ist ein Buchtitel, der neue Gottesdienstformen im öffentlichen Raum thematisiert, beispielsweise Trauerfeiern nach Amokläufen oder Naturkatastrophen (vgl. Fechtner / Klie 2011). Riskante Liturgien gibt es genauso in der Notfallseelsorge und in der Beratungsarbeit.

[13] http://www.bistum-erfurt.de: Innovative Projekte.

[14] Der Pastoraltheologe Karl Schlemmer prognostiziert, dass »wir uns auf einem direkten Weg in eine Gesellschaft ohne Gott befinden«; es gebe zwar einen religiösen Boom, dennoch befänden wir uns »in einem Zeitalter der Religion ohne Gott« (Schlemmer 2007, 9). Präziser müsste es heißen, dass vielleicht ein Zeitalter ohne Gottesnamen auf uns zukommt.

[15] Seit Rudolf Otto ist es in den Religionswissenschaften umstritten, ob *Gott* oder *das Heilige* der Schlüssel zur Religion sei (vgl. Gantke 1998). Da es aber Religionen wie den Buddhismus gibt, die keinen eigenen Gottesbegriff kennen, steht m.E. die Erfahrung des Heiligen im Zentrum von

Religion. Für die christliche Theologie stellt sich die Frage, welche Antworten ihre Gottesrede in der Herausforderung des Heiligen eröffnet.

[16] Diese kreative Seite der Anonymität bezieht sich auf Fragen der Autorität im Sinne der auctoritas. Im Feld der Macht, die sich als potestas (Amtsgewalt) verkörpert, sieht dies ganz anders aus. Hier kann Anonymität eine äußerst gewaltsame Machtstrategie sein, z. B. im Spitzelwesen einer Unternehmenskette, bei Staatstrojanern aller Art, sowie im KZ oder SED-Gefängnis, wo Menschen verschwinden, weil ihr Name ausgelöscht wird. In Fragen der potestas ist Anonymität gefährlich.

5. Teil
Auferstehung als widerständige Lebenskunst

Die Auferstandenen
Wo sind
die Auferstandenen
die ihren Tod
überwunden haben
das Leben liebkosen
sich anvertrauen
dem Wind

Kein Engel verrät
ihre Spur
(Rose Ausländer)[1]

Das Herz des Christentums liegt in seiner Christologie, jener Lehre von Jesus Christus, die den Menschen Auferstehung verheißt. Die Evangelien legen Zeugnis davon ab, dass Jesus schon lange vor seinem Tod auf die Geistkraft der Auferstehung setzt. Er lebt und wirkt aus ihrer Kraft heraus. Wo sonst, wenn nicht mitten in bedrängenden Erfahrungen von Armut, ist Auferstehung gefragt? Dieser Zusammenhang von Armut und Auferstehung gilt auch heute. Der Lackmustest des Christentums besteht darin, ob es in der Lage ist, in säkularen Kontexten Perspektiven der Auferstehung zu erschließen. Die Missionsärztlichen Schwestern bieten ein Beispiel, wie dies individuell, sozial und kulturell gelingen kann. Sie stellen vor die Frage, was letztlich jeder Christ, jede Christin sowie die Kirche insgesamt dazu beitragen, dass Auferstehung als Wunder der Wandlung kulturprägend wird. Wo sind sie, die Auferstandenen, die ihren eigenen Tod überwinden?

Diese Frage stellt Rose Ausländer, eine Poetin, die aus einem jüdischen Elternhaus stammt und nur mit größter Not der Ermordung im Holocaust entkommen ist. Ihre Frage ist berechtigt, sie ist ein Stachel im Fleisch christlicher Theologie. Denn sie erinnert an das Versagen der Kirche, die vielerorts gerade nicht für die Auferstehung einstand, sondern bereitwillig dem Tod in die Hände spielte – die allermeisten Schergen des NS-Regimes waren Getaufte (vgl. Wiesel 1995, 367).

Zugleich erinnert Rose Ausländer daran, was Auferstehung heute bedeutet. Wo Menschen in der Not ihres Lebens verstummen, will die Auferstehung zu Wort kommen. Auferstandene sind diejenigen, die ihren Tod überwinden und das Leben liebkosen. Diese Liebkosung ist alles andere als selbstverständlich, so dass die Frage berechtigt ist: Wo sind sie, die Auferstandenen?

Erfahrungen der Armut tasten das Leben an. Sie konfrontieren mit dem Tod, der das Leben in seinen Bann zieht. Das zeigt sich in alltäglichen Reaktionen wie Resignation und Verzweiflung, aber auch ohnmächtiger Wut und zerfleischendem Rachebedürfnis. Armut hat ein ungeheuer zerstörerisches Potential, das auf das eigene sowie auf fremdes Leben zugreift. Der Glaube an die Auferstehung plädiert daher nicht für ein naives »Alles wird gut«. Vielmehr geht es um eine Lebenskunst, die widerständig dem gegenüber ist, was Leben zerstört. Erst dann entfaltet sie befreiende Kraft.

5.1 Mit Verwundungen leben – dem Wunder der Wandlung trauen

Menschen erleiden Verwundungen an Leib und Seele. Sie werden zum Opfer, zum Victim verschiedenster Gewalt. Wo auch immer sich Leben zeigt, lauern Zerstörung, Armut und Tod. Aber Leben will Eines: leben. Dabei geht es nicht nur darum, gerade so zu überleben. Sondern es geht um ein Leben in Fülle, das intensiv, leidenschaftlich, mit allen Sinnen und wach bis in die Fingerspitzen zu spüren ist. Wie gelingt es Menschen in Bedrängnis, sich das Leben nicht vergällen zu lassen von dem, was ihnen fehlt? Welche spirituellen Ressourcen stehen zur Verfügung, um in einer Situation zu bestehen, wo Resignation und Verzweiflung das Sagen haben? Wenn ein Mensch unheilbar krank ist und die medizinischen Ressourcen versagen, wie vermag man dann im Angesicht des Todes zu leben? Und wie sieht es mit der finanziellen Armut aus, die heute weltweit und auch in Deutschland zunimmt? Wie mit der Ohnmacht leben, die man in Hunger, Obdachlosigkeit, Krankheit und Tod erfährt, ohne dass die Ohnmacht übermächtig wird? Solchen Lebensfragen stellt sich die christliche Gottesrede, die dem Geheimnis der Auferstehung folgt. Solche Fragen waren der Mystik im Mittelalter wichtig, und sie nehmen heute an Bedeutung und mit gesellschaftlicher Brisanz zu.

Der Glaube an die Auferstehung besagt: das Leben steht auf aus dem Tod. Dieser Glaube entsteht im Widerstand zu dem, was Menschen verletzt und arm macht, was sie in Ohnmacht treibt und verstummen lässt. Wo Verwundungen das Leben verletzen, ist Heilung möglich. Denn mitten in den Brüchen des Lebens ist die verborgene, heilende Präsenz Gottes zu finden. Maria Magdalena wird am Grab Jesu dazu in die Lage versetzt, den Glauben an die Auferstehung als Lebenskunst zu praktizieren. Das Grab aber ist keine heile Welt. Am Ort des Schreckens erfährt Maria den Machtwechsel vom Tod zum Leben. Und als Prophetin der Auferstehung trägt sie dazu bei, dass auch andere zu diesem Machtwechsel befähigt werden.

Der Religionshistoriker, Literat und Theologe Michel de Certeau (1925–1986) verweist darauf, dass Maria Magdalena für die heutige Mystik – und ich ergänze: für das heutige Christentum – eine »eponyme«, eine namengebende Figur ist (Certeau 2010, 128). Denn mit aller Leidenschaft stellt Maria die Frage: »Wo ist er?« Eponym ist eine öffentliche Person, an deren Themen sich Fragen, Probleme und Handlungsperspektiven einer Epoche abzeichnen. So hat Königin Victoria einer ganzen Epoche ihren Namen gegeben im »Viktorianischen Zeitalter«. Leider führt Certeau seinen Gedanken in Bezug auf Maria Magdalena nicht weiter aus. Ist die heutige Zeit ein »magdalenisches Zeitalter«? In der Tat ist die Frage »Wo ist er?«, die Maria Magdalena am Ostermorgen stellt und die Certeau hervorhebt, eine Schlüsselfrage. Sie benennt die heutige Suche nach der verborgenen Präsenz Christi. Wo ereignet sich Auferstehung? Wo zeigt sich jenes österliche Geheimnis, mit dem Gottes Geist alle Menschen verbindet? Und wo sind sie, die Auferstandenen, die ihren Tod überwinden, das Leben liebkosen und sich dem Wind der Wandlung anvertrauen?

Das österliche Geheimnis der Auferstehung bewirkt den Machtwechsel vom Tod zum Leben. Es ist verortet, wo Menschen unfreiwillig Armut erfahren und zu Opfern werden. Victims erleiden etwas, das sie nicht wollen, weil es sie verwundet und schmerzt. Sie stehen in der Gefahr, in einen Teufelskreis der Gewalt hineinzugeraten – Gewalt sich selbst und anderen gegenüber. Auferstehung will dem widerstehen. Daher ist die österliche Lebenskunst widerständig gegen die Macht des Todes. Beharrlich richtet sie den Blick auf jene Zeichen der Hoffnung, mit denen der Machtwechsel gelingen kann. »Gesät ist die Hoffnung« – mit dieser Metapher benennt daher Margot Käßmann den Kern des Osterglaubens (Käßmann 2011).

Wer an die Auferstehung glaubt und sie als Lebenskunst praktizieren will, richtet die Aufmerksamkeit gezielt auf diesen Wendepunkt: das Wunder der Wandlung. Vielleicht ist es kein Zufall, dass die Worte »Wunde« und »Wunder« heute noch ähnlich klingen. Das war schon im Althochdeutschen der Fall – *wunta* ist die Verletzung und *wuntar* das Wunder. Das größte Wunder des Lebens ist die Heilung von Wunden, das Wunder der Wandlung vom Tod zum Leben. Es macht aus ohnmächtigen Victims inspirierende Zeuginnen und Zeugen der Auferstehung. Wandlung, Verwandlung und Metamorphose spielen daher im Neuen Testament eine zentrale Rolle. So appelliert Paulus im Römerbrief 12,2: »Gleicht euch nicht dieser Welt an, sondern wandelt euch und erneuert euer Denken«. Paulus verwendet hier das Wort »Metamorphose«, um deutlich zu machen, dass es um eine radikale Verwandlung geht. Lasst euch verwandeln, geht das Wagnis der Metamorphose ein.

Der Apostel ist davon überzeugt, dass der österliche Glaube eine solch tiefgreifende Wandlung ermöglicht. Niemand muss so bleiben, wie er oder sie ist. Mit der Auferstehung vor Augen, können Menschen gewohnte Verhaltensmuster aufbrechen, ausgefahrene Straßen verlassen und einen Neuanfang wagen. Denn, so sagt es der 2. Brief an Timotheus 1,7: »Gott hat uns nicht einen Geist der Verzagtheit gegeben, sondern den Geist der Kraft, der Liebe und der Besonnenheit.« Dem Geist der Verzagtheit zu folgen, verhindert Wandlung. Wer jedoch an die Auferstehung glaubt, vertraut sich Gottes Geistkraft an, die tatkräftig, liebevoll und besonnen macht. Der Glaube an die Auferstehung lädt zum Leben mitten im Leben ein. Er ist die Triebkraft, die Victims dazu befähigt, ihren Opferstatus zu überwinden.

Zwar kann man jederzeit und aus vielen Gründen einstimmen in den lauten Chor der Unglücksprophetie, die ihren Tunnelblick allein auf das Elend der Welt, der Gesellschaft und der Kirche richtet. Man kann aber auch die leise Stimme der Liebe erhören, die dem Leben beharrlich das Wort redet. Die österliche Lebenskunst will täglich neu erlernt werden an all den Orten, wo Verwundungen das Leben vergällen. Hier ist der Glaube an die lebenstiftende Kraft der Auferstehung gefragt, die am Leeren Grab erfahrbar wird.

Marie-Luise Kaschnitz bringt diese überraschende Kraft der Auferstehung in einem Sonnen-Gedicht zum Ausdruck.

Liebe Sonne
Wir glauben an diese
Unsere große
Freiheit zu sterben
Häuser unsere
Einstürzen zu lassen
Weinberge unsere
Brach –

Wir glauben es zwänge
Uns niemand aufzuerstehen
Späterhin in das Licht
In die gewaltige
Anstrengung ewigen Lebens.
Wir glauben es stünde bei uns
Niemanden mehr zu lieben
Und hintreiben zu lassen endlich
Erkaltet in kalten Schwärmen
Diesen unseren Stern.

Aber die unverminderte
Tägliche Zeugenschaft
Küssender Lippen
Liebe Sonne
Schöne Erde
Ewig ewig
Weiß es besser.

(Marie-Luise Kaschnitz)[2]

Wenn der Glaube an die Auferstehung in den Mühen des Lebens entgleitet, so empfiehlt Kaschnitz den Blick auf Menschen, die sich trotz aller Turbulenzen, die das Liebesleben mit sich bringt, dennoch lieben; auf die Sonne, die ihr Tagwerk nicht vergisst und alltäglich Wachstum ermöglicht; auf die Schöpfung, die trotz aller Verwundungen, die die Menschheit ihr zufügt, in allen Farben des Lebens erblüht. Häuser einstürzen lassen, Weinberge brach liegen lassen und sich kaltherzig entscheiden, nicht mehr zu lieben – das ist menschenmöglich. Aber die Zeuginnen und Zeugen der Auferstehung erzählen eine andere Geschichte.

5.2 Gewagte Hingabe – Macht aus Verletzlichkeit

Menschen erleiden Opfer, aber sie bringen auch freiwillig Opfer in dem Sinn, dass sie um eines höheren Zieles willen ihre eigenen Ressourcen teilen. Beide Arten von Opfer sind voneinander zu unterscheiden. Aber sie können zugleich nicht voneinander getrennt werden – jedenfalls nicht im Christentum, das sich der inneren Verbindung von Selbst- und Nächstenliebe verschreibt. Menschen bringen Sacrifices, weil sie etwas gegen die Bedrängnis tun wollen, die das Victim-Sein erzeugt. Zugleich erzielen Menschen, die Sacrifices geben, selbst einen großen Gewinn. Denn die Gabe, die um eines höheren Gutes willen gestiftet wird, setzt Energie, Tatkraft und Lebenslust frei. Beim Wunder der Wandlung spielen freiwillige Opfer daher eine entscheidende Rolle.

Zu beobachten ist dies bei vielen Menschen, die sich alltäglich und freiwillig der Armut aussetzen – die mit Schwerkranken arbeiten, mit Sterbenden und Süchtigen, mit den Hungrigen in den Megaslums rund um die Welt und mit allen, die an Unrecht leiden. Die treibenden Kräfte der Armutsbewegungen der Geschichte sind engagierte, tatkräftige Menschen, die wissen, wozu sie da sind. Mit ihrem Engagement glückt ihr Leben. Franziskus lebte in ärmlichen Verhältnissen und hat im Anblick des Todes seinen Sonnengesang geschrieben. Er zeigt sich als fröhlicher, singender Troubadour. Anna Dengel, Gründerin der Missionsärztlichen Schwestern, wurde von der Kirche mit allzu vielen Schwierigkeiten konfrontiert, als sie ihre Idee einer heilenden Spiritualität in einen Orden umsetzen wollte. Trotzdem wird von ihr erzählt, wie charismatisch sie war, welch frohe Überzeugungskraft sie ausstrahlte und wie sehr ihr Leben geglückt ist. Keine Hürde war ihr zu hoch.

Sich freiwillig mitten in Armut und Elend hinein zu begeben und nicht zu resignieren angesichts der Wunden, die das Leben zufügt, ist eine religiöse Kompetenz. Denn das Sacrifice, das man gibt, gehört der Welt des Heiligen an. Die Religionswissenschaft spricht hier von dem »mysterium tremendum et fascinosum et augustum« (vgl. Otto 1987), jenem Geheimnis, das als tremendum erschreckt, zugleich fasziniert und in den Bann zieht, weil es das Glücken von Leben verheißt: augustum. Man hat ein Ziel vor Augen, das man unbedingt erreichen will. Zugleich sieht man, mit welchen Schwierigkeiten der Weg zu diesem Ziel gepflastert ist. Man kann an den enormen Hindernissen scheitern. Aber man hofft dennoch, dass man das Ziel erreicht und dass das Leben auf diesem Weg gelingt. Hier wird nicht nur »etwas« gegeben, sondern es geht um Scheitern oder Gelingen des eigenen Lebens. Jedes Sacrifice in diesem Sinn ist eine gewagte Gabe, eine Hingabe seiner und ihrer selbst.

Sich in den Dienst des Gottesreiches zu stellen und hierfür freiwillig Opfer zu bringen, setzt ungeheure Energien frei. Aus diesem Grund resignieren die Menschen im 13. Jahrhundert nicht, als sie die Armutsbewegung initiieren. Im 20. Jh. sagt Martin Luther King im Blick auf seinen Tod: »Ich werde kein Geld hinterlassen. Ich werde keine vornehmen und luxuriösen Dinge hinterlassen. Ich möchte nur ein hingebungsvolles Leben hinterlassen.« (King 2008, 119) Schon zu Beginn der Bürgerrechtsbewegung, die den Widerstand gegen die rassistische Gesetzgebung in den USA vorantrieb, hat er sich strikt der Gewaltlosigkeit verschrieben. Als Anfang 1956 eine Bombe auf seine Veranda geworfen worden war, schaffte er alle Waffen aus seinem Haus ab – wie die meisten US-Bürger besaß er zuvor welche zur Selbstverteidigung (ebd. 10).

Hingabe zu wagen und sich in den Dienst des Lebens zu stellen, das gehört zum Kern des christlichen Glaubens. Aus diesem Engagement gewinnen Menschen, die in Sachen Armut unterwegs sind, auch heute an Überzeugungsstärke und Tatkraft. Leben heißt, sich verschwenden. Ohne Zeit und Energie, materielle Güter und persönlichen Einsatz kann es nicht ausbrechen. Wer Intensität erstrebt, verausgabt alle Kräfte, damit das Leben aufbraust.

Überall dort, wo man solche Opfer bringt und ein Sacrifice gibt, setzt man die eigene Verwundbarkeit aufs Spiel. Man geht das Risiko ein, verwundet zu werden. Vielleicht gibt man gerade jene Ressourcen weg, die man später selbst braucht. Oder man setzt sich der öffentlichen Kritik aus, indem man Gerechtigkeit einklagt. Sich leidenschaftlich für Frieden engagieren; gefährdete Menschen schützen; sexuellen Missbrauch zur Anklage bringen; sich entgegen wirtschaftlicher Gewinnmaximierung für Umweltschutz einsetzen; für die Durchsetzung der Menschenrechte das eigene Leben riskieren; einer Diktatur entgegen treten – all diese Praktiken sind ein Wagnis. Sie erhöhen die eigene Verwundbarkeit und bringen die Gefahr der Verarmung mit sich. Sie laufen dem Bedürfnis entgegen, sich selbst zu schützen. Wie der Widerstand gegen Diktaturen zeigt, können sie sogar tödlich enden.

Aber trotz der reellen Gefahr erschließt solche gewagte Hingabe Leben. Sie kann eine eigene Macht entwickeln, die nicht aus Übermacht heraus entsteht, sondern die aus der Verletzlichkeit wächst; daraus, dass man Verwundungen riskiert. Wer sich strikt vor Verwundungen schützt, braucht Mauern, Rüstungen und Waffen. Dies aber macht unberührbar. Wer hingegen berührbar ist, wird zugleich verletzlich. Aus dieser Berührbarkeit entsteht jene Macht, die die eigene Belastbarkeit steigert. Menschen gehen gestärkt aus dem Wagnis der Verletzlichkeit hervor. Wo diese Macht sich zeigt, vermag sie sogar Diktaturen zu stürzen. Das haben der Herbst 1989 gezeigt und neuerlich jene Menschen, die im Arabischen Frühling uneigennützig ihr Leben riskiert haben und riskieren.

Der christliche Glaube setzt auf diese Lebensmacht, die aus dem Wagnis der Verletzlichkeit wächst. Gott selbst geht dieses Wagnis ein, als Jesus Christus in einem Stall, in Armut und Verwundbarkeit, geboren wird. Eine Theologie, die auf der Inkarnation Gottes in einem neugeborenen Kind gründet, setzt auf die Macht aus Verletzlichkeit. Sie glaubt an das Geheimnis der Auferstehung, dass das gottgeschenkte Leben stärker ist als der Tod. Alle Menschen *müssen* mit den eigenen Brüchen und Verwundungen leben – sowohl mit denen, die sie zu Victims macht als auch mit jenen, die sie freiwillig als Sacrifices erleiden. Sie *können* es aber auch, wo und weil sie Auferstehung erfahren.

Das Leben aus der Kraft der Liebe erfordert es, sich selbst aufs Spiel zu setzen und sich für das Geliebte zu verschwenden. In besonderem Maß zeigen dies die Märtyrerinnen und Märtyrer, die für ihre Liebe ihr Leben opfern. Sie geben das eigene Leben hin, obwohl sie nicht einmal sicher sein können, dass sich dieses Opfer lohnt. Mit dem eigenen Leben gibt man alles, was man zu geben hat: die Jahre, die man noch hätte leben können; die vielen Zukunftshoffnungen, die nun unerfüllt bleiben; die sozialen Beziehungen und Liebesbeziehungen, die nun nicht mehr gelebt werden. Angesichts der unermesslichen Größe dieses Opfers stellt sich die Frage, wie Menschen überhaupt fähig werden, es zu bringen. Diese Frage hatte sich bereits im Blick auf den Kreuzweg Jesu gestellt, und sie stellt sich überall dort, wo Menschen zu solcher Hingabe bereit sind.

Dietrich Bonhoeffer hatte eine klare Alternative zum Martyrium. Er hätte als theologischer Lehrer in London bleiben können, kehrte aber 1935 nach Deutschland zurück, wohl wissend, in welche Gefahr er sich damit begab. Auf die Seite der Nazis zu wechseln, das kam auch später für ihn nicht in Frage und war undenkbar. Bonhoeffer wusste im Gefängnis, dass seine Standfestigkeit ihm heute schon oder in den nächsten Tagen oder nach einer langen Zeit als Gefangener den Tod bringen kann. Aber er versuchte nicht, seine Haut zu retten. Auch Martin Luther King hatte in seinen letzten Tagen mit zunehmenden Todesdrohungen zu tun. Was gab ihm den Mut und die unendliche Kraft, trotzdem nicht heimlich zu verschwinden, sondern weiterhin öffentlich aufzutreten und seine charismatischen Reden zu halten?

Beide Männer, die ermordet wurden und viel zu jung sterben mussten, haben kurz vor ihrem Tod einen Text geschrieben, der eine Antwort auf diese Fragen andeutet. Martin Luther King hat am Tag, bevor er erschossen wurde, seine berühmte Rede »I've been to the mountaintop« gehalten. Er nennt die Drohungen gegen ihn, über die überall gesprochen wird. Dann sagt er: »Nun, ich weiß nicht, was jetzt geschehen wird. Schwierige Tage liegen vor uns. Aber das macht mir jetzt wirklich nichts aus. *Denn ich bin auf dem Gipfel des Berges gewesen*. Ich mache mir keine Sorgen. Wie jeder andere würde ich gern lange leben. Langlebigkeit hat ihren Wert. Aber darum bin ich jetzt nicht besorgt. Ich möchte nur Gottes Willen tun. Er hat mir erlaubt, auf den Berg zu steigen. Und ich habe hinübergesehen. Ich habe das

Gelobte Land gesehen. Vielleicht gelange ich nicht dorthin mit euch. Aber ihr sollt heute abend wissen, dass wir, als ein Volk, in das Gelobte Land gelangen werden. Und deshalb bin ich glücklich heute Abend.« (King 2008, 120)

Mit dem Gipfel des Berges spielt King auf den biblischen Moses an, der das Volk Israel aus der Sklaverei in Ägypten hinaus führt. Der Prophet selbst wird das Gelobte Land nicht erreichen. Aber vom Berg Nebo aus nimmt er dieses Land in den Blick und hat es in greifbarer Nähe, bevor er stirbt (vgl. Dtn 34, 1–6). Daran knüpft King an. Die Abschaffung des staatlichen Rassismus steht ihm vor Augen und er zweifelt nicht daran, dass dies passieren wird. In seiner Rede beschreibt King ein visionäres Ereignis, das ihm Sicherheit gibt und die Kraft, den Weg des Martyriums zu gehen. Weil er das Land tatsächlich gesehen hat, fürchtet er den Tod nicht mehr und knickt nicht ein vor seinen Gegnern. Vielmehr legt er seinen Anhänger/innen nachdrücklich die Gewaltlosigkeit ans Herz, die Opfer auf sich nimmt, weil sie selbst keine Victims produzieren will.

Ganz ähnlich hat Dietrich Bonhoeffer wenige Wochen vor seiner Ermordung einen Text geschrieben, der heute noch rezipiert und ehrfurchtsvoll gesungen wird. Es ist ein Gebet von ungeheurer poetischer Kraft: »Von guten Mächten« (Bonhoeffer / Wedemeyer 2010, 209). Subversiv widerspricht es der Logik des Todes, die in totalitären Gefängnissen herrscht. Gegen das allgegenwärtige Misstrauen, das in Diktaturen vorherrscht, setzt es Gottvertrauen. Bonhoeffer schreibt das Gebet an Silvester 1944 für seine Familie. Das Erstaunlichste ist vielleicht, dass er nicht als Gefangener schreibt, den man trösten müsste. Vielmehr sagt er seiner Familie, dass er bereits Trost empfangen hat: »behütet und getröstet wunderbar«. Damit tröstet er diejenigen, die über seine Abwesenheit untröstlich sind. Mitten im Gefängnis und kurz vor dem Tod weiß sich Bonhoeffer nicht nur geborgen, sondern »wunderbar geborgen«. »Dankbar ohne Zittern« kann er das durchleben, was ihm bevorsteht, weil die Nazischergen ihn zwar ermorden können, aber letztlich keine Macht über seine Existenz haben. Die letzte Strophe endet mit »hoher Lobgesang«.

In den Texten, die beide Märtyrer im Angesicht ihres Todes schreiben, kommt eine Erfahrung von Auferstehung ins Wort. Beide Männer wissen, dass der Tod vor ihrer Tür steht. Beide beklagen nicht ihren Tod, sondern sie besingen das Leben. Sie haben Fülle erfahren, eine höchste Intensität von Leben hat sich ihnen geschenkt. Eine Lebenstiefe, die tiefer nicht sein könnte. Eine Intensität, die keine Steigerung kennt. Beide wollen nicht sterben. Aber sie sehen dem Tod ins Auge mit der Gewissheit, dass das Leben sich ihnen voll und ganz, in aller möglichen Tiefe und Intensität erschließt. An diesem Punkt zeigt sich besonders deutlich die »Macht aus Verletzlichkeit«. Ihre Hingabe macht sie nicht schwächer, sondern stärker. Obwohl sie in einer Zwangslage sind, handeln sie souverän. An die Auferstehung zu glauben und sie hier und jetzt schon zu erfahren, befähigt dazu, sogar das eigene Leben zu geben, wenn dies notwendig ist. Der Tod hat letztlich keine Macht über sie, denn sie sind bereits Auferstandene, so wie Rose Ausländer es beschreibt.

Auferstehung
Vor seiner Geburt
war Jesus
auferstanden

Sterben gilt
nicht
für Gott und
seine Kinder

Wir Auferstandene
vor unsrer Geburt

(Rose Ausländer)[3]

Die Erfahrung der Auferstehung befähigt Märtyrerinnen und Märtyrer dazu, die größte Gabe überhaupt zu geben, das eigene Leben. Sie handeln aus einer Souveränität heraus, die der Macht aus Verletzlichkeit erwächst. Was sich bei ihnen im Großen zeigt, gilt genauso im Kleinen, im alltäglichen Leben, das nicht im

Rampenlicht öffentlicher Aufmerksamkeit steht. Natürlich und zum Glück geht es nicht immer um Leben und Tod. Aber auch im Alltag und in den Brüchen des Lebens kann gewagte Hingabe Leben erschließen, wenn sie dem Wunder der Wandlung folgt. Wer Auferstehung erfährt, wird hierzu befähigt. Und wer Hingabe wagt, kann auf die Kraft der Auferstehung setzen.

5.3 Im Zeichen der Gegenwart: wissen, glauben und handeln

Im Prozess der Wandlung, den die gewagte Hingabe eröffnet, spielt das Ineinander von wissen, glauben und handeln eine zentrale Rolle.[4] Was man wirklich glaubt, hängt auch davon ab, was man weiß, und es offenbart sich in dem, was man tut. Wissen, glauben und handeln sind innerlich verbunden. Sie reduzieren oder sie potenzieren sich wechselseitig. Aus diesem Grund ist die österliche Lebenskunst eine intellektuelle, spirituelle und praktische Herausforderung. Nur in ihrem Dreiklang lassen sich aus eingefahrenen Handlungsmustern weiterführende Alternativen entwickeln. Wo zeigt sich Gottes Geist in neuen Einsichten, überraschenden Wendungen, wachsender Tatkraft – mitten in Erfahrungen von Armut?

Um die Zeichen der Zeit wissen.
Wer in Armutsfragen geistreiche Perspektiven eröffnen will, braucht Aufmerksamkeit für das, was die Theologie *die Zeichen der Zeit* nennt. Man will wissen, was eigentlich los ist und warum die Armut global so bedrängend wächst. Deswegen hält man Ausschau nach Zeichen, die erschließen, was die Umbrüche der Gegenwart bedeuten. Die Wahrnehmung gilt dem, was noch im Verborgenen liegt. Es entspricht nicht dem, was man bereits kennt, denn die Entwicklungslinien in die Zukunft hinein werden neu bestimmt. Noch weiß niemand, wohin die Weichenstellungen führen. Was hier passiert, ist noch nicht in Geschichtsbüchern verzeichnet. Es kann alles ganz anders kom-

men als erwartet. Zeichen der Zeit sind in liminalen Ereignissen verortet, die feste Strukturen verflüssigen. Sie verweisen auf ein überraschendes Handlungspotential, das der Umbruch eröffnet. In Rissen, Brüchen und Verwerfungen zeigt sich das, was die Gegenwart »auszeichnet«. Die Zeichen der Zeit verweisen auf etwas Unerhörtes, das erhört werden will.

In Armutsfragen braucht es besondere Aufmerksamkeit für die Zeichen der Zeit. Hier vollziehen sich weltweit geradezu tektonische Verschiebungen. Die technischen, medialen und kulturellen Revolutionen verändern die Arbeitswelten von Grund auf. Die Umbrüche im Geschlechterverhältnis durchziehen politische Kulturen, gesellschaftliche Milieus, kleine und große Religionen. Die Finanzspekulationen auf dem Getreidemarkt gefährden Wohlergehen und sogar das nackte Leben unzähliger Menschen. Religiöser Fundamentalismus hat religionspolitische Fragen auf die öffentliche Agenda zurückgerufen. »Empört Euch!« ist der Aufruf einer europäischen Jugend, die keine Perspektiven für ihre Zukunft sieht.

Diese Tatsachen sind aufmerksam wahrzunehmen, auch wenn sie etwas Beängstigendes haben. Das betont auch Stéphane Hessel (1917–2013), der französische Résistance-Kämpfer, der die Welle des »Empört Euch!« ins Rollen gebracht hat. »Es ist nicht immer leicht, zwischen all den Einflüssen zu unterscheiden, denen wir heute ausgesetzt sind. […] Die Welt ist groß, wir spüren die Interdependenzen, leben in Kreuz- und Querverbindungen wie noch nie. Um wahrzunehmen, dass es in dieser Welt auch unerträglich zugeht, muss man genau hinsehen, muss man suchen.« (Hessel 2011, 13) Bei dieser Wahrnehmung geht es nicht darum, allein das Elend der Welt zu beklagen. Vielmehr ist das Ziel, drohende Resignation zu überwinden, indem man das Hoffnungspotential der Gegenwart erschließt.

An die Auferstehung glauben.
Das Wissen um die Zeichen der Zeit führt zu der Frage, was sie im Licht des Evangeliums bedeuten und worauf man entsprechend setzen kann. Denn in theologischem Sinn verweisen die

Zeichen der Zeit auf die verborgene Präsenz Gottes in den Umbrüchen der Zeit. Das 2. Vatikanische Konzil erläutert: »Im Glauben daran, dass es vom Geist des Herrn geführt wird, der den Erdkreis erfüllt, bemüht sich das Volk Gottes, in den Ereignissen, Bedürfnissen und Wünschen, die es zusammen mit den übrigen Menschen unserer Zeit teilt, zu unterscheiden, was darin wahre Zeichen der Gegenwart oder der Absicht Gottes sind. Der Glaube erhellt nämlich alles mit einem neuen Licht, enthüllt den göttlichen Ratschluss hinsichtlich der integralen Berufung des Menschen und orientiert daher den Geist auf wirklich humane Lösungen hin.« (GS 11) Im Osterlicht des Glaubens erschließen sich jene Zeichen der Hoffnung, die die Bedrängnis des Wandels auf das Leben hin öffnen.

Erfahrungen von Armut zeigen besonders deutlich, dass Wissen allein nicht genügt. Wo auch immer es um Armut geht, ist der Glaube an die Auferstehung gefragt. Dieser Glaube ist zwar auch, aber nicht *nur* ein intellektueller Akt. Es braucht die Entscheidung, wie man eine Situation beurteilt und auf welche Zeichen der Hoffnung man setzt. In diesem Akt des Glaubens ist die christliche Mystik richtungweisend, weil sie den Glauben an die Auferstehung ins Zentrum rückt. Wo Verzweiflung herrscht, fragt sie nach tragfähigen Zeichen der Hoffnung. Wo Resignation alle Kräfte zu lähmen droht, schürt sie das Feuer der Lebenslust. Nicht in der Verzückung des Jenseits, sondern in den Konflikten der Gegenwart offenbart sich jenes Geheimnis des Lebens, dem die Mystik auf der Spur ist. Mitten in der Armut erhört sie die Stimme der Auferstehung, die dem Leben das Wort redet. Sie ermutigt zum Leben, wo der Tod sprachlos macht und den Atem verschlägt. In der Liebe zu Gott, zu den Nächsten, zu sich selbst öffnet sich die Bedrängnis auf das Leben hin. Der Glaube an die Auferstehung erfüllt mitten in der Konfrontation mit dem Tod mit der Liebe zum Leben.

Aus der Geistkraft Gottes handeln – Lebenskünstlerin der Auferstehung werden.
Woran man wirklich glaubt, zeigt sich daran, was man tut. An die Auferstehung zu glauben eröffnet im Hier und Heute ein Handlungspotential, das realisiert werden will. Die innovativen Praktiken des Glaubens führen zu dem, was Michel de Certeau »Kunst des Handelns«[5] nennt. Indem Menschen die Reichtümer des Lebens miteinander teilen, werden sie reich. Folglich kommt es darauf an, dass die Kirche eine Kultur des Teilens initiiert und selbst eine Lebenskünstlerin aus der Geistkraft der Auferstehung wird. Dies ist Aufgabe ihrer Mitglieder genauso wie ihrer Institutionen. Wo der Glaube an die Auferstehung im Alltag Gestalt gewinnt und verwirklicht wird, da wird er zur Lebenskunst.

Dabei ist zu beachten, dass Kunst sich immer nur mit intensiver Präsenz, mit Gegenwärtigkeit, ereignet. Jede Kunst hat etwas Fragiles. Wenn eine Künstlerin eine Schaffensperiode hat, dann ist sie jetzt Künstlerin. Ob ihre kreative Quelle in einem halben Jahr schon versiegt, das ist ungewiss. Aber davon darf sie sich nicht schrecken lassen, gerade dann nicht, wenn sie mit ihrer Kreativität ringt und die Quelle noch nicht richtig sprudeln will. Gerade dann ist es notwendig, sich dem Leben in die Arme zu werfen.

Mich dem Leben in die Arme werfen
Wir sind auf der Suche
nach einer Kraft,
die uns aus den Häusern,
aus den zu engen Schuhen
und aus den Gräbern treibt.

Aufstehen und
mich dem Leben in die Arme werfen –
nicht erst am jüngsten Tag,
nicht erst, wenn es nichts mehr kostet
und niemandem mehr wehtut.
Sich ausstrecken nach allem,
was noch aussteht,

und nicht nur nach dem Zugebilligten.
Uns erwartet das Leben.
Wann, wenn nicht jetzt?
(Luzia Sutter Rehmann 2002, 9)

Der christliche Glaube an die Auferstehung, der sich in Armutsfragen verortet, weicht den globalen Herausforderungen der Gegenwart nicht aus. Vielmehr will er sich in ihnen bewähren. Dabei sind Zeichen der Zeit nicht einfach Zeichen von Unheil an der Wand des Grauens. Hierauf verwies bereits Papst Johannes XXIII., der den Begriff »Zeichen der Zeit« in die theologische Debatte eingeführt hat. In seiner letzten Enzyklika »Pacem in Terris – Friede auf Erden« stellt er 1963 drei Zeichen heraus, die für den Frieden in der Welt relevant sind: die Arbeiterbewegung, die Frauenbewegung und die Völkerverständigung. Diese Zeichen beginnen bei Erfahrungen, die arm machen und in Bedrängnis bringen. Hunger und Ungerechtigkeit, Bildungsarmut und körperliche Gewalt, soziale Ausgrenzung und kulturelle Marginalisierung führen dazu, dass Menschen sich in diesen Bewegungen engagieren.[6] Arbeiter und Arbeiterinnen setzen sich für gerechten Lohn ein, weil dieser ungerecht ist und nicht zum Leben reicht; Frauen kämpfen für die Anerkennung ihrer Würde, wo sie bestritten und kleingehalten wird; Völkerverständigung will den Kriegen der Welt Einhalt gebieten. Zeichen der Gegenwart bilden sich dort heraus, wo Menschen ihre Verletzlichkeit wagen und sich für Frieden, Gerechtigkeit und die Bewahrung der Schöpfung einsetzen, *weil diese bedroht sind.*

Wachsende Armut trotz ungeheuer wachsender Reichtümer gehört zu den großen Herausforderungen der Gegenwart. Der Armutsbericht 2012 belegt, dass die Schere zwischen Arm und Reich in den letzten Jahren auch in Deutschland immer weiter auseinanderklafft. Viele Menschen engagieren sich in diesem Bereich, im sozialen Ehrenamt und freiwilligen Diensten. Was das Christentum hier einzubringen hat, das ist sein Glaube an die Auferstehung. Diesen Glauben findet es jedoch nicht nur bei sich selbst, sondern er ist auch andernorts wirksam.

5.4 Die Geistesgegenwart einer neuen Armutsbewegung – die kulturschaffende Kraft der österlichen Lebenskunst

Die sich weitende Schere zwischen Arm und Reich ist eine klaffende Wunde. Sie ruft die mittelalterliche Armutsbewegung in Erinnerung. Damals entwickelten die Menschen Alternativen zur Monopolisierung des Geldes, das beansprucht, der einzige Reichtum überhaupt zu sein. Sie initiierten eine neue Kultur des Teilens. Dabei war ihr spezifischer Glaube an das Evangelium, an das österliche Geheimnis der Auferstehung, treibende Kraft. Die Armutsbewegung stimmte ein Lob auf die freiwillige Armut an: wo Menschen bereit sind, ihre vielfältigen Lebensressourcen miteinander zu teilen, da vermehren sich diese Ressourcen. Was wir teilen, macht uns reich. Brauchen wir heute nicht ebenfalls eine Armutsbewegung, die nach alternativen Lebensweisen sucht? Sie würde anders aussehen als im Mittelalter. Aber sie ist an der Zeit.

Vielleicht bewegt sich bereits etwas in diese Richtung, denn auch heutzutage lassen sich Menschen von Armut und Bedrängnis bewegen. Sie wollen Not lindern, Gerechtigkeit schaffen und aufblühendes Leben unterstützen. Im Blick auf das Zerstörerische in der Welt gerät leicht aus dem Bewusstsein, wie viel Engagement bereits vorhanden ist. Ein Beispiel hierfür ist das Erdbeben in Haiti, das Anfang 2010 mehr als 200.000 Menschen den Tod brachte und unzählige Menschen schwer verletzt und beraubt hat. Kaum hatten die Medien dieses Ereignis bekannt gemacht, zeigten Menschen rund um den Globus eine überwältigende Hilfsbereitschaft. Sie setzten eine Spendenflut in Gang, die trotz vieler Hindernisse und Rückschläge dem Wiederaufbau einen Anfang setzte. Diese Reaktion ist bei Katastrophen immer wieder zu beobachten, sei es bei dem Tsunami 2004 oder bei den Flutkatastrophen 2002 und 2013 im Osten Deutschlands. Armut lässt nicht unberührt. Sie weckt Mitgefühl und die Bereitschaft, sogar knappe Lebensressourcen miteinander zu teilen. Armut bewegt.

In Deutschland zeigt sich dies auch an der Bereitschaft, ehrenamtlich und unentgeltlich tätig zu sein. Derzeit sind etwa 36 % der Bevölkerung Deutschlands freiwillig engagiert:[7] im Sport zur Förderung von Kindern und Jugendlichen, in Schulen und Kindergärten, in religiösen Institutionen, in ökologischen Projekten, in Initiativen, die sich für Menschenrechte, fairen Handel und ein faires Bankwesen einsetzen. Kontroverse Debatten in Kultur und Politik machen öffentlich sichtbar, wie entscheidend Armutsfragen für die Zukunft Europas sind. Der aussichtsreiche Wirtschaftswissenschaftler Manfred Max-Neef hat nach einem Bekehrungserlebnis 1957 die Barfuß-Ökonomie kreiert, die die Wirtschaft wieder in den Dienst der Menschen stellen will.[8]

5.4.1 Arrival Cities – eine neue Armutsbewegung

Dass eine neue Armutsbewegung eine Kultur des Teilens ins Leben rufen kann, ist keinesfalls eine Utopie. Sie ist eine Realität, die bereits praktiziert wird. Das zeigt ein überraschender Ort, die so genannten »Arrival Cities«. Doug Saunders, Journalist und Fachmann in Migrationsfragen, hat diesen Fachbegriff 2010 eingeführt (vgl. Saunders 2011). Er ist eine alternative Bezeichnung für das, was ansonsten abwertend Slum genannt wird – »Slum« bedeutet auch »Saustall«. Aber nicht jedes Stadtviertel, das illegal entsteht, von Armut gezeichnet und sozial prekär ist, ist ein Elendsviertel. Im Zuge der globalen Migration vom Land in die Stadt entstehen vielmehr überall auf der Welt »Arrival Cities«, Orte der Ankunft, die nur bei oberflächlichem Blick als Elendsviertel erscheinen. Etwa ein Drittel der Menschheit ist derzeit migrierend unterwegs. Diese größte Wanderbewegung der Menschheit erzeugt in den Metropolen neue städtische Räume, die ein hohes kreatives Potential entfalten. Menschen, die hierher kommen, erhoffen für sich selbst und mehr noch für ihre Kinder ein besseres Leben. Ankunftsstädte zeichnen sich durch eine hohe Fluktuation »nach oben« aus, in eine besser gestellte soziale Schicht hinein. Weil aber ständig neue und immer mehr Menschen hinzukommen, fällt der Wegzug nicht auf, wenn man von außen auf die Stadtviertel schaut.

In Ankunftsstädten nehmen Menschen einen Alltag voll unglaublicher Entbehrungen auf sich. Sie bewegen sich auf überaus *brüchigen* Pfaden der Hoffnung. Aber mit Findigkeit, Energie und Durchhaltevermögen werden sie zu Überlebenskünstlern. Den größten Teil ihrer Verdienste geben sie ihren Familien »zuhause« an den Orten ihrer Herkunft. Arrival Cities funktionieren über starke Netzwerke. Wenn Nichten und Neffen aus den Herkunftsdörfern in den Ankunftsstädten eintreffen, so werden sie mit offenen Armen empfangen. Der Wohnraum ist knapp und überfüllt, aber man rückt noch enger zusammen. Das Essen ist rar, aber man teilt es. Obwohl sie selbst wenig haben, etablieren die Menschen eine Kultur des Teilens. Sie werden zu Kulturschaffenden, indem sie Hingabe wagen.

Nach der Einschätzung von Doug Saunders sind die Arrival Cities zukunftsträchtige Orte, »in denen sich der Abschied von der Armut vollzieht, in denen sich die nächste Mittelschicht herausbildet und die Träume, Bewegungen und Regierungen der nächsten Generation entstehen« (Saunders 2011, 10). Die Ankunftsstädte führen vor Augen, dass eine Kultur des Teilens tatsächlich zu einer gesellschaftlichen Strategie werden kann. Natürlich ist es auch dort nicht überall friedlich und konfliktfrei. Schmutz, unhygienische Umstände und fehlende Gesundheitssorge, sehr harte Arbeit und das Hantieren mit giftigen Stoffen belasten den Alltag extrem. Hinzu kommt die verheerende Macht, die von der besonderen Brüchigkeit der Zukunftshoffnungen ausgeht. Man weiß nicht, ob man sich durchsetzen kann, oder ob man elendiglich scheitern wird. Dies gefährdet das, was man am meisten braucht, die sozialen Beziehungen. »Der Übergang zum Stadtleben setzt die Ehen fürchterlichen Belastungen aus.« (ebd. 33) Aber die einzige Strategie, die aus diesem Elend hinausführen kann, ist eine Kultur des Teilens. Sie ermöglicht das Überleben. Auf sich allein gestellt, kommt hier niemand durch. Es braucht den sozialen Ort der Arrival

Cities, damit Menschen aus den prekären Verhältnissen ihres Dorfes in der Stadt ankommen können.

Die Beziehungen zu den Herkunftsdörfern sind meist sehr eng. Heftige Konflikte entstehen jedoch auf der anderen Seite, in Richtung Kernstädte. Diese nehmen die Trabantenstädte, die heimlich, illegal und rasant wachsen, als Bedrohung wahr. Daher reagieren sie oft mit Herodes-Strategien. Sie machen die Schotten dicht, verweigern den Zugang in ihr Inneres und grenzen die Neuankömmlinge aus. Sie schützen sich durch Mauern und kommen irgendwann mit Bulldozern. Wenn die Kernstädte den Ankunftsstädten den Zugang verwehren oder sie gar nieder machen, so besteht die Gefahr, dass diese neuen Orte abrutschen in Verelendung, Apathie und Zerstörung. Die Ankunftsstädte verwandeln sich zu Orten, an denen die Gewalt jederzeit explodieren kann.

Arrival Cities sind für Theologie und Kirche, die sich in Armutsfragen verorten, ein signifikanter Ort. Sie verweisen darauf, dass eine Kultur des Teilens auch andernorts gefragt ist und praktiziert wird. Arrival Cities sind nicht spezifisch christlich, sondern multireligiös und zugleich säkular. Aber die Kirche braucht Sensibilität für solche Orte, wo eine Armutsbewegung bereits aktiv ist. Und Arrival Cities sind nicht nur lokal und nicht nur im Kleinen, sondern rund um den Globus aktiv – Saunders beleuchtet u. a. Beispiele aus China, Großbritannien, Indien, Kenia, Bangladesch, Brasilien, Polen, USA, Iran, Frankreich. Seit 2013 in Stockholm gewaltsame Unruhen ausgebrochen sind, kann man sogar Schweden dazu rechnen. Dabei ist entscheidend, dass die Arrival Cities Ressourcen aus den Kernstädten benötigen, zugleich aber von deren Herodes-Strategien bedroht sind. Aus diesem Grund brauchen Arrival Cities, die strukturell zunächst schwächer sind als die Kernstädte, kulturelle, politische und religiöse Unterstützung. Wie sich Kern- und Ankunftsstadt zueinander verhalten und miteinander arrangieren, ist für eine friedliche Zukunft entscheidend. Denn wenn sich beide Stadtteile aufeinander einlassen, wenn sie Brücken bauen, die sich in Form von Straßen, Strom- und Wasserleitungen verkörpern, Brücken, die Überschreitungen eröffnen, so haben sie beide die Chance, zu Orten des Aufbruchs zu werden.

Die Armutsbewegung der Arrival Cities ist ein Zeichen unserer Zeit (vgl. Keul 2014). Das zeigt sich global sowie konkret vor Ort. Die Spannungen zwischen Ankunfts- und Kernstädten vollziehen sich auch in vielen großen und kleinen Städten Deutschlands. Knallharte Ausgrenzungen sind hier an der Tagesordnung, gerade weil Migration immer alltäglicher wird. Junge Menschen sind wegen ihrer Arbeit quer durch Europa unterwegs, Flüchtlinge suchen eine neue Heimat, Liebesbeziehungen führen an fremde Orte. Traditionelle Dorfstrukturen brechen auf, Städte sind in Bewegung. Dies ruft tiefgreifende Konflikte hervor, die über zukünftige Entwicklungen entscheiden. Wenn die Kirche ihren Glauben leben will, dann kann sie diesem Konflikt zwischen Kern- und Ankunftsstadt nicht ausweichen. Sie gehört an solche Orte, wo sich die Zeichen der Zeit herausbilden. Hier kann sie ihre österliche Lebenskunst mit Menschen teilen, die diese Kunst tatsächlich brauchen. Sie kann die Arrival Cities in ihrer Kultur des Teilens unterstützen. Sie kann in den gefährlichen Konflikten zwischen Ankunfts- und Kernstadt vermitteln. Sie kann die Kernstädte darin unterstützen, selbst zur Ankunftsstadt zu werden, indem sie Brücken bauen in die Ankunftsstädte hinein. Indem sich die heutige Kirche in diesen Konflikten engagiert, kann sie das werden, was die frühe Kirche war: eine Lebenskünstlerin aus der Geistkraft der Auferstehung.

5.4.2 Innovative Klöster als Arrival Cities der Kirche – Armut teilen, Reichtum gewinnen

Arrival Cities sind Orte der Ankunft, die Aufbruch eröffnen. Diese Definition macht deutlich, dass der Fachbegriff, den Saunders zunächst für eine konkrete Stadtkultur verwendet, über sich selbst hinaus verweist. Er eröffnet ein innovatives metaphorisches Feld.[9] Nicht nur Stadtteile können Ankunftsorte sein, sondern auch Wissenschaften, Kulturen, Politiken, Familien, Schulen. Wo eine Kultur des Teilens praktiziert wird, um

Leben zu eröffnen, da entsteht ein Ankunftsort. Ausschließungen werden durchkreuzt, Mauern öffnen sich unmerklich. Auch die Kirche kann eine »Arrival City« sein, ein Ort der Ankunft, der Aufbruch eröffnet. Um heutige Armutsbewegungen zu unterstützen, muss die Kirche daher an fremde Orte wie die neuen Stadtkulturen gehen. Genauso wichtig ist es, dass sie eigene Orte kreiert, die als Arrival Cities aktiv sind.

Ein klassischer Ort hierfür ist das Kloster. Klöster sind per se mit Armutsfragen verbunden, denn hier leben Menschen, die das Gelübde freiwilliger Armut abgelegt haben. Das heißt zwar nicht automatisch, dass sie sich mit der erzwungenen Armut von Menschen außerhalb der Klostermauern innerlich verbinden. Aber dem Evangelium zufolge sind sie hierzu berufen. Der Trappist Thomas Merton schrieb auf dem Höhepunkt des Kalten Krieges und mit Blick auf Vietnam: »Es ist nicht schwer, in einem stillen Kloster über Liebe, Demut, Gnade, innere Ruhe und Frieden zu meditieren. Aber eben, ›keiner ist eine Insel‹. Ein rein individualistisches Innenleben, ohne sich von den Leiden der anderen berühren zu lassen, ist nicht wirklich. Deshalb muss meine Besinnung auf Liebe und Frieden realistisch und innigst verbunden sein mit der Hitze des Krieges, dem Blutvergießen, der Zerstörung, dem Morden, das auf der anderen Seite der Erde geschieht.« (Merton 1986, 91) Merton klagt hier den Realismus christlicher Spiritualität ein, die im Dienst an der zerbrechlichen, von Armut und Gewalt bedrohten Welt steht.

Ein Kloster ist ein ausgegrenzter Ort – darauf verweist das lateinische Wort »claustrum«, aus dem sich das deutsche »Kloster« entwickelt hat. Sichtbar wird dies an Mauer, Tür und Riegel. Das Kloster grenzt sich von der Gesellschaft ab, ist aber gerade durch die Abgrenzung mit ihr verbunden.[10] Es will Alternativen entwickeln zu dem, was andernorts in der Gesellschaft üblich ist. Dabei sind Debatten um arm und reich zentral. Viele Klöster verbinden sich heute neu und gezielt mit Menschen in Armut. Dies bezieht sich auf Menschen, die finanziell arm sind und gesellschaftlich marginalisiert werden. So führt das Kloster St. Scholastika in Dinklage eine »Martinsscheune«, wo Menschen in Bedrängnis Zuflucht finden – und die Menschen dort wirken auf die Spiritualität des Klosters zurück. Die Oberzeller Schwestern in Würzburg wenden sich jenen Frauen zu, die heute unter die Räder der Wirtschaft oder in die Mühlen der Migration geraten sind. Die Missionsärztlichen Schwestern gehen in die sozialen Brennpunkte von Frankfurt und Berlin. Indem sich Klöster für Menschen in Armut öffnen und eine Kultur des Teilens praktizieren, werden sie zu Arrival Cities.

Sr. Michaela sagt: »Armut ist ein brisantes Thema, gerade für die Kirche und noch einmal speziell für die Orden. Wir haben in unserer Gemeinschaft aktuell sehr lebhafte Debatten hierzu. Bei unseren letzten Generalkapiteln standen Armutsfragen im Mittelpunkt. Nach meiner Wahrnehmung ist das in anderen Orden ebenfalls so. Ein Zeichen hierfür ist die Bewegung ›Aufruf für eine prophetische Kirche‹, die 2010 ins Leben gerufen wurde und bei der Ende 2012 bereits mehr als 1.000 Menschen und Gruppen aktiv waren. Ordensleute sind hier eine treibende Kraft, sie wollen wirklich etwas gegen den Hunger so vieler Menschen und gegen die Zerstörung der Schöpfung tun. Es bedarf einer Wachheit für die Zeichen der Zeit. Denn es geht ja darum, welche Alternativen das Evangelium unserer Gesellschaft anbietet. Wenn ich dies benennen will, muss ich wissen, worauf sich die Alternativen beziehen. Was hat das Evangelium in gesellschaftlichen Fragen *Anderes* zu sagen? Dieses Alternative, das Kontrastprogramm macht Klöster interessant.«[11]

Klöster sind traditionell ein Diskursraum für Armutsfragen. Dieser Raum kann heute, wo Armut in bedrängender Weise zunimmt und nach wie vor als verschämte Schande gilt, neu genutzt und gestaltet werden. Innovative Klöster funktionieren als Widerlager zu den wohl gesicherten, auf Ausgrenzung bedachten Kernstädten der Gesellschaft. Weil Menschen im Kloster *anders* leben, lassen sie Alternativen zum alltäglichen Leben aufscheinen. Aus diesem Grund bergen sie in heutigen Kulturen ein hohes Innovationspotential. Zwar fehlt ihnen in Mitteleuropa der Nachwuchs – nur wenige junge Menschen wollen in einen Orden eintreten. Trotzdem ist die gesellschaftliche Faszination dieses

Lebensortes sehr hoch.[12] Während sich die Klausur deutlich leert, erfahren ihre Gasträume umso mehr Zuspruch. Katholische und evangelische Gläubige nehmen sich verstärkt eine klösterliche Auszeit. Aber auch Menschen, die nicht christlich sozialisiert sind und die sich vielleicht nicht einmal zum Glauben an Gott bekennen, nehmen die Angebote der Klöster wahr. Der Zustrom von religiös Suchenden und spirituell Vagabundierenden ist markant für Klöster in postsäkularer Kultur.

Mit ihren Gästen haben Klöster die Chance, zu einer Arrival City zu werden. Die Gäste wollen nicht im Kloster bleiben, aber sie wollen mit den Ressourcen, die dort verfügbar sind, ihrem Leben andernorts Aufschwung oder eine neue Ausrichtung geben. In den Jahrhunderten zuvor war das Kloster eher etwas für Insider. Heute ist es eine Schlüsselfrage, wie ein Kloster mit den »vagabundierenden Outsidern« in den eigenen Mauern umgeht.[13] Man kann diese Menschen freundlich behandeln, aber trotz aller Gastfreundschaft dennoch letztlich außen vor lassen. Man kann ihnen mit religiösem Ressentiment begegnen, weil sie das Vaterunser nicht kennen, vom Kreuzzeichen verunsichert sind, im Psalmengesang den richtigen Ton nicht treffen und zudem noch ganz andere, beispielsweise esoterische Praktiken üben. Aber mit Ressentiment dient man dem Reich Gottes nicht. Will ein Kloster zur Arrival City werden, so braucht es eine Kultur des Teilens. Man lädt zur Teilhabe ein und bietet die spirituellen Ressourcen an, die man in Auseinandersetzung mit den Zeichen der Zeit gewinnt. Nur wenn man dies bereitwillig, ohne Ansehen der Person und ohne das Schielen auf den eigenen Vorteil tut, kommt eine wechselseitige Kultur des Teilens in Gang. Es ist wie mit der Bibel: spirituelle Ressourcen sind nicht im Besitz des Klosters, sondern sie sind ein Weltkulturerbe. Und nur dort, wo man sie teilt, können sie wachsen, Früchte tragen und bereichern.

Ein Kloster wird zur Arrival City, indem an diesem Andersort das thematisiert wird, was andernorts verschwiegen oder bestritten wird. Für Armutsfragen ist dies ein entscheidender Punkt, denn das Schlagwort der Caritas »Armut versteckt sich!«

gilt nicht nur für Finanzen. Bei den Gästen einer Martinsscheune ist Armut relativ sichtbar. Andere Gesichter der Armut lassen sich leichter verstecken: die Überforderung einer Managerin, die dies in der Machtkonstellation ihrer Arbeit nicht benennen darf; der unerfüllte Kinderwunsch eines jungen Mannes, der verschämt nicht hierüber spricht; die Frau mit einer zerbrochenen Beziehung, auf die sie ihre Hoffnung gesetzt hatte; das Ehepaar, das ein Schicksalsschlag heimgesucht hat. Menschen kommen als Gäste ins Kloster und haben ihre je eigenen Erfahrungen von Armut und Reichtum im Gepäck.

Gläubige und Zweifelnde, religiös Verwurzelte und Vagabundierende, Entschiedene und Suchende treffen im Kloster zusammen. Menschen unterschiedlicher Herkunft und Milieus, die sonst nichts miteinander zu tun haben, können in Austausch miteinander treten. Hier trennen soziale Schranken nicht, obwohl dies gesellschaftlich der Normalfall ist. Eventuell weiß man, wer unter den Gästen in der Wirtschaft eine Schlüsselposition innehat oder im Handwerk tätig ist, wer als Professorin an einer Universität arbeitet oder Priester in einer Gemeinde ist. Aber die Bedeutung dieser Differenzen, die andernorts trennend sind und zur Ausgrenzung führen, ist hier relativiert. Hier kann jede mit jedem sprechen oder auch schweigen. Die sehr unterschiedlichen Menschen versammeln sich mit dem gemeinsamen Interesse, aus den spirituellen Ressourcen des Klosters für das eigene Leben zu gewinnen.

Mit ihren Gästen können Klöster dem gesellschaftlichen Diskurs über Armut und Reichtum christliche Gravuren einschreiben. Wenn hier das Verschwiegene zu Wort kommt, werden die Abspaltungen überwunden, die mit diesem Verschwiegenen einhergehen. Dies gilt auch und insbesondere in Armutsfragen. Denn an diesem Andersort, der Arrival City, kann sich Armut gefahrlos, aber folgenreich zu Wort melden. Menschen setzen auf die verwandelnde Macht dieses Ortes, der im Dienst des Reiches Gottes steht. Sie suchen das Kloster in der Hoffnung auf, dass sich ihr »Leben danach« verändert. Sie können keine Praxis brauchen, die das Ressentiment gegen ihren eigenen Alltag schürt. Sie bringen die Frage mit, was das Evangelium gesellschaftlich bedeutet. Und sie hoffen auf eine Erleuchtung, die neue Gravuren in ihren Alltag einschreibt und damit ihr Leben spürbar und nachhaltig verändert.

Wenn Ordensleute und ihre Gäste über jene Armut sprechen können, die sie andernorts verschweigen müssen, dann werden die Klöster zu Arrival Cities. Armut miteinander zu teilen ist eine Praxis, die gesellschaftlich nicht weit verbreitet ist. Gerne zeigt man öffentlich, dass man über Reichtümer verfügt und etwas von ihnen abgeben kann. Diese Geste zeigt Stärke. Die Armut präsentiert man hingegen nicht gern, denn sie offenbart Schwäche. Dieser Mechanismus führt jedoch zu einer Spaltung, die eine Kultur des Teilens untergräbt und die gesellschaftlich gefährlich ist. Auf der einen Seite stehen dann die Reichen, die etwas geben können, auf der anderen Seite die Armen, die nichts zu geben haben, sondern nur nehmen können. Diese Spaltung stimmt jedoch nicht. Jeder Mensch macht Erfahrungen mit Armut, und in jeder Form von Armut lauert ein Teufelskreis der Gewalt. Und jeder Mensch hat Reichtümer, die sich im Sinne von »sharing« so teilen lassen, dass sie zu wachsen beginnen.

Was das Verhältnis von Arm und Reich angeht, so führt die Mystik der mittelalterlichen Armutsbewegung weiter. Sie besagt, dass es wesentlich zu einer Kultur des Teilens gehört, auch die eigene Armut ins Wort zu bringen. Nur wo beides in den Blick rückt, Armut und Reichtum, können vorhandene Ressourcen ins Fließen kommen und wachsen. Dazu gehört es, dass das Monopol der Finanzen als einziger Reichtum des Lebens durchbrochen wird. Die vielen Gesichter der Armut und des Reichtums werden wahr- und ernstgenommen. Erst wenn andere Reichtümer in den Blick kommen, kann eine Kultur des Teilens entstehen. Wo allein das Geld als Reichtum gilt, da ist Geld das einzig mögliche Tauschmittel. Finanziell Arme können dann nichts geben, sie sind von einer Kultur des Teilens ausgeschlossen. Aber es geht gerade darum, dass sie Handlungsfähigkeit gewinnen, dass sie aus Verstummen und Lähmung heraus kommen und handeln.

Armutsbewegungen zeichnen sich dadurch aus, dass sie eine Kultur des Teilens etablieren. Güter verschiedenster Art kommen so in Umlauf: Zeit und Geld, Bildung und Kunst, Poesie und Musik, und nicht zuletzt Glaube, Liebe und Hoffnung. Die Sorge für sich selbst und die Sorge für andere gehen Hand in Hand. Wo Armut geteilt wird, können auch Reichtümer in Umlauf kommen. Wo Reichtümer geteilt werden, kann Armut zu Wort kommen. Und je mehr Güter in Umlauf kommen, desto mehr kann wachsen und sich gegenseitig potenzieren. Mitten in einer Kultur des Hortens entsteht eine Kultur des Teilens. Es ist Aufgabe der Klöster und anderer Arrival Cities der Kirche, eine solche Kultur zu initiieren, indem sie hier den christlichen Glauben an die Auferstehung ins Spiel bringen.

Klöster sind hierfür ein beispielhafter, aber nicht der einzige Ort. Bei näherem Hinsehen zeigen sich viele Arrival Cities, insbesondere im ehrenamtlichen Engagement. Sich von Armut bewegen zu lassen, ist etwas Humanes. Daher geht der christliche Glaube hier über sich selbst hinaus. Zwar hat Armut etwas Ansteckendes. Aber gerade deswegen nehmen Menschen all ihre Kraft zusammen und brechen auf. Sie wollen dem widerstehen, was in der Armut ohnmächtig macht. Im heutigen Europa ist es besonders wichtig, dass Menschen in diesem Sinn aufstehen und in Bewegung kommen. Mit der Finanz- und Wirtschaftskrise wächst Armut mit ihren vielen Gesichtern in bedrohlichem Ausmaß. Die finanzielle Armut geht mit Krankheit, Obdach- und Heimatlosigkeit, Bildungs- und Beziehungsarmut einher. Einzelne Menschen, aber auch Gemeinschaften und Kulturen grenzen sich so entschieden voneinander ab, dass man heute sogar von einer »Festung Europa« spricht. In dieser Situation drängen Fragen nach den Machtwirkungen der Armut in den Blick. Wo und warum lähmt die Armut? Wo bringt sie Menschen in Bewegung – und auf welches Ziel hin? Es ist an der Zeit, dass in Europa eine neue Armutsbewegung entsteht. Und das Christentum ist in der Pflicht und in der Lage, hierzu einen innovativen Beitrag zu leisten.

5.5 »Am Fenster der Verheißungen« – Auferstehung bewegt

Das österliche Geheimnis der Auferstehung bildet das Herz des christlichen Glaubens. Dies stellt das 2. Vatikanische Konzil heraus. In seiner Pastoralkonstitution legt es eine Spur, die in heutigen Armutsfragen an Zugkraft gewinnt. Zunächst sagt das Konzil über den *christlichen* Menschen: »dem österlichen Geheimnis verbunden und dem Tod Christi gleichgestaltet, geht er, durch Hoffnung gestärkt, der Auferstehung entgegen.« (GS 22) Die christliche Berufung wird an der österlichen Hoffnung festgemacht, die der Glaube an die Auferstehung schenkt. Dieser Glaube ist jedoch nicht exklusiv. Vielmehr ist er eine Gabe Gottes an die Menschheit, die von Armut verschiedenster Art hart bedrängt ist.

Aus diesem Grund benennt das Konzil anschließend die Bedeutung dieses Glaubens außerhalb der Kirche. Weit blickend führt es fort: »Das gilt nicht nur für die Christgläubigen, sondern für alle Menschen guten Willens, in deren Herzen die Gnade unsichtbar wirkt. Da nämlich Christus für alle gestorben ist und da es in Wahrheit nur eine letzte Berufung des Menschen gibt, die göttliche, müssen wir festhalten, dass der Heilige Geist allen die Möglichkeit anbietet, diesem österlichen Geheimnis in einer Gott bekannten Weise verbunden zu sein.« (GS 22) Gott findet seinen Ort mitten unter den Menschen, auch wenn diese von sich her kein Gottesverhältnis haben oder es sogar ausdrücklich ablehnen, nach Gott zu suchen. Wenn Menschen nicht an Gott glauben, so heißt das nicht, dass Gott den Glauben an diese Menschen verliert. Sein Heilswille ist universal.

Hier zieht das Konzil die Konsequenz aus seinem inkarnatorischen Ansatz, dass Gott sich in Jesu Geburt innerlich mit der Menschheit verbindet. Jesus Christus ist für alle geboren und gestorben. Gottes Geist garantiert die Verbundenheit, die hieraus resultiert. Die bleibende Präsenz Christi ist geistreich, im wahrsten Sinn des Wortes. Dabei macht das Johannesevangelium darauf aufmerksam, dass dieser Geist sehr beweglich, ja geradezu vagabundierend ist: »Der Geist weht, wo er will; du hörst sein Brausen, weißt aber nicht, woher er kommt und wohin er geht.« (Joh 3,8) Der Geist Christi taucht an überraschenden Orten auf und hinterlässt Spuren, die verschwiegen auf die Präsenz Gottes hinweisen. Der Evangelist sagt nicht, dass dieser Geist willkürlich sei und zufällig mal hier, mal dort auftaucht. Vielmehr richtet Johannes die Aufmerksamkeit auf Orte, wo nicht selbstverständlich mit diesem Geist gerechnet wird.[14]

Dieser Linie folgend, verweist das Konzil auf Menschen außerhalb der Kirche, in deren Leben Gottes Geist überraschend in Erscheinung tritt. Er setzt Zeichen, die es zu entziffern gilt. Denn Gottes Geist bietet allen Menschen, egal welcher Kultur und Religion, Hautfarbe und Geschlechts, Lebensform und Ethnie, die Möglichkeit an, sich in der eigenen Lebenspraxis mit dem österlichen Geheimnis zu verbinden. Von Seiten Gottes ist diese Verbindung im und durch den Heiligen Geist bereits gelegt.

Das Konzil macht mehrfach deutlich, dass dieses Geheimnis nur behutsam zu benennen ist. Es stellt sich in die Tradition der Mystik, die dem Geheimnis der Auferstehung folgt. Es schlägt einen Bogen zu seiner Erklärung »Nostra Aetate« über das Verhältnis der Kirche zu den nichtchristlichen Religionen, wo es um »jenes letzte und unsagbare Geheimnis unserer Existenz« (NA 1) geht. Die Pastoralkonstitution benennt die christliche Antwort und führt fort: »Solcher Art und so groß ist das Geheimnis des Menschen, das durch die christliche Offenbarung den Glaubenden aufleuchtet.« (GS 22) Die Verbindung nichtchristlicher Menschen mit dem österlichen Geheimnis geschieht »in einer Gott bekannten Weise – *modo Deo cognito*«. Bei dieser Formulierung ist interessant, was *nicht* gesagt wird. Gott ist die Weise seiner Präsenz bekannt, denn er hat sie selbst erzeugt. Den Berufenen ist sie vielleicht jedoch unbekannt. Und es wird auch nicht gesagt, dass die Kirche sie ohne weiteres erkennt. Die heilvolle Gottespräsenz, die in der Armut Auferstehung bewirkt, ist anonym. Sie tritt nicht mit einem Namen auf, sondern wirkt als unsichtbare Gnade *in-cognito*.[15]

Hier formuliert das Konzil den zentralen Glaubenssatz der katholischen Kirche zur Präsenz Gottes in der Welt von heute. Diese Präsenz ist zwar verborgen, häufig unsichtbar, aber dennoch wirksam in ihrer heilenden, befreienden Kraft. Dies gilt auch für Orte wie Marzahn, wo das Ausbleiben der Gottessuche viele Christinnen und Christen so sehr irritiert. Wo Menschen in Not und Bedrängnis Auferstehung erfahren, da ist Gott am Werk. Aber diese Gottespräsenz ist unbenannt, namenlos. Zunächst einmal nimmt sie niemand überhaupt zur Kenntnis. Aber wer an solche Orte geht und nach ihr fragt, kann etwas über die verborgene Präsenz in der Welt von heute erfahren. In der Kraft des schöpferischen Gottesgeistes, der Auferstehung eröffnet, ist Christus präsent.

Der christliche Glaube besagt, dass die Lebensmacht der Auferstehung am Werk ist, wenn Menschen mitten in ihrer Armut tragfähige Zeichen der Hoffnung entdecken. In Erfahrungen der Bedrängnis ist der Glaube an die Auferstehung gefragt. Niemand kann hier auf Gott zeigen und sagen: da ist er, da ist sie. Aber Menschen können sich gegenseitig darauf hinweisen, wo sie österliche Spuren ihrer Präsenz wahrnehmen. Gott spricht in den leisen Tönen, die der Auferstehung das Wort reden. Das kann auch dort sein, wo Gott fern und fremd zu sein scheint. »Gott ist Dir wirklich nahe dort, wo Du bist, wenn Du offen bist auf dieses Unendliche hin. Dann nämlich ist die Ferne Gottes zugleich seine unbegreifliche, alles durchdringende Nähe.« (Rahner 1992, 120)

Solche verschwiegenen Spuren der Gottespräsenz zu entziffern und ins Wort zu bringen ist Aufgabe einer Kirche, die dem Evangelium heute eine Stimme geben will. Wenn die Kirche diesen Spuren folgt, hat sie die Chance, selbst »geistreich« zu werden. Dann vermag sie in gesellschaftlichen Herausforderungen etwas zu sagen, das überraschende Perspektiven aufzeigt und Alternativen in eingespurte Handlungsmuster einschreibt. Zwar kann man die Präsenz Gottes hier nicht beweisen. Aber man kann mit Spuren rechnen und gezielt nach ihnen Ausschau halten. Sich von der vielgesichtigen Armut von Menschen bewegen zu lassen, gehört unverzichtbar zum Christentum. Gerade in der heutigen Zeit, wo sich das Christentum in einer unglaublichen Pluralität von religiösen Angeboten und säkularen Heilsversprechen zu bewähren hat, ist es notwendig, dass das kirchliche Denken, Sprechen und Handeln tatsächlich geistreich ist.

Geistreich wird die Kirche, wenn sie den Glauben an die Auferstehung in österlichem Sinn als Lebenskunst praktiziert. Die junge Kirche in der Frühzeit des Christentums war eine Lebenskünstlerin aus der Geistkraft der Auferstehung. Diese Kunst, die in eingespurten Diskursen eine neue Art zu denken und zu handeln aufweist, will heute neu entwickelt werden. Die Lebenskunst der Auferstehung wächst in alltäglicher Praxis. Sie ist nicht zu haben ohne das Ringen mit den Kräften, die in den Tod hinein ziehen. Sie ist nicht zu haben ohne diese Widerständigkeit, die ein offenes Wort wagt gerade dort, wo dies nicht erwünscht ist. Sie ist nicht zu haben ohne das Wagnis der Verwundbarkeit, das Gott selbst bei der Geburt in einem armseligen Stall inmitten von armseligen Menschen eingegangen ist.

Johannes Kühn, ein saarländischer Dichter und Sohn einer Bergarbeitfamilie, der weltweit wegen seiner prägnanten Lyrik berühmt ist, schließt eines seiner Gedichte mit den Worten ab: »An der Verheißungen Fenster habe ich mich dennoch gesetzt.« (Kühn 1992, 52) Das »dennoch« markiert das Widerständige, das die Lebenskunst der Auferstehung verlangt. Es gibt immer etwas, das zu Resignation und Verzweiflung, Hass und Gewalt rät. Gerade deswegen gilt es, sich an jenes Fenster der Verheißungen zu setzen, das Papst Johannes XXIII. zum Konzilsbeginn in den Blick rückte. Weitblick überwindet den Tunnelblick. Wo man sich an dieses Fenster setzt, wird der Glaube an die Auferstehung gestärkt. Er wird persönlich, kirchlich sowie gesellschaftlich wirksam. Wer an die Auferstehung glaubt, kann Resignation und Verzweiflung widerstehen: den Zwiespalt aushalten zwischen dem ungeheuren Ausmaß der Armut und der Wirksamkeit der eigenen kleinen Schritte; sich trotz allem den Mut und die Beharrlichkeit nicht nehmen lassen; zupacken, wo immer es nötig ist; Kraft schöpfen aus der Liebe und aus dem

Genuss der Schöpfung. So wird der Glaube an die Auferstehung alltäglich zur Lebenskunst. Armut bewegt, weil Auferstehung verheißen ist.

Anmerkungen

[1] Rose Ausländer: Die Auferstandenen. In: Dies. 1998, 18.

[2] Marie-Luise Kaschnitz: Liebe Sonne. In: Wüstner 2006, 69.

[3] Rose Ausländer: Auferstehung. In: Dies. 1986, 319.

[4] In der Fundamentaltheologie heißt der klassische Traktat »Glaube und Wissen« (vgl. Klausnitzer 1999; auch Jürgen Habermas, 2001, folgt dieser Spur). Das 2. Vatikanische Konzil hat dieses Themengebiet um die pragmatische Dimension geweitet. Die Offenbarungskonstitution stellt heraus, dass sich die Offenbarung ereignet »in Tat und Wort, die innerlich miteinander verknüpft sind« (DV 2). Der fundamentaltheologische Traktat müsste demnach heißen: »wissen, glauben und handeln« (vgl. Franz 1994: Glauben, Wissen, Handeln); das hat sich jedoch noch nicht durchgesetzt.

[5] Diesen Begriff von der Kunst des Handelns hat Michel de Certeau in seiner Philosophie stark gemacht (vgl. Certeau 1988).

[6] Hans-Joachim Sander sagt, dass Zeichen der Zeit sichtbar werden an Menschen, die um die gesellschaftliche Anerkennung ihrer Würde ringen (vgl. Sander 1997). Dies ist zu ergänzen: Wo Menschen ihre eigene Verletzlichkeit riskieren und Hingabe wagen, um die bedrohte Würde von Menschen zu wahren, da setzen sie ein Zeichen ihrer Zeit.

[7] Vgl. Freiwilligensurvey 2010.

[8] Vgl Manfred Max-Neef im Radiointerview, WDR-5-Tischgespräch am 3. November 2010, 20.05 bis 21 Uhr, wo er sein Bekehrungserlebnis mit Brahms eindrücklich erzählt. (http://medien.wdr.de/m/1288802240/radio/tischgespraech/wdr5_tischgespraech_20101103_2100.mp3)

[9] Doug Saunders geht diesen Schritt nicht, seinen Fachbegriff metaphorisch auf andere Lebens- und Arbeitsbereiche zu beziehen. Er ist aber naheliegend, auch deswegen, weil sich das Wort »Stadt« aus »Stätte« entwickelt hat und damit allgemein den Ort bezeichnet. Diskursorte wie die Theologie können Arrival Cities sein – oder Kernstädte, die Neuankömmlingen mit ungewöhnlichen Perspektiven den Zugang verweigern.

[10] Die Philosophin und Mystikerin Simone Weil hat dies herausgestellt: »Zwei Gefangene in benachbarten Zellen, die durch Klopfzeichen gegen die Mauer miteinander verkehren. Die Mauer ist das Trennende zwischen ihnen, aber sie ist auch das, was ihnen erlaubt, miteinander zu verkehren. Das Gleiche gilt für uns und Gott. Jede Trennung ist eine Verbindung.« (Weil 1981, 73)

[11] Zum Aufruf für eine prophetische Kirche vgl. www.leben-in-fuelle-fuer-alle.de.

[12] Selbst die Verstrickung mancher Klöster in den Missbrauchsskandal hat ihr Ansehen nur punktuell beschädigt. – Zur Faszination von Klöstern vgl. Biendarra 2010. – Zur Situation der Orden und dem drastischen Rückgang von Eintritten vgl.: Sekretariat der Deutschen Bischofskonferenz 2006.

[13] Die Homepage des Klosters Münsterschwarzach (www.abtei-muensterschwarzach.de) behauptet unter der Rubrik »Mönch werden«: »Wir Mönche leben anders. Bei uns steht Gott im Mittelpunkt.« Verbindet das Ordensleben stärker mit Gott als andere Berufungen? Stehen Gottes- und Nächstenliebe im Gegensatz? Mit solchen Ausschließungen eine Selbstprofilierung zu versuchen, das ist riskant. Sie läuft Gefahr, dass das Kloster seine heterotope Kraft verliert, da es nicht mehr auf die Gesellschaft zurückwirken kann.

[14] Zur pneumatologischen Ausrichtung der Mystik vgl. Keul 2011.

[15] Im Hintergrund dieser Aussage steht die These Karl Rahners von den anonymen Christen, die in der deutschsprachigen Theologie heftige Debatten ausgelöst hat (vgl. Sander 2005, 739–743). Mit seiner forschen Positionierung machte Rahner die Anonymität zum Thema der Theologie – das ist sein bleibender Verdienst, auch wenn sich über seine Begrifflichkeit trefflich streiten lässt. Das Konzil greift die Namenlosigkeit auf, indem es vom Geheimnis spricht, das in seiner Verborgenheit aufleuchtet.

Zitierte Literatur

Die Sendung »Gott in Marzahn – Armut bewegt« von Hildegund Keul mit Michaela Bank, Angelika Kollacks und Margareta Kühn wurde am 11.10.2009 in der Sendereihe »Am Sonntagmorgen« ausgestrahlt (redaktionelle Verantwortung: Dr. Silvia Becker). Einen Mitschnitt der Sendung erhalten Sie kostenlos unter info@frauenseelsorge.de.

Arendt, Hannah 1981: Vita activa, oder Vom tätigen Leben. (Serie Piper 217) München: Piper

Arnim, Bettina von 1986: Clemens Brentano's Frühlingskranz. / Die Günderrode. Werke und Briefe Bd.1, Hg. Walter Schmitz. Frankfurt a.M.: Deutscher Klassiker Verlag

Ausländer, Rose 1998: Regenwörter. Gedichte. Hg. von Helmut Braun. Stuttgart: Reclam

Ausländer, Rose 1986: Wieder ein Tag aus Glut und Wind. Gedichte 1980–82. Frankfurt: Fischer

Baer, Harald; Gasper, Hans; Müller, Joachim; Sinabell, Johannes (Hg.) 2009: Lexikon christlicher Kirchen und Sondergemeinschaften, nichtchristlicher Religionsgemeinschaften und neureligiöser Bewegungen, esoterischer Gruppen und alternativer Lebenshilfen. 3 Bde. Freiburg: Herder

Bank, Michaela 2003: Heilung des ganzen Menschen. Missionarinnen heute. In: FrauenRat. 52. Jahrgang (Heft 2), 16f

Dies. 2007: Not wahrnehmen, Weggemeinschaft zur Linderung und Überwindung
http://www.missionsaerztliche-schwestern.org/uploads/media/frauenhilfe_berlin.pdf

Dies. 2010: Jedem Anfang wohnt ein Zauber inne. In: Europäisches Forum Christlicher Frauen (Hg.): Ökumene weiblich. Frauen überschreiten Grenzen. Berlin: Frank & Timme. (Theologie / Religionswissenschaft Bd. 9), 99–107

Dies. 2011: Geld regiert die Welt. http://www.missionsaerztliche-schwestern.org/uploads/media/geld_regiert_die_welt.pdf

Bauer, Christian 2003: Kritik der Pastoraltheologie. Nicht-Orte und Anders-Räume nach Michel Foucault und Michel de Certeau. In: Gottes und des Menschen Tod? Die Theologie vor der Herausforderung Michel Foucaults. Mainz: Grünewald, 181–216

Beratergruppe Dom (Hg.) 1991: Anstiftung zur Gewaltlosigkeit. Herbst '89 in Magdeburg. Magdeburg: imPuls-Verlag

Berges, Ulrich; Hoppe, Rudolf 2009: Arm und Reich. Die Neue Echter Bibel, Themen 10. Würzburg: Echter

Bettazzi, Luigi 2012: Das Zweite Vatikanum – Neustart der Kirche aus den Wurzeln des Glaubens. Übersetzt von Barbara Häußler. Würzburg: Echter

Bieberstein, Sabine 1998: Verschwiegene Jüngerinnen – vergessene Zeuginnen. Gebrochene Konzepte im Lukasevangelium. Göttingen: Vandenhoeck & Ruprecht

Biendarra, Ilona (Hg) 2010: Anders-Orte. Suche und Sehnsucht nach dem (Ganz-)Anderen. EOS-Verlag 2010

Bonhoeffer, Dietrich; Wedemeyer, Maria von 2010: Brautbriefe Zelle 92, 1943–1945. 6. Aufl. München: Beck

Certeau, Michel de 1988: Kunst des Handelns. Berlin: Merve-Verlag

Ders. 2009: GlaubensSchwachheit. (ReligionsKulturen 2) Stuttgart: Kohlhammer

Ders. 2010: Mystische Fabel. 16. bis 17. Jahrhundert. Aus dem Französischen von Michael Lauble. Berlin: Suhrkamp

Caillois, Roger 1988: Der Mensch und das Heilige. München: Hanser

Chenu, Marie-Dominique 1977: »Kirche der Armen« auf dem Zweiten Vatikanischen Konzil. In: Concilium 13 (1977), Heft 4, 232–235

Ders. 1982: Das Werk des heiligen Thomas von Aquin, in: Die deutsche Thomas-Ausgabe. Bd. 2: Ergänzungsband. Graz, Wien, Köln: Styria

Dalarun, Jacques 1987: Erotik und Enthaltsamkeit. Das Kloster des Robert von Arbrissel. Frankfurt a.M.: Athenäum

Delgado, Mariano; Fuchs, Gotthard (Hg.) 2004: Die Kirchenkritik der Mystiker. Prophetie aus Gotteserfahrung. (Studien zur christlichen Religions- und Kulturgeschichte 2) Stuttgart: Kohlhammer

Deutscher Caritasverband e.V. (Hg.) 1993: Armut versteckt sich. Caritas-Werkheft, Freiburg i.Br.

Dörnemann, Michael 2003: Krankheit und Heilung in der Theologie der frühen Kirchenväter. Tübingen: Mohr (Studien und Texte zu Antike und Christentum 20)

Domin, Hilde 1987: Gesammelte Gedichte. Frankfurt a.M.: S. Fischer

Duby, Georges 1997: Die Zeit der Kathedralen. Kunst und Gesellschaft 980–1420. 4. Aufl. Frankfurt: Suhrkamp

Eckhart / Meister Eckhart: Werke 2 Bde. Zweisprachige Ausgabe. (Bibliothek Deutscher Klassiker 20, 21) Frankfurt a.M.: Deutscher Klassiker Verlag

Fechtner, Kristian; Klie, Thomas (Hg.) 2011: Riskante Liturgien. Gottesdienste in der gesellschaftlichen Öffentlichkeit. Stuttgart: Kohlhammer

Foucault, Michel 1999: Botschaften der Macht. Der Foucault-Reader, Diskurs und Medien. Hg. von Jan Engelmann. Stuttgart: Deutsche Verlags-Anstalt

Franz, Albert (Hg.) 1994: Glauben, Wissen, Handeln. Beiträge aus Theologie, Philosophie und Naturwissenschaft zu Grundfragen christlicher Existenz. FS für Philipp Kaiser. Würzburg: Echter

Frettlöh, Magdalene L. 2006: Gott Gewicht geben. Bausteine einer geschlechtergerechten Gotteslehre. Neukirchen-Vluyn: Neukirchener Verlag

Gantke, Wolfgang 1998: Der umstrittene Begriff des Heiligen. Eine problemorientierte religionswissenschaftliche Untersuchung. Marburg

Ganz, Katharina 2007: Die Welt ist Gottes voll. Elisabeth und die Franziskanische Bewegung. In: Keul, Hildegund (Hg.): Lebensorte – Lebenszeichen. Auf den Spuren von Mechthild von Magdeburg und Elisabeth von Thüringen. Ostfildern: Grünewald, 44–55

Gauthier, Paul 1966: Tröstet mein Volk. Das Konzil und ›die Kirche der Armen‹. Graz: Styria

Gebara, Ivonne 2002: Erinnerungen an Zärtlichkeit und Schmerz – Auferstehung vom Alltag des Lebens her denken. In: Sich dem Leben in die Arme werfen. Auferstehungserfahrungen. Hg. von Luzia Sutter Rehmann; Sabine Bieberstein, Sabine; Ulrike Metternich. Chr. Kaiser / Gütersloher Verlagshaus: Gütersloh, 32–52

Gennep, Arnold van 1999: Übergangsriten (Les rites de passage). Frankfurt / New York: Campus

Gertrud von Helfta 2001: Exercitia spiritualia – Geistliche Übungen. Hg. von Siegfried Ringler. Buchverlag Oliver Humberg: Elberfeld

Habermas, Jürgen 2001: Glauben und Wissen. Friedenspreis des Deutschen Buchhandels 2001. Laudatio: Jan Philipp Reemtsma. (Edition Suhrkamp, Sonderdruck) Frankfurt am Main: Suhrkamp

Halík, Tomáš 2011: Geduld mit Gott. Die Geschichte von Zachäus heute. 2. Aufl. Freiburg: Herder

Ders. 2013: Berühre die Wunden. Über Leid, Vertrauen und die Kunst der Verwandlung. Freiburg: Herder

Hauschild, Wolf-Dieter 2000: Lehrbuch der Kirchen- und Dogmengeschichte. Bd.1: Alte Kirche und Mittelalter. 2. erweiterte Auflage. München: Kaiser

Häußermann, Hartmut; Kapphan, Andreas 2002: Berlin. Von der geteilten zur gespaltenen Stadt? Sozialräumlicher Wandel seit 1990. 2. Aufl. Opladen: Leske + Budrich

Hebblethwaite, Peter 1986: Johannes XXIII. Das Leben des Angelo Roncalli. Zürich: Benziger

Herkunftswörterbuch Duden – Etymologie der deutschen Sprache 1989, 2. Aufl. Mannheim, Wien, Zürich: Dudenverlag, Bd. 7

Hessel, Stéphane 2011: Empört Euch! Aus dem Französischen von Michael Kogon. 3. Aufl. Berlin: Ullstein

Höhn, Hans-Joachim 2002: Täter und Opfer: Buße. In: spüren. Die ästhetische Kraft der Sakramente (GlaubensWorte 4). Würzburg: Echter

Hoff, Gregor Maria 1995: Chalkedon im Paradigma Negativer Theologie. Zur aporetischen Wahrnehmung der chalkedonensischen Christologie. In: ThPh 70 (1995), 355–372

Ders. 2007: Offenbarungen Gottes? Eine theologische Problemgeschichte. Regensburg: Pustet

Ders. 2008: Hermeneutischer Gottesentzug? Das kritische Moment negativer Theologie – im Modell von Augustinus‹ »De trinitate«. In: Negative Theologie heute? Zum aktuellen Stellenwert einer umstrittenen Tradition. Hg. von Gregor Maria Hoff; Alois Halbmayr. (QD 226) Freiburg: Herder, 226–247

Ders. 2010: Zwischen Ersatzreligion und neuen Heilserwartungen. Umdeutungen von Gesundheit und Krankheit. Freiburg: Karl Alber

Johannes XXIII. 1963: Pacem in Terris. Über den Frieden unter allen Völkern. Enzyklika. Freiburg: Herder
http://www.vatican.va/holy_father/john_xxiii/encyclicals/documents/hf_j-xxiii_enc_11041963_pacem_ge.html

Käßmann, Margot 2010: Mütter der Bibel. 20 Porträts für unsere Zeit. Freiburg: Herder

Dies. 2011: Gesät ist die Hoffnung. 14 Begegnungen auf dem Weg nach Ostern. Freiburg: Herder

Dies. 2013: Mehr als Ja und Amen. Doch, wir können die Welt verbessern. Adeo

Kaufmann, Ludwig; Klein, Nikolaus 1990: Johannes XXIII. Prophetie im Vermächtnis. 2. Aufl. Fribourg, Brig: Exodus

Keul, Hildegund 2003a: Sprachlos das Wort ergreifen. Das Religionsproblem säkularer Kultur und die Lebensmacht christlicher Rituale. In: Orientierung 67. Jg. Heft 22, 239–244

Dies. 2003b: Zum Wort befreit. Maria, belesene Frauen und das Schöpfungswort fiat. In: Madonna. Das Bild der Muttergottes. Katalog des Diözesanmuseums München-Freising zur gleichnamigen Ausstellung, 97–101

Dies. 2004a: Verschwiegene Gottesrede. Die Mystik der Begine Mechthild von Magdeburg. (Innsbrucker Theologische Studien 69) Innsbruck: Tyrolia

Dies. 2004b: Wo die Sprache zerbricht. Die schöpferische Macht der Gottesrede. Mainz: Grünewald

Dies. 2007a: Mechthild von Magdeburg. Poetin, Begine, Mystikerin. Freiburg: Herder

Dies. (Hg.) 2007b: Lebensorte – Lebenszeichen. Auf den Spuren von Mechthild von Magdeburg und Elisabeth von Thüringen. Ostfildern: Grünewald

Dies. 2010: Das Reich Gottes und die heterotope Macht der Klöster. Ein Perspektivenwechsel mit Michel Foucault. In: Biendarra, Ilona (Hg): Anders-Orte. Suche und Sehnsucht nach dem (Ganz-)Anderen. EOS-Verlag, 53–78

Dies. 2011: Geistesgegenwärtige Gottesrede. Gravuren der Mystik in der Pneumatologie.

Dies. 2012a: Fundamentaltheologie im Zeichen der Gegenwart: Geschlechterperspektiven. In: Glaubensverantwortung im Horizont der Zeichen der Zeit. Hg. von Christoph Böttigheimer und Florian Bruckmann. (QD 248) Freiburg: Herder 2012, 166–182

Dies. 2012b: Brot teilen nach Recht und Gerechtigkeit. Bettine von Arnims »Schwebe-Religion« und ihre sozial-politische Bedeutung.

In: Internationales Jahrbuch der Bettina-von-Arnim-Gesellschaft. Bd. 22/23 Berlin: Saint-Albin-Verlag, 97–109

Dies. 2013: Weihnachten – das Wagnis der Verwundbarkeit. Ostfildern: Patmos

Dies. 2014: The Venture of Vulnerability. Christological Engravings on Disturbing Questions about Migration. In: Migration as a Sign of the Times. Ed. by Judith Gruber and Sigrid Rettenbacher. Rodopi: Currents of Encounters

King, Martin Luther 2008: Ich habe einen Traum. Hg. von Hans-Eckehard Bahr; Heinrich W. Grosse. 3. Aufl. Düsseldorf: Patmos

Klausnitzer, Wolfgang 1999: Glaube und Wissen. Lehrbuch der Fundamentaltheologie für Studierende und Religionslehrer. Patmos: Friedrich Pustet

Klein, Hans 2006: Das Lukasevangelium (KEK I/3). Göttingen: Vandenhoeck & Ruprecht

Klinger, Elmar 1990: Armut – eine Herausforderung Gottes. Der Glaube des Konzils und die Befreiung des Menschen. Zürich: Benziger

Ders. 2001: Christologie im Feminismus. Eine Herausforderung der Tradition. Regensburg: Friedrich Pustet

Kollacks, Angelika 2012: *Ich schwinge, also bin ich.* Heilende Klänge und Spiritualität. In: Arbeitshilfe zum Weitergeben. Hf. Von der Evangelischen Frauenhilfe in Deutschland (Heft 3), 62–66

Dies. 2013: Wenn Träume Töne formen. Ein Bericht von Josefine Janert. In: Publikforum Heft 22, 38f

Dies. zusammen mit Michaela Bank o.J.: Versicherung gegen Leiden? Von der heilenden Kraft des Glaubens http://www.missionsaerztliche-schwestern.org/uploads/media/frauenhilfe_berlin.pdf

Kühn, Johannes 1992: Am Fenster der Verheißungen. Gedichte. München / Wien: Carl Hanser

Kunert, Günter 1980: Unterwegs nach Utopia. Gedichte. Berlin und Weimar: Aufbau-Verlag

Lapide, Pinchas 1993: Wie liebt man seine Feinde? Mainz: Grünewald

Le Goff, Jacques 2007: Franz von Assisi. 2. Aufl. Stuttgart: Klett-Cotta

Lehmann, Leonhard 2004: Franz von Assisi. Mystik zwischen Selbstbewusstsein und Kirchengehorsam. In: Die Kirchenkritik der Mystiker. Prophetie aus Gotteserfahrung. Hg. von Mariano Delgado;

Gotthard Fuchs (Studien zur christlichen Religions- und Kulturgeschichte 2) Stuttgart: Kohlhammer

Leimgruber, Ute 2011: Avantgarde in der Krise. Eine pastoraltheologische Ortsbestimmung der Frauenorden nach dem Zweiten Vatikanischen Konzil. Freiburg: Herder (Fuldaer Studien 14)

Lessing, Gotthold Ephraim (Hg.) 2007: Fragmente des Wolfenbüttelschen Ungenannten (Hermann Samuel Reimarus). München: Saur

Lexer, Matthias 1992: Mittelhochdeutsches Taschenwörterbuch. Mit den Nachträgen von Ulrich Pretzel. 38. Aufl. Stuttgart: Hirzel

Mauss, Marcel 1990: Die Gabe. Form und Funktion des Austauschs in archaischen Gesellschaften. Frankfurt: Suhrkamp

Max-Neef, Max 1992: From the Outside Looking. In: Experiences in ›Barefoot Economics‹. London: Zed Books

McGinn, Bernard 1999: Die Mystik im Abendland. Bd. 3: Blüte – Männer und Frauen der neuen Mystik (1200–1350) Freiburg: Herder

Mechthild von Magdeburg 2003: Das fließende Licht der Gottheit. Mittelhochdeutscher und neuhochdeutsche Text. Übersetzt und hg. von Gisela Vollmann-Profe. Frankfurt a.M.: Deutscher Klassiker Verlag (= FLG)

Mechthild von Magdeburg 2010: Das fließende Licht der Gottheit, Zweisprachige Ausgabe. Aus dem Mittelhochdeutschen übersetzt und hg. v. Gisela Vollmann-Profe. Frankfurt a.M.: Verlag der Weltreligionen

Merton, Thomas 1986: Gewaltlosigkeit – Eine Alternative. Hg. von Gordon C. Zahn. Zürich / Köln: Benziger

Merton, Thomas 2002: Die Bibel öffnen. Ein Essay. Zürich: TVZ

Merton, Thomas 2008: Ein Tor zum Himmel ist überall. Hg. von Bernardin Schellenberger. Freiburg i.Br.: Herder

Morton, Nelle 1985: The Journey is Home. Boston, Massachusetts: Beacon Press

Nietzsche, Friedrich 1999: Genealogie der Moral. In: Kritische Studienausgabe (15 Bde), Abteilung VI, Band 2. Hg. von Giorgio Colli; Mazzino Montinari. München / Berlin: dtv / de Gruyter

Otto, Rudolf 1987: Das Heilige. Über das Irrationale in der Idee des Göttlichen und sein Verhältnis zum Rationalen. München: Beck (1. Aufl. 1917)

Placher, William C. 1998: Die Verwundbarkeit Gottes. In: Welker, Michael; Willis, David: Zur Zukunft der Reformierten Theologie.

Aufgaben – Themen – Traditionen. Neukirchen: Neukirchener Verlag, 239–253

Pollack, Detlef 2010: Rekonstruktion statt Dekonstruktion. Für eine Historisierung der Säkularisierungsthese. In: Zeithistorische Forschungen/Studies in Contemporary History, Online-Ausgabe, 7 (2010), H. 3, URL: http://www.zeithistorische-forschungen.de/16126041-Pollack-3-2010

Pollack, Detlef; Müller, Olaf 2011: Die religiöse Entwicklung in Ostdeutschland nach 1989. In: Religion und Religiosität im vereinigten Deutschland: Zwanzig Jahre nach dem Umbruch. Hg. von Gert Pickel; Kornelia Sammet. Wiesbaden: VS Verlag, 125–144

Pichler, Josef; Heil, Christoph (Hg.) 2007: Heilungen und Wunder. Theologische, historische und medizinische Zugänge. Darmstadt: WBG

Rahner, Karl 1992: Gott ist Mensch geworden. Das Geheimnis von Weihnachten. Freiburg: Herder

Sander, Hans-Joachim 1997: Die Zeichen der Zeit. Die Entdeckung des Evangeliums in den Konflikten der Gegenwart. In: Visionen des Konzils. 30 Jahre Pastoralkonstitution ›Die Kirche in der Welt von heute‹. Hg. von Gotthard Fuchs; Andreas Lienkamp. Münster: LIT (ICS Schriften 36), 85–102

Ders. 2005: Theologischer Kommentar zur Pastoralkonstitution über die Kirche in der Welt von heute *Gaudium et spes*. In: Herders Theologischer Kommentar zum Zweiten Vatikanischen Konzil, Bd. 4. Freiburg: Herder, 581–869

Ders. 2013: Der ewige Gott hat Raum. Theologie im spatial turn. In: Theologische Revue 109, 91–110

Sartory, Gertrude; Sartory, Thomas 1999: Franz von Assisi: Geliebte Armut. Freiburg i.Br.: Herder

Saunders, Doug 2011: Arrival City. Übers. von Werner Roller. München: Karl Blessing (Orig.: Arrival City. The Final Migration and Our Next World. London: Windmill 2010)

Schneider, Jens 2013: Nur meine liebe Laterne nicht. Warum der Martinsumzug einer Kita in Bad Homburg in diesem Jahr ein paar Polizisten und ein paar Lichter mehr hatte. In: Süddeutsche, 9./10. November, 12

Schlemmer, Karl 2007: Geistliche Biotope – Notwendende Orte einer Pastoral mit Zukunft. In: un-möglich. Kloster Helfta. Hg. von Leo Nowak. Leipzig: Benno

Schoedel, William R. 1990: Die Briefe des Ignatius von Antiochien. Ein Kommentar. Aus dem Amerikan. übers. von Gisela Koester. (Hermeneia-Kommentar) München: Kaiser

Schottroff, Luise; Stegemann, Wolfgang 1990: Jesus von Nazareth – Hoffnung der Armen. 3. Aufl. Kohlhammer: Stuttgart

Schumacher, Thomas 2012: Geschichte der Weihnachtsgeschichte. Ein historischer und theologischer Schlüssel. München. Pneuma

Sekretariat der Deutschen Bischofskonferenz (Hg.) 2006: Leidenschaft für Christus – Leidenschaft für die Menschen. Ordensleben am Beginn des 21. Jahrhunderts. Arbeithilfen 201, Bonn

Sölle, Dorothee 1997: Mystik und Widerstand. »Du stilles Geschrei.« 3. Aufl. Hamburg: Hoffmann und Campe.

Stegemann, Wolfgang 2010: Jesus und seine Zeit. (Biblische Enzyklopädie 10) Stuttgart: Kohlhammer

Strotmann, Angelika 2012: Der historische Jesus. Eine Einführung. Schöningh: UTB

Sutter Rehmann, Luzia; Bieberstein, Sabine; Metternich, Ulrike (Hg.) 2002: Sich dem Leben in die Arme werfen. Auferstehungserfahrungen. Chr. Kaiser / Gütersloher Verlagshaus: Gütersloh

Tietz, Christiane 2013: Dietrich Bonhoeffer, Theologe im Widerstand. München: Beck

Turner, Victor 2000: Das Ritual. Struktur und Anti-Struktur. Frankfurt: Campus (Original 1969)

Ullmann, Ernst 1998: Leonardo da Vinci. 2. Aufl. Leipzig: Seemann

Walter, Rudolf (Hg.) 2013: Einfach leben. Wie geht das? Freiburg: Herder

Weil, Simone 1981: Schwerkraft und Gnade. 3. Aufl. München: Kösel

Wengst, Klaus 1991: Ostern – Ein wirkliches Gleichnis, eine wahre Geschichte. Zum neutestamentlichen Zeugnis von der Auferweckung Jesu. München: Kaiser

Wiesel, Elie 1995: Alle Flüsse fließen ins Meer. Autobiographie. 2. Aufl. Hamburg: Hoffmann und Campe

Wohlrab-Sahr, Monika; Uta Karstein; Thomas Schmidt-Lux 2009: Forcierte Säkularität: Religiöser Wandel und Generationendynamik im Osten Deutschlands. 2. Aufl. New York: Campus

Wolf, Christa 1979: Kein Ort. Nirgends. Berlin, Weimar: Aufbau

Wüstner, Andrea (Hg.) 2006: Die Sonne. Gedichte. Stuttgart: Reclam